"十三五"职业教育系列教材

道路勘测与施工放样技术

主　编　关　超
副主编　王加弟
编　写　郑宝堂
主　审　李亚木

中国电力出版社
CHINA ELECTRIC POWER PRESS

内 容 提 要

本书为“十三五”职业教育系列教材。本书以最新颁布的工程技术标准及规范为依据，全面系统的介绍了道路勘测设计和路线施工放样的基本理论和实用方法。主要内容包括平面、纵断面、横断面设计方法，选线和定线，公路外业勘测，路线施工放样方法及计算机辅助设计等。

本书可作为高等职业院校公路运输类专业的教材，也可供从事公路、城市道路及相关行业的设计、施工、监理等技术和管理人员参考。

图书在版编目（CIP）数据

道路勘测与施工放样技术/关超主编. —北京：中国电力出版社，2016.2（2022.2重印）
“十三五”职业教育规划教材
ISBN 978-7-5123-7068-5

Ⅰ.①道… Ⅱ.①关… Ⅲ.①道路测量-高等职业教育-教材 Ⅳ.①U412.24

中国版本图书馆CIP数据核字（2016）第014955号

中国电力出版社出版、发行
（北京市东城区北京站西街19号 100005 http://www.cepp.sgcc.com.cn）
北京传奇佳彩数码印刷有限公司印刷
各地新华书店经售
*
2016年2月第一版 2022年2月北京第三次印刷
787毫米×1092毫米 16开本 13.25印张 319千字
定价 **27.00** 元

前言

“道路勘测技术”是高职高专院校道路桥梁工程技术专业的一门必修课程。本书依据道路桥梁工程技术专业的人才培养方案及目标编写，主要适用于高等职业院校公路运输类专业的教材，也可供从事公路、城市道路及相关行业的设计、施工、监理等技术和管理人员参考。

教材力求体现高等职业教育的特点，以培养学生职业能力为目标，适应高职高专培养模式以及与之相适应的知识、技能、能力和素质结构。教材中阐述的内容结合了最新颁布的工程技术标准和规范，将新技术、新方法、新理论充实到教材内容中，使教材具有先进性、实效性和科学性。教材强调能力为本位，注重基本方法和基本理论，打破传统单调的理论叙述，引入工程案例、操作方法等实践性内容，对解决实际问题具有很强的针对性。

全书分为绪论和七个情境。主要内容包括平面、纵断面、横断面设计方法，选线和定线，公路外业勘测，路线施工放样方法及计算机辅助设计等。同时，由于放样技术在设计和施工过程中的地位尤为重要，本书也进行了详细的论述。最后，作为道路勘测设计的先进设计手段，计算机辅助设计方法在教材中也有所介绍。

全书由辽宁省交通高等专科学校关超主编，辽宁省交通高等专科学校王加弟任副主编，辽宁省交通高等专科学校郑宝堂参编。其中，学习情境一、二、六、七由关超编写；学习情境四、五由王加弟编写，绪论和学习情境三由郑宝堂编写。全书由关超统稿。

全书由辽宁省交通规划设计院李亚木主审，提出许多宝贵意见，在此表示感谢。

由于编者水平所限，书中疏漏和不妥之处在所难免，恳请广大读者批评指正。

编　者

2015 年 10 月

目　　录

绪　　论

一、道路运输及其发展概况

1. 道路运输方式

交通运输是国民经济的基础产业之一，是联系工业和农业、城市和乡村、生产和消费的纽带，是推动社会经济全面发展和人类文明进步的“先行官”。发达完善的交通运输网络，对于提高人们的物质文化水平、增进交流起着非常重要的作用。

现代交通运输系统是由铁路、公路、水运、航空和管道五种运输方式所组成的。这些运输方式在技术上各有特点。铁路运输对于远程的大宗货物和人流运输具有明显的优势，起着主要作用；水运在通航的地区利用天然的水道或稍加整治，就能具有通过能力高、运量大、耗能省、成本低的优点；航空运输速度快，适宜快速运输旅客及贵重紧急商品货物；管道运输多用于运输液态和气态及散装物品，连续性强，运输成本低，损耗少，安全性好；公路运输机动灵活，对客货运输尤其是短距离的运输，效益比较明显。各种运输方式各自适应着一定的自然地理条件和各类运输的需要，在服从于国民经济全面发展的大局下，合理分工，协调发展，相互衔接，取长补短，形成统一的运输体系，发挥综合运输的作用。

2. 公路运输特点

公路运输与其他运输方式相结合，主要有如下特点：

（1）机动灵活性。公路能够在需要的时间、规定的地点迅速集散货物。同时受固定设施的限制较小，可以深入到城市、工厂、矿山、边远地区和山区。

（2）直达性。公路能深入到货物集散点进行直接装卸而不需要中转，这样就可以大大节约时间和费用，减少货物损耗，对于短途运输，效益尤为显著。

（3）公路运输投资少，资金周转快，社会效益比较显著。

（4）公益性好。公路分布广，涉及面宽，开发效益良好，容易受到社会各方面的关注和支持。

（5）公路运输由于燃料贵，行业服务人员多，单位运量较少，从而导致运输成本偏高。另外公路运输环境污染较大，治理困难。

近几十年来，随着公路等级的不断提高以及汽车性能的不断改善，再加上高新技术在公路运输中的广泛应用，使得公路运输越来越快捷、安全、舒适、方便，公路在国民经济和社会生活中的地位日益提高，公路运输已成为各国广泛采用的一种主要的运输方式。

3. 高速公路运输特点

高速公路是汽车专用、分道分向行驶、全部立体交叉、全部控制出入、设施完善及高标准的公路，与一般公路相比有如下优点。

（1）车速高。高速公路的时速一般高达120km/h。对于平均时速，美国为97km/h，英国和法国为110km/h。日本资料表明，高速公路的平均时速比一般公路高62%～70%。

（2）通行能力大。一般双车道公路的通行能力为5000～6000pcu/d（辆/日），一条四车道的高速公路通行能力可达 34000～50000pcu/d，六车道和八车道可达 70000～100000pcu/d。由此可见，高速公路的通行能力为一般公路的几倍甚至几十倍。

（3）运输费用省，经济效益高。由于高速公路的完备性使得在 300km 以内，利用大吨位车通过高速公路运输在时间和费用节省方面均优于铁路和普通公路。尽管高速公路投资昂贵，但由于运输时间的缩短、运输成本的降低，使得所获得的巨大效益在较短时间内可收回投资且继续受益。此外，高速公路受时间、气候影响小，对提高高速公路的利用率，减少货物转运和装卸有着重要的作用。

（4）行车安全。高速公路上行车无纵横向干扰，有严格完善的交通控制，交通事故可大大减少。

我国高速公路的发展历程、现状及规划

我国的高速公路发展比西方发达国家晚近半个世纪的时间，从 80 年代末开始起步，经历了 80 年代末至 1997 年的起步建设阶段和 1998 年至今的快速发展阶段。到 1997 年底，我国高速公路通车里程达到 4771 公里，相继建成了沈大、京津塘、成渝、济青等一批具有重要意义的高速公路，突破了高速公路建设的多项重大技术“瓶颈”，积累了设计、施工、监理和运营等建设和管理全过程的经验，为 1998 年后的快速发展奠定了基础。1998 年，为应对亚洲金融危机，国家实施了积极财政政策，加快了基础设施建设步伐，加大了公路建设力度。从 1998 年至今，高速公路建设进入了快速发展时期，年均通车里程超过 4000 公里，年均完成投资 1400 亿元，这个速度在其他任何国家都几乎是不可想象的。1999 年，全国高速公路里程突破 1 万公里；2000 年，国道主干线京沈、京沪高速公路建成通车，在我国华北、东北、华东之间形成了快速、安全、畅通的公路运输通道；2001 年，近代史上有“西南动脉”之称的西南公路出海通道经过 10 多年的艰苦建设实现了全线贯通。2002 年底，我国高速公路通车里程一举突破 2.5 万公里，位居世界第二位，2003 年底接近 3 万公里。

我国高速公路经过 15 年的持续快速发展，使公路基础设施总体水平实现了历史性跨越。但是，就公路交通基础设施而言，高速公路网络依然是其中一个主要的薄弱环节，我国的高速公路依然处于需要继续加快发展的初级阶段。主要表现在以下 3 个方面。

1. 高速公路总量不足，覆盖范围需要继续扩大

虽然我国高速公路网已初具规模，总里程达到 2.5 万公里，但相对于我国广袤的国土面积和占全球 1/5 的人口数量，高速公路网的总量仍然不足，覆盖范围需要继续扩大。高速公路的发展比较可参见表 0-1。

表 0-1　高速公路发展的国际比较

指标	美国	日本	英国	法国	德国	意大利	中国
总里程（万公里）	8.87	0.61	0.34	1.10	1.15	1.15	2.51
面积密度（公里/百平方公里）	0.95	1.61	1.47	1.99	3.10	2.43	0.26
综合密度	1.75	0.66	0.8	1.17	2.22	1.56	0.23

2. 尚未形成高速公路网络，难以发挥规模效益

国内外的相关研究表明，高速公路只有形成布局合理的网络，连续运输距离达到 800 公

里左右才能显现其独特优势，发挥其运输效益。目前建成通车的近3万公里高速公路分布在全国三十个省市区，在相邻省市区之间普遍存在高速公路的“断头路”。一些人口和经济总量已达到相当规模的地级城市与省会城市之间，以及地级城市之间还不通高速公路。即使在我国经济最发达、人口最稠密的东部沿海地区，高速公路依然没有实现真正的网络化服务。因此，就全国而言，尚未形成规模适当、布局合理、横贯东西、纵贯南北的高速公路网络，高速公路的规模效益还无法得到充分发挥。

3. 与远景需求相比存在很大差距

根据今后20年国民经济和社会发展的总体目标，由总体小康社会转到全面小康社会，经济总量和发展内涵都将提升到一个更高的水平。预计到2020年，我国人口将达到14.5亿，城镇人口超过7.4亿，城市化率超过50%；人均GDP将达到3000美元左右，城镇居民的恩格尔系数降至25%，农村居民的恩格尔系数降至35%左右。到21世纪中叶，我国人口将达到峰值的16亿，城市化率达到70%，人均GDP将突破1万美元，步入高收入国家行列。

公路交通在这个发展阶段中，要实现适应经济发展需要的目标，必须在总量和发展内涵方面有更大的突破。相关研究成果表明，要适应未来20年全面建设小康社会和21世纪中叶基本实现现代化的需要，我国高速公路网的总规模大体应在10～12万公里。为此，《国家高速公路网规划》于2004年经国务院审议通过，这是中国历史上第一个“终极”的高速公路骨架布局，同时也是中国公路网中最高层次的公路通道。国家高速公路网的规划目标是：连接所有目前城镇人口超过20万的城市，形成高效运输网络。国家高速公路网覆盖10多亿人口，其直接服务范围，东部地区超过90%、中部地区达83%、西部地区近70%，覆盖地区的GDP将占到全国总量的85%以上；实现东部地区平均30分钟上高速，中部地区平均1小时上高速，西部地区平均2小时上高速。国家高速公路网将连接全国所有的省会城市、83%的50万以上人口的大型城市和74%的20万以上人口的中型城市；连接全国所有重要的交通枢纽城市，其中包括铁路枢纽50个、航空枢纽67个、公路枢纽140多个和水路枢纽50个，形成较为完善的集疏运系统和综合运输大通道。

国家高速公路网布局方案可以归纳为“7918”网，见表0-2，采用放射线和纵横网格相结合的形式，包括7条北京放射线、9条纵向路线和18条横向路线组成，总规模约8.5万公里，其中主线6.8万公里，地区环线、联络线等其他路线约1.7万公里。

表0-2　国家高速公路网规划方案

北京放射线			南北纵线			东西横线		
序号	起终点	里程	序号	起终点	里程	序号	起终点	里程
1	北京一上海	1245	1	鹤岗一大连	1390	1	绥芬河一满洲里	1520
2	北京一台北	2030	2	沈阳一海口	3710	2	珲春一乌兰浩特	885
3	北京一港澳	2285	3	长春一深圳	3580	3	丹东一锡林浩特	960
4	北京一昆明	2865	4	济南一广州	2110	4	荣成一乌海	1820
5	北京一拉萨	3710	5	大庆一广州	3550	5	青岛一银川	1600
6	北京一乌鲁木齐	2540	6	二连浩特一广州	2685	6	青岛一兰州	1795
7	北京一哈尔滨	1280	7	包头一茂名	3130	7	连云港一霍尔果斯	4280
			8	兰州一海口	2570	8	南京一洛阳	710

续表

北京放射线			南北纵线			东西横线		
序号	起终点	里程	序号	起终点	里程	序号	起终点	里程
			9	重庆—昆明	838	9	上海—西安	1490
						10	上海—成都	1960
						11	上海—重庆	1900
						12	杭州—瑞丽	3405
						13	上海—昆明	2370
						14	福州—银川	2485
						15	泉州—南宁	1635
						16	厦门—成都	2295
						17	汕头—昆明	1710
						18	广州—昆明	1610

二、公路的基本组成

公路是布置在大地表面供各种车辆行驶的一种线性带状结构物。因此公路设计就有线型设计和结构设计两大部分。

（一）线型组成

公路受到自然条件的制约，在平面上有转折、纵面上有起伏。在转折点和起伏变化点处为满足车辆行驶的顺适、安全和行驶速度的要求，公路就需要进行线型组合设计。

公路路线是公路的中线，平面有曲线、纵面有起伏的立体空间线型。其线型组成是平面由直线、曲线（圆曲线、缓和曲线）组成；纵面由坡度线及竖曲线组成。

作为立体空间线型的图形显示分解为平面图、纵断面图来表示。

（二）结构组成

公路是交通运输的建筑结构物，它不仅承受荷载的作用，而且受着自然条件的影响，其结构组成主要包括：路基路面工程，桥涵，防护工程（挡土墙、护坡、护栏等）、特殊构造物以及交通服务设施。

1. 路面

路面用各种筑路材料铺筑在路基上直接承受车辆荷载的层状构造物，亦即供汽车安全、迅速、经济、舒适行驶的公路表面部分，又称行车道，如图 0-1 所示。路面应具有足够的强度和稳定性，应达到平整、抗滑、低扬尘和低噪音等要求。通常路面由基层及面层两部分组成，如图 0-2 所示。如沈大高速公路某段路面结构厚为 72cm，面层由 4cm 沥青玛瑞脂碎石混合料（SMA）、6cm 粗粒式沥青混凝土（AC25-I）、8cm 粗粒式沥青混凝土（AC30-I）组成；基层由 18cm 水泥稳定碎石、19cm 二灰稳定碎石、17cm 二灰稳定砂砾组成。

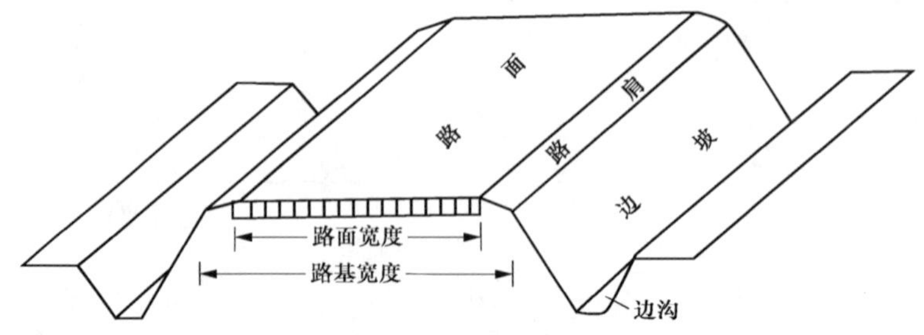

图 0-1 路面和路基

路面的类型主要有沥青混凝土、水泥混凝土、沥青贯入、沥青碎石、沥青表面处治和砂石路面。按其力学性质可分为柔性路面和刚性路面两大类。常用材料有沥青、水泥、碎（砾）石、砂、黏土等。

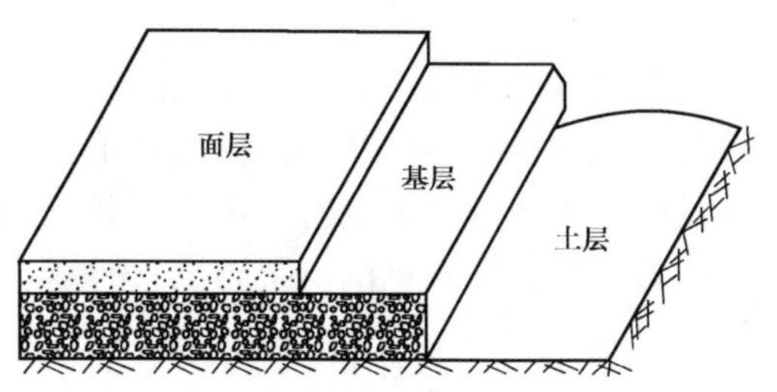

图 0-2　路面结构

2. 路基

路基按照路线位置和一定技术要求修筑的作为路面基础的带状构造物，通常包括路槽（供铺筑路面的浅槽）、路肩、边坡、边沟等组成部分，如图 0-1 所示。路基是用当地土石填筑或在原地开挖而成，既要有足够的强度和稳定性，还要达到经济合理。通常路基可分为路堤、路堑、半填半挖路基三种基本形式，如图 0-3 所示。路堤即高于原地面的填方路基，路堑即低于原地面的挖方路基，在一个横断面内部分为填方、部分为挖方的称半填半挖路基。

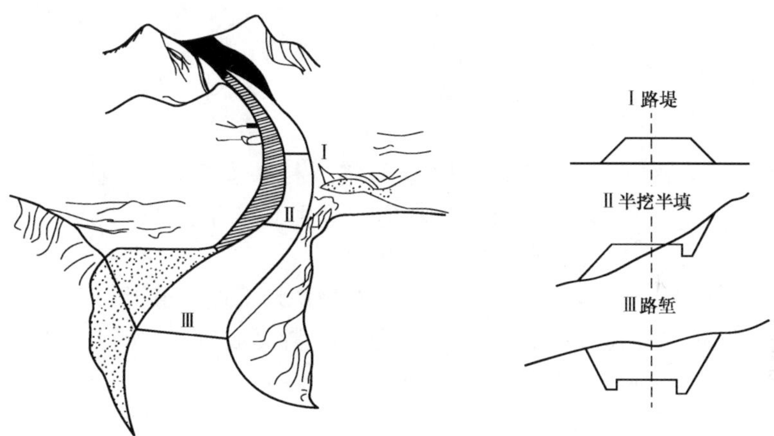

图 0-3　路基横断面形式

3. 桥涵

桥涵为公路跨越河流、山谷等障碍物而修建的构造物，其中单孔跨径大于等于 5m 或多孔跨径大于等于 8m 的称为桥梁，其余称为涵洞。桥梁、涵洞统称为桥涵，如图 0-4 所示。

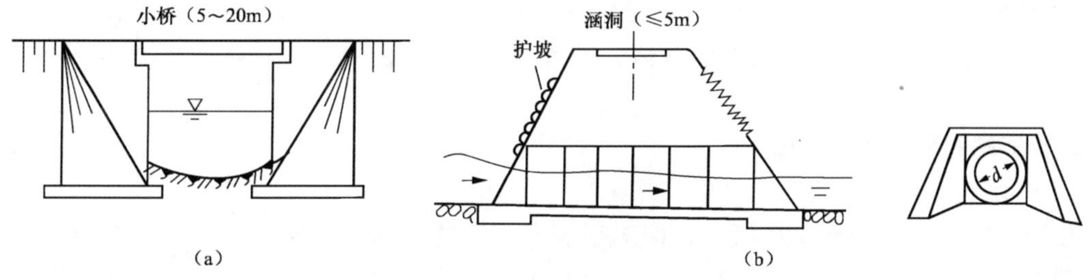

图 0-4　桥梁和涵洞
（a）小桥；（b）涵洞

4. 排水系统

为了确保路基稳定，避免受水的侵蚀，公路还应修建排水系统。公路排水系统按其排水方向分有纵向排水系统和横向排水系统。

纵向排水系统常见的有：边沟、截水沟、排水沟等。

横向排水系统常见的有：路拱、桥涵、透水路堤、过水路面等，如图 0-5 所示。

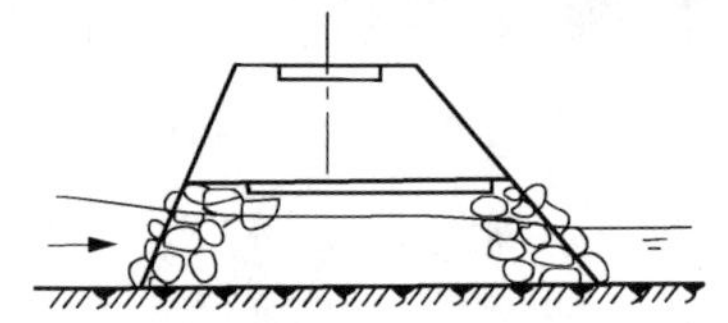

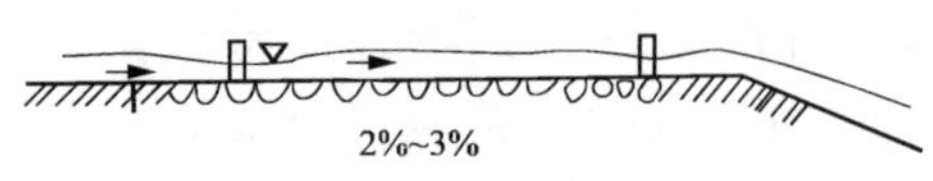

图 0-5　渗水路堤和过水路面

公路排水系统按其排水位置不同又分为地面排水和地下排水。地面排水主要是排除危害路基的雨水、积水及外来水等地面水；地下排水系统主要是排除地下水和其他需要通过地下排除的水。常见的地面排水设施包括边沟、截水沟、排水沟、跌水和急流槽、拦水带等；常见的地下排水设施包括暗沟、渗沟、渗井等。

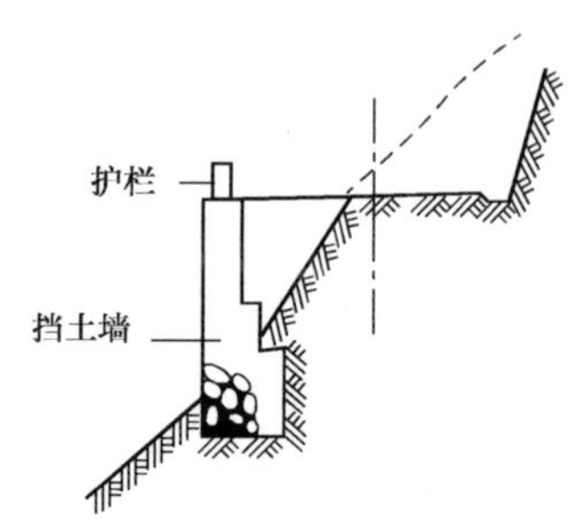

图 0-6　挡土墙

5. 防护工程

为保证路基稳定或行车安全所修筑的工程设施，如挡土墙、护坡、护栏等，如图 0-6 所示。

6. 特殊构造物

例如隧道，是穿越山岭为改善线型、缩短路线长度所修筑的山峒。半山桥（峒）是山区路基悬出一半所修筑的桥梁或所开挖的部分路宽的山峒。悬出路台，是在悬崖峭壁上所修筑的悬臂式构造物，如图 0-7 所示。

7. 交通服务设施

照明设施：如灯柱、弯道反光镜等。

交通标志：使驾驶员知道前面路段的情况和特点，包括警告标志、禁令标志、指示标志、指路标志四类。

服务设施：如加油站、汽车站、养路站、食宿站等。

植树绿化与美化工程：是美化公路环境的必要组成部分，为道路使用者提供一个安全、舒适的行车环境。环境绿化有利于净化空气、舒畅人们的心情，且可提高行车的安全。

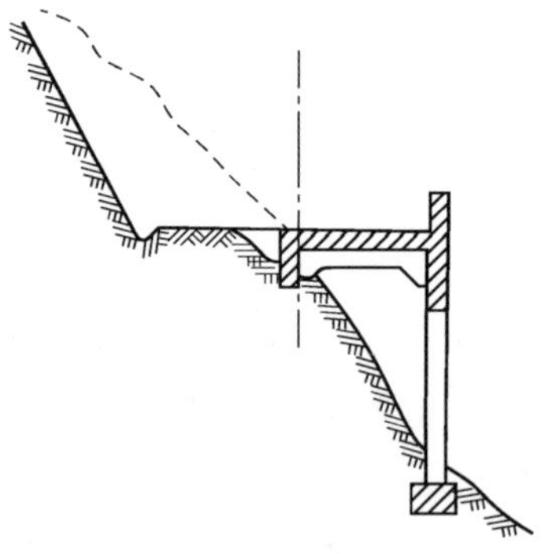

图 0-7　半山桥

三、道路勘测设计的依据

（一）设计车辆

道路上行驶的车辆主要是汽车，但对于混合交通的道路还包括一部分非机动车。汽车的物理特性及行驶于路上各种大小车辆的组成对于道路几何设计有决定意义，因此选择有代表性的车辆作为设计的依据是必要的。

行驶在公路上的车辆，其几何尺寸、质量、性能等，直接关系到行车道宽度、弯道加宽、公路纵坡、行车视距、公路净空、路面及桥涵荷载等，因此设计车辆的规定及采用对确定公路几何尺寸和结构具有重要的意义。

设计车辆是公路几何设计所采用的代表车型，其外廓尺寸、载质量和动力性能是确定公路几何参数的主要依据。

汽车的种类很多，《公路工程技术标准》（JTG B01—2014）规定作为公路设计依据的汽车分为五类，即小客车、载重汽车、大型客车、铰接列车和铰接客车，基本外廓尺寸如表 0-3 所示，外廓见图 0-8。

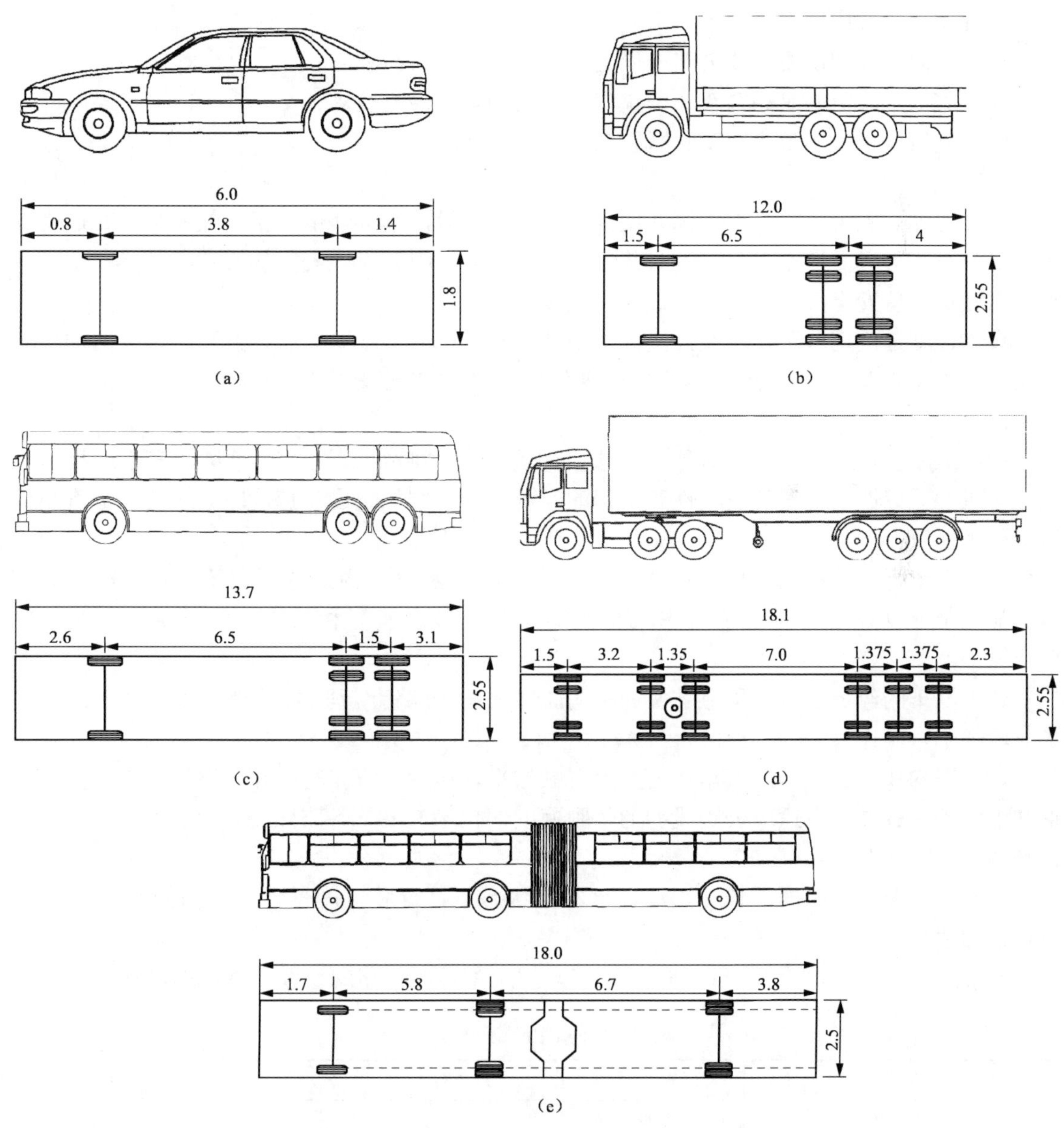

图 0-8　设计车辆外廓尺寸图

(a) 小客车；(b) 载重汽车；(c) 大型客车；(d) 铰接列车；(e) 铰接客车

表 0-3 设计车辆外廓尺寸表

车辆类型	总长（m）	总宽（m）	总高（m）	前悬（m）	轴距（m）	后悬（m）
小客车	6	1.8	2	0.8	3.8	1.4
大型客车	13.7	2.55	4	2.6	6.5+1.5	3.1
铰接客车	18	2.5	4	1.7	5.8+6.7	3.8
载重汽车	12	2.5	4	1.5	6.5	4
铰接列车	18.1	2.55	4	1.5	3.3+1.1	2.3

注 铰接列车的轴距（3.3+11）m：3.3m 为第一轴至铰接点的距离，11m 为铰接点至最后轴的距离。

设计车型的选用应符合以下要求：

（1）主要干线和次要干线公路应满足所有设计车型通行要求；

（2）集散公路应满足小客车、载重汽车和大型客车通行要求；

（3）支线公路应满足小客车和载重汽车的通行要求。

（二）设计速度

设计速度是确定公路设计指标并使其相互协调的设计基准速度；指气候正常、交通密度较小、汽车运行只受道路本身条件（几何要素、路面、附属设施等）的影响时，具有中等水平的驾驶员保持安全舒适地行驶的最大安全速度。

设计速度是确定公路几何设计指标并使其相互协调的基本要素。一经选定，公路的所有相关要素如平曲线半径、视距、超高、纵坡、竖曲线半径等指标均与其配合以获得均衡设计。

影响道路设计速度的因素较多、主要有地形、地区特征、设计交通量、汽车的技术性能、司机的适应性、行车的安全性和工程的经济性等。在规定设计速度时，主要考虑汽车的以下几种速度：

（1）汽车行驶的最高速度。即受汽车的动力性能及汽车构造的限制所能达到的最高车速。显然制定设计速度时必须考虑汽车所能行驶的最高速度和公路上行驶的多数车辆的要求。

（2）汽车的经济速度。即新出厂的汽车，在一般公路上行驶时所测定的最经济（油耗少、轮耗小）车速。

（3）平均技术速度。即汽车在公路上行驶的平均速度。汽车行驶在公路上，驾驶员按地形和沿线条件选择各自适应公路线型的驾驶速度即技术速度。各路段技术速度的平均值即为公路实际行驶的车速。

（4）运行速度。路面平整、潮湿，自由流状态下，行驶速度累计分布曲线上对应 85% 分位值的速度。

《公路工程技术标准》（JTG B01—2014）规定了各级公路的设计速度，如表 0-4 所示。

表 0-4 各级公路设计速度

公路等级	高速公路			一级公路			二级公路		三级公路		四级公路	
设计速度（km/h）	120	100	80	100	80	60	80	60	40	30	30	20

设计速度的选用应根据公路的功能与技术等级，结合地形、工程经济、远期的运行速度和沿线土地利用性质等因素综合论证确定。

高速公路设计速度不宜低于 100km/h，受地形地质条件限制时可选用 80km/h。高速公路和作为干线的一级公路的特殊困难的局部路段，且因新建工程可能诱发工程地质病害时，经论证，该局部路段的设计速度可采用 60km/h，但长度不宜大于 15km，或仅限于相邻两互通式立体交叉之间。

作为干线的一级公路，设计速度宜采用 100km/h；受地形地质条件限制，可采用 80km/h。作为集散的一级公路，设计速度宜采用 80km/h；受地形地质条件限制，可采用 60km/h。

作为干线的二级公路，设计速度宜采用 80km/h；受地形地质条件限制，可采用 60km/h。作为集散的二级公路，设计速度宜采用 60km/h；受地形地质条件限制，可采用 40km/h。

三级公路设计速度宜采用 40km/h；受地形地质等条件限制，可采用 30km/h。

四级公路设计速度宜采用 30km/h；受地形地质等条件限制，可采用 20km/h。

公路设计速度选用还应符合以下原则：

(1) 各级公路应根据项目沿线的地形、地质与自然条件等条件变化，分路段论证确定其设计速度。同一设计速度的路段长度不应过短，一条公路中不同设计速度的变化不应频繁。

(2) 地形、地质等条件困难、复杂的路段，设计速度宜取用较低值，几何指标宜采用较小和较低值；地形平缓开阔、无地质等灾害影响的路段，设计速度宜取用较高值，几何指标宜采用较大和较高值。

(3) 同一技术等级的公路，当设计交通量接近设计通行能力或项目对通行时间有特殊要求时，不宜采用较低的设计速度。六车道及以上高速公路采用整体式断面时，不宜采用低于 100km/h 的设计速度。

公路以设计速度进行设计时，同时应采用运行速度进行检验。公路平纵线型设计应尽可能使设计速度与运行速度 V_{85} 保持一致。其中运行速度可通过调查点的运行速度累计分布曲线或速度预测模型求得。运行速度与设计速度之差宜小于 20km/h，以满足设计速度的一致性原则。

公路采用同一设计速度的区段为一个设计路段。设计路段应根据公路等级、沿线地形、地质和技术指标等条件，以及工程技术难度、工程规模等论证确定。采用同一设计速度的设计路段不宜过短，高速公路不宜小于 15km；一级公路、二级公路不宜小于 10km。采用不同设计速度的设计路段间不宜频繁变化。不同设计路段相互衔接的地点，应选在交通量发生变化处，或用路者能够明显判断前方需要改变行车速度处。高速公路、一级公路宜设在互通式立体交叉或平面交叉处；二、三、四级公路宜设在交叉路口、桥梁、隧道、村镇附近，或地形明显变化处。不同设计路段相互衔接前后一定范围，应结合地形的变化其路线线型主要技术指标亦随之逐渐过渡，设计速度高的一侧应采用较低的平、纵技术指标，反之则应采用较高的平、纵技术指标，使平、纵线型技术指标较为均衡，避免出现突变。

(三) 交通量

交通量系指单位时间内通过公路某一横断面的往返车辆总和。交通量可以按年、日或小时计。车辆数量是按照各种交通车辆不同的折算系数换算成某一标准车辆的总和。单位为辆/日或辆/小时。一条公路交通量的大小由交通调查和交通预测来确定。

设计交通量是指待建公路到达远景设计年限末年时能达到的交通量。有设计年平均日交通量和设计小时交通量。

1. 设计年平均日交通量（$AADT$）

公路设计不能以现有的交通量为依据，应考虑将来经济发展和路况改善所引起的交通量变化的需要，即应以远景设计年限交通量变化的需要为准。远景设计年平均日交通量是指根据交通量预测资料得到的远景年限末的年平均日交通量（年平均日交通量简写为 $AADT$，即一年 365 天交通量总和除以 365）。它是确定公路等级、论证公路的计划费用或各项结构设计的重要依据，但直接用于公路几何设计却不适宜，因为交通量具有随时间和空间变化的特征。远景设计年平均日交通量依公路使用任务、性质，按现行的年平均交通量，据设计年限以一定增长率推算而来。其计算公式为

$$N_d = N_0\,(1+\gamma)^{T-1}$$

式中 N_d——远景设计年平均日交通量，辆/日；

N_0——起始年平均日交通量，辆/日；

γ——年平均交通量增长率，%；

T——远景设计年限。

新建和改扩建公路项目的设计交通量预测应符合下列规定。

（1）高速公路和一级公路设计交通量预测年限为 20 年，二、三级公路为 15 年，四级公路按实际情况确定。

（2）设计交通量预测年限的起算年为该项目可行性研究报告中的计划通车年。

（3）设计交通量预测应充分考虑走廊带范围内远期社会经济的发展规划和综合运输体系的影响。

2. 设计小时交通量（DHV）

根据交通量预测所选定的以小时为计算时段作为公路设计标准的交通量。设计小时交通量是确定公路等级、评价公路运行状态和服务水平的重要参数。设计小时交通量越小，公路的建设规模就越小，建设费用也就越低。但是，不恰当地降低设计小时交通量会使公路的交通条件恶化、交通阻塞和交通事故增多，公路的综合经济效益降低。因此将全年小时交通量从大到小按序排列，设计小时交通量的位置一般采用第 30 位小时，或根据当地调查结果控制在第 20～40 位小时之间。根据调查分析，第 30 位小时交通量与年平均日交通量的比值 K 比较稳定，称为设计小时交通量系数。由此计算设计小时交通量的公式为：

对于高速公路、一级公路：设计小时交通量应选取重交通量方向

$$DDHV = AADT \times D \times K$$

式中 $DDHV$——单向设计小时交通量，veh/h；

D——方向不均匀系数，即高峰小时期间主要方向交通量与两个方向总交通量之比，一般取 50%～60%；

K——设计小时交通量系数，%，K 值可参照表 0-5 取值。

对于二级公路、三级公路：设计小时交通量应选整个断面交通量

$$DHV = AADT \times K$$

式中 DHV——设计小时交通量，veh/h；

$AADT$——预测年度的年平均日交通量；

K——设计小时交通量系数，%；K 值可参照表 0-5 取值。

表 0-5　**各地区设计小时交通量系数表**

地区		华北	东北	华东	中南	西南	西北
		京、津、冀、晋、蒙	辽、吉、黑	沪、苏、浙、皖、闵、赣、鲁	豫、湘、鄂、粤、桂、琼	川、滇、黔、藏、渝	陕、甘、青、宁、新
近郊	高速公路	8.0	9.5	8.5	8.5	9.0	9.5
	一级公路	9.5	11.0	10.0	10.0	10.5	11.0
	二、三级公路	11.5	13.5	12.0	12.5	13.0	13.5
城间	高速公路	12.0	13.5	12.5	12.5	13.0	13.5
	一级公路	13.5	15.0	14.0	14.0	14.5	15.0
	二、三级公路	15.5	17.5	16.0	16.5	17.0	17.5

3. 交通量折算

我国《公路工程技术标准》(JTG B01—2014) 规定，各级公路交通量以小客车为标准，因此应将公路上行驶的各种车辆折合成标准车的数量。交通量的折算可参照表 0-6 进行。

表 0-6　**各汽车代表车型与车辆折算系数**

汽车代表车型	车辆折算系数	说　　明
小客车	1.0	座位≤19 座的客车和载质量≤2t 的客车
中型车	1.5	座位>19 座的客车和 2t<载质量≤7t 的货车
大型车	2.5	7t>载质量≤20t 的货车
汽车列车	4.0	载质量>20t 的货车

畜力车、人力车、自行车等非机动车按路侧干扰因素计，公路上行驶的拖拉机每辆折算为 4 辆小客车。公路通行能力分析所要求的车辆折算系数应针对路段、交叉口等形式，按不同的地形条件和交通需求，采用相应的折算系数。

(四) 服务水平

道路服务水平是指在规定的道路与交通条件下，根据交通量、车速、舒适、方便、经济和安全等指标，道路可向使用者（主要是汽车驾驶人）所能提供的综合效果。不同的效果反映不同的服务水平。服务水平的高低可以反映出一定条件下，道路上的不同车流状态和与之相应的通行能力以及驾驶人驾车的自由程度。

《公路工程技术标准》(JTG B01—2014) 规定，公路服务水平分为六级，同时采用饱和度作为评价服务水平的主要指标。各级公路设计采用的服务水平规定见表 0-7。

表 0-7　**各级公路设计采用的服务水平**

公路等级	高速公路	一级公路	二级公路	三级公路	四级公路
服务水平	三级	三级	四级	四级	—

公路规划设计时，既要保证必要的车辆运行质量，同时兼顾公路建设的运行成本。一、二、三级公路的功能类别高时，应该选择较高的服务水平；功能类别低时，可降低一级，节约投资。长隧道及特长隧道路段、非机动车及行人密集路段、互通式立体交叉的分合流以及交至区段，土地资源紧缺、工程造价高昂或对环境破坏严重的地段，设计服务水平可降低一级。

服务水平划分为六级，是为了说明公路交通负荷状况，以交通流状态为划分条件，定性地描述交通流从自由流、稳定流到拥堵流的变化阶段。因此，采用六级服务水平，可以方便地评价公路交通的运行质量。

一级服务水平：交通流处于完全自由流状态。交通量小、速度高、行车密度小，驾驶者能自由地按自己的意愿选择行车速度，行驶车辆不受或基本不受交通流中其他车辆的影响。在交通流内驾驶的自由度很大，为驾驶员、乘客和行人提供的方便些和舒适度非常优越。较小的交通事故和行车障碍的影响容易消除，在事故路段不会产生停滞排队现象。

二级服务水平：交通流处于相对自由流状态。驾驶者基本上可按自己的意愿选择行车速度，但是要开始注意到交通流内有其他使用者。驾驶员身心舒适水平很高。较小的交通事故和行车障碍的影响容易消除，在事故路段的运行服务情况比一级差些。

三级服务水平：交通流处于稳定流的上半段，车辆间的相互影响变大，选择速度受到其他车辆的影响。变换车道时驾驶员要格外小心，较小交通事故仍能消除，但事故发生路段的服务质量大大下降，严重的阻塞后面形成排队车流，驾驶员心情紧张。

四级服务水平：交通流处于稳定流范围下限，但是车辆运行明显的受到交通流内其他车辆的相互影响，速度和驾驶的自由度受到明显的限制。交通量稍有增加就会导致服务水平的显著降低，驾驶人员身心舒适水平降低，即使较小的交通事故也难以消除，会形成很长的排队车流。

五级服务水平：为交通流拥堵流的上半段，其下是达到最大通行能力时的运行状态对于交通流的任何干扰，例如车流从匝道驶入或车量变换车道，都会在交通流中产生一个干扰波，交通流不能消除它，任何交通事故都会形成长长的排队车流，车流行驶灵活性极端受限，驾驶人员身心舒适水平很差。

六级服务水平：是拥堵的下半段，是通常意义上的强制流或阻塞流。这一服务水平下，交通设施的交通需求超过其允许的通过量，车流排队行驶，队列中的车辆出现停停走走现象，运行状态极不稳定，可能在不同的交通流状态间发生突变。

(五) 汽车行驶理论基础知识

道路设计是以满足汽车行驶的要求为前提的。汽车行驶总的要求是安全、迅速、经济与舒适，它是通过人、车、路和环境等方面来保证的。因此，在道路线型设计时，需要研究汽车在道路上的行驶特性及其对道路设计的具体要求，这是道路线型设计的理论基础。

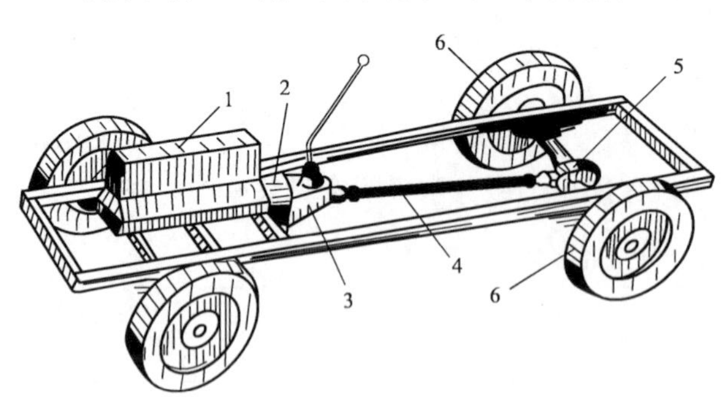

图 0-9 汽车动力传递图

1—发动机；2—离合器；3—变速器；4—万向传动机构；5—主减速器；6—驱动轮

1. 汽车的牵引力

汽车的行驶需要克服各种行驶阻力，因而必须具备足够的动力—牵引力，而牵引力取决于发动机的性能。

汽车的动力传递过程见图 0-9。

汽车的牵引力来自它的内燃发动机。燃料在发动机内燃烧，将热能转化为机械能，从而产生有效功率，再使发动机的曲轴产生转矩，转矩再经传动系传到汽车的驱动轮上，使得汽车运动。

表征汽车发动机特性的指标主要有以下几个。

(1) 有效功率 N_e。有效功率是指汽车在单位时间内所具有的做功的能力。单位为千瓦(kW)。

(2) 转速 n_e。转速是指发动机曲轴单位时间内的旋转次数，用每分钟转数（r/min）为单位。转速的大小影响汽车行驶的快慢。

(3) 扭矩 M_e。扭矩是指汽车发动机产生于曲轴上的转动力矩，用牛顿·米（N·m）为单位。汽车发动机扭矩的大小，决定了汽车产生牵引力的大小。

(4) 转动角速度 ω。转动角速度是指单位时间内发动机曲轴转动的角度，用弧度/秒(rad/s) 为单位。

汽油和空气混合在发动机内燃烧产生热能，通过活塞、曲轴转化为机械能，产生有效功率 N_e，驱使曲轴以每分钟为 n_e 的转速旋转，产生扭矩 M_e，经过一系列的变速、传动，将曲轴旋转扭矩 M_e 传给驱动轮，在驱动轮上产生扭矩 M_k，推动汽车前进。

由功率的基本公式

$$N_e = M_e\omega/1000$$

$$\omega = 2\pi n_e/60$$

即

$$N_e = 2\pi M_e n_e/(1000\times 60) = M_e n_e/9549 \tag{0-1}$$

有

$$M_e = 9549\times\frac{N_e}{n_e} \tag{0-2}$$

式（0-2）反应了在功率一定的条件下，发动机曲轴旋转扭矩 M_e 和转速 n_e 成反比关系。

发动机曲轴扭矩 M_e 通过离合器、变速箱，随所用排档的变速比 i_k 和机械效率 η_k，传至万向节头轴上的扭矩为 M_n，此时 $M_n=M_e i_k\eta_k$。万向节头轴上的扭矩 M_n 再传至主传动器，并随主传动器的减速比率 i_0 及机械效率 η_0，经车轴传到驱动轮上的扭矩为 M_k，此时

$$M_k = M_n i_0\eta_0 = M_e i_k i_0\eta_k\eta_0 \qquad 取 \quad \eta_m = \eta_k\eta_0$$

故

$$M_k = M_e i_k i_0\eta_m \tag{0-3}$$

式中　i_k——变速比；

i_0——主减速比；

η_m——传动系效率。

汽车行驶时，共受以下几个力（见图 0-10）：作用于驱动轮上的扭矩 M_k，在驱动轮上的汽车重力 G 及与之相平衡的反力 G'，行驶阻力 T，路面水平反力 F。

此时可把驱动轮上的扭矩 M_k 用一对力偶 P_t 和 P 代替，P 作用在轮缘上与路面水平反力 F 抗衡，P_t 作用在轮轴上推动汽车前进，与汽车的行驶阻力 T 抗衡。所以

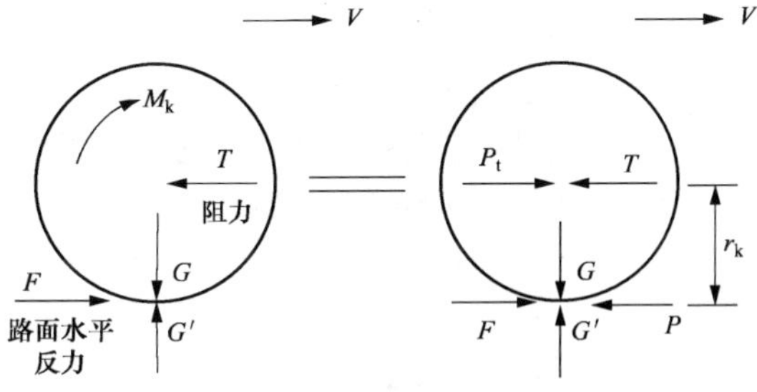

图 0-10　驱动轮的受力分析

$$P_t = \frac{M_k}{r_k} = \frac{M_e i_k i_0\eta_m}{r_k} \tag{0-4}$$

式中　r_k——车轮工作半径，m，即变形半径，它与内胎气压、外胎构造、路面的刚性与平整度以及荷载等有关，一般为未变形半径 r_0 的 0.93～0.96 倍，常见车型未变形直径见表 0-8。

表 0-8 常见车型后轮未变形直径

车型	解放 CA10B	东风 EQ140	黄河 JN150	跃进 NJ130	上海 SH760A
直径（mm）	1018±5	1018±5	1018±8	940±8	755±5

已知发动机曲轴转数 n_e 与车速 V 之间的关系为

$$V = 2\pi r_k \frac{n_e}{i_k i_0} \frac{60}{1000} = 0.377 \frac{n_e r_k}{i_k i_0} \tag{0-5}$$

所以，牵引力

$$P_t = M_e \frac{0.377 \times n_e}{V} \eta_m = 9549 \cdot \frac{N_e}{n_e} \cdot \frac{0.377 \times n_e}{V} \cdot \eta_m = 3600 \frac{N_e \eta_m}{V} \tag{0-6}$$

如果要求汽车具有较大的牵引力 P_t，则必须采用较大的速度比 i_k 和 i_0，但随着 i_k 和 i_0 的增大，车速 V 则会降低，因此，汽车设有几个排挡，各挡具有固定的速度比或最大速度值。采用低速挡，速比 i_k 和 i_0 较大，能获得较大的牵引力和较低的车速；采用高速挡，速比 i_k 和 i_0 较小，能获得较高的车速和较小的牵引力。

2. 汽车的行驶阻力

汽车运动时需要不断克服运动中所遇到的各种阻力，这些阻力包括空气阻力（P_w）、滚动阻力（P_f）、坡度阻力（P_i）和惯性阻力（P_j）。在这些阻力中，滚动阻力和空气阻力存在于任何行驶条件下，而坡度阻力和惯性阻力则存在于某种行驶条件下，例如汽车在水平路段上作等速行驶时，坡度阻力和惯性阻力均不存在；若在纵坡路段上作变速行驶，就有坡度阻力和惯性阻力。

(1) 空气阻力。汽车在空气介质中行驶，由于迎面风压力、车前后的空气压力差以及空气质点与车身表面的摩擦力等阻碍汽车前进，总称为空气阻力。现代汽车的行驶速度很高，空气阻力对汽车行驶的动力性和燃料消耗的经济性影响很大，当行驶速度在 100km/h 以上，有时一半的功率用来克服空气阻力。

由空气动力学的研究和试验可知，汽车在空气介质中运动时所产生的空气阻力可按下式近似确定

$$P_w = \frac{KFV^2}{13} \tag{0-7}$$

式中 P_w——空气阻力，N；

V——汽车与空气的相对速度，可近似的取汽车的行驶速度；

K——空气阻力系数，即汽车以 1m/s 速度行驶时在单位正投影面积，m^2 上所受的力，N，单位为 N/m^3，其值可由道路实验、风洞实验等方法测得；

F——汽车迎风面面积，即正面投影面积，m^2，可直接在投影面上测得；

KF——汽车流线型系数，可用于评定汽车的整体流线型程度，见表 0-9。

表 0-9 空气阻力系数与迎风面面积

车　　型	$K(N/m^3)$	$F(m^2)$	$KF(N/m)$
闭式车身小客车	0.20～0.35	1.6～2.8	0.3～0.9
敞式车身小客车	0.40～0.50	1.5～2.0	0.6～1.0
载重汽车	0.50～0.70	3.0～5.0	1.5～3.5
车厢式车身大客车	0.25～0.40	4.5～6.5	1.0～2.6

（2）滚动阻力。车轮在路面上滚动所产生的阻力，是由路面与轮胎变形而引起的。汽车轮胎具有弹性，当车轮滚动时，轮胎发生变形，此时在其材料内部，各帘布层、橡胶层之间产生摩擦，消耗一部分功率；当汽车在柔性路面行驶时，轮胎与路面均会产生变形，其接触面间产生摩擦损失而消耗一部分功率；此外路面的不平整而造成轮胎震动和冲击，引起功率消耗。

滚动阻力与汽车的总重力成正比，若坡道倾角为 α 时，其值可用下式计算

$$P_f = f \cdot G_a \cos\alpha$$

由于坡道倾角一般较小，认为 $\cos\alpha \approx 1$，则

$$P_f = G_a f \tag{0-8}$$

式中　P_f——空气阻力，N；

G_a——车辆总重力，N；

f——滚动阻力系数，它与路面状况、轮胎和车速有关，其值一般由试验确定。在一定类型的轮胎和一定车速范围内，f 可视为只和路面状况有关，实际应用中近似地按路面类型选用，见表 0-10。

表 0-10　　滚动阻力系数 f 值

路面类型	水泥及沥青混凝土路面	表面平整的黑色碎石路面	碎石路面	干燥平整的土路	潮湿不平整的土路
f 值	0.01～0.02	0.02～0.025	0.03～0.05	0.04～0.05	0.07～0.15

（3）坡度阻力。在具有纵向坡度的公路上，当汽车上坡行驶时，重力在平行路面方向的分力与汽车行进的方向相反，阻碍汽车行驶，此称为坡度阻力或上坡阻力；下坡时，其重力在平行于路面方向的分力与汽车行进方向相同，形成了坡度动力。坡度阻力 P_i 与汽车重力 G_a 和公路的坡度角 α 有关，其值为

$$P_i = \pm G_a \cdot \sin\alpha$$

由于公路的坡度角 α 很小（一般不超过 5°），可认为 $\sin\alpha \approx \tan\alpha = i$，则

$$P_i = \pm G_a i \tag{0-9}$$

式中　P_i——坡度阻力，N；

G_a——车辆总重力，N；

i——道路纵坡度，“＋”号表示上坡，“－”号表示下坡。

（4）惯性阻力。汽车变速行驶时，需要克服其质量变速运动时所产生的惯性力和惯性力矩，这就是惯性阻力。汽车的质量可分为平移质量和旋转质量（如飞轮、离合器、变速器轴及齿轮、传动轴、主传动器、车轮等）两部分，变速行驶时需克服平移惯性力和旋转惯性力矩。为计算简便，一般把旋转质量的惯性力换算成平移质量的惯性力，并以 δ 作为换算系数，则汽车惯性力按下式计算

$$P_j = \pm \delta \frac{G_a}{g} \frac{dv}{dt} \tag{0-10}$$

式中　P_j——惯性阻力，N；

G_a——车辆总重力，N；

g——重力加速度，m/s^2；

$\frac{dv}{dt}$——惯性加速度，加速为正，减速为负，m/s^2；

δ——汽车旋转质量换算系数，与车速、变速比有关，其值可按下式计算。

$$\delta = 1 + \delta_1 + \delta_2 \cdot i_k^2$$

式中 δ_1——考虑汽车车轮惯性影响的系数，一般在0.03～0.05之间；

δ_2——考虑发动机飞轮惯性影响的系数，对小客车δ_2=0.05～0.07，对载重车δ_2=0.04～0.05；

i_k——变速器变速比。

这样，汽车的总行驶阻力T为

$$T = P_w + P_f + P_i + P_j$$

3．汽车行驶的条件

（1）汽车行驶的必要条件。为使汽车向前行驶，汽车的牵引力必须与运动时所遇到的各项行驶阻力之和相平衡，其牵引平衡方程为

$$P_t = T = P_w + P_f + P_i + P_j \tag{0-11}$$

汽车在公路上行驶，牵引力等于各项行驶阻力之和时，汽车作等速行驶；当牵引力大于各项行驶阻力之和时，汽车作加速行驶；当牵引力小于各项行驶阻力之和时，汽车作减速行驶，直至停车。因此，要使汽车向前行驶，牵引力必须大于或等于各项行驶阻力之和，这是汽车行驶的必要条件，即

$$P_t \geqslant P_w + P_f + P_i + P_j \tag{0-12}$$

（2）汽车行驶的充分条件。根据以上分析，汽车行驶的条件首先是牵引力必须能够克服各项行驶阻力。但仅有这一条件还不够，因为汽车牵引力的产生，还必须依靠路面对轮胎提供足够的切向反力，若轮胎与路面之间的摩擦力过小，则路面就不能给轮胎提供足够的反作用力，致使轮胎在路面上打滑，甚至空转，汽车仍然不能前进。所以汽车牵引力的发挥还要受到车轮（驱动轮）与路面间的纵向摩擦阻力的限制，即牵引力必须小于或等于轮胎与路面间的最大摩擦力（又叫附着力）。这是汽车行驶的充分条件，可表示为

$$P_t \leqslant \varphi \cdot G_{驱} \tag{0-13}$$

式中 φ——附着系数，随路面类别、潮湿程度而异，见表0-11；

$G_{驱}$——作用在所有驱动轮上的荷载。载重车$G_{驱}$约占总重G_a的0.66～0.76，小客车$G_{驱}$约占总重G_a的0.50～0.65。

表0-11 各类路面上附着系数φ表

路面类型	路面状况			
	干燥	潮湿	泥泞	冰滑
水泥混凝路面	0.7	0.5	—	—
沥青混凝土路面	0.6	0.4	—	—
过渡式及低级路面	0.5	0.3	0.2	0.1

将式（0-12）与式（0-13）结合起来考虑，则有

$$P_w + P_f + P_i + P_j \leqslant P_t \leqslant \varphi \cdot G_{驱} \tag{0-14}$$

这就是汽车行驶的必要和充分条件，亦称汽车运动的驱动与附着条件。

根据以上汽车行驶的两个条件，在公路设计工作中对路面提出：一是要求路面平整坚实，以尽量减小路面的滚动阻力；二是要求路面粗糙，以增大附着力。

4. 汽车行驶的稳定性

汽车行驶稳定性是指汽车在行驶过程中，在外部因素作用下，尚能保持或者很快自行恢复原行驶状态和方向，而不致发生丧失控制产生侧滑、倾覆等现象的能力。

汽车行驶稳定性从不同方向来看，可有纵向稳定性和横向稳定性。从丧失稳定的方式来看，可有滑动稳定性和倾覆稳定性。分析和研究汽车行驶的稳定性，对于合理设计汽车结构尺寸，正确设计公路、确保行车安全等均有十分重要的意义。

(1) 汽车行驶的纵向稳定性。汽车在行驶过程中，随着运动状态的改变，作用在前后车轮上的法向反作用力亦有相应的变化。若汽车在某一运动状态下，前轮的法向反作用力为零时，则汽车将发生前轴车轮离地而导致纵向倾覆。当汽车上坡时由重力产生的下滑力大于车轮与路面间的附着力时，汽车将丧失行驶的可能，出现纵向滑移。此两种情况均为汽车的纵向失稳。下面通过对汽车行驶中的受力情况分析来研究汽车行驶的纵向稳定性。

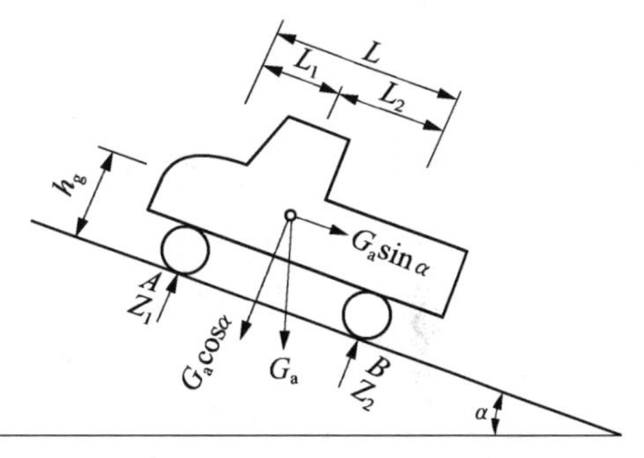

图 0-11　汽车在直坡道上的受力分析

1) 汽车在直坡道上的受力分析。

图 0-11 所示为后轴驱动的双轴汽车在硬路面直坡道上低等速行驶时，忽略滚动阻力、空气阻力影响时的受力情况。

图 0-11 中　G_a——图中 G_a 均表示汽车总重，N；

h_g——汽车重心高度，m；

α——道路纵向坡度角，°；

Z_1、Z_2——作用于前后轮上的法向反力，N；

L——汽车轴距，m；

L_1、L_2——汽车重心至前后轴距间距离，m。

对汽车后轮着地点 B 取矩，则可求得前轮垂直反力

$$Z_1 L = G_a\cos\alpha \cdot L_2 - G_a\sin\alpha \cdot h_g$$

故
$$Z_1 = (G_a\cos\alpha \cdot L_2 - G_a\sin\alpha \cdot h_g)/L \tag{0-15}$$

对前轮着地点 A 取矩则可得后轮垂直反力

$$Z_2 L = G_a\cos\alpha \cdot L_1 + G_a\sin\alpha \cdot h_g$$

故
$$Z_2 = (G_a\cos\alpha \cdot L_1 + G_a\sin\alpha \cdot h_g)/L \tag{0-16}$$

2) 纵向倾覆。当汽车前轮离地即法向作用力为零时，将导致汽车绕后轮纵向倾覆，此时 $Z_1=0$。由于汽车低等速上陡坡行驶，可以忽略次要因素，由式 (0-15)，令 $Z_1=0$，即得纵向倾覆稳定条件

$$G_a\cos\alpha_0 \cdot L_2 - G_a\sin\alpha_0 \cdot h_g = 0$$

$$\tan\alpha_0 = \frac{L_2}{h_g} \tag{0-17}$$

式中　α_0——汽车产生纵向倾覆时的道路纵向极限坡度角。

由上式可知，当 $\alpha \geqslant \alpha_0$ 时，汽车失控产生纵向倾覆；纵向倾覆稳定性仅与汽车结构参数 L_2 和 h_g 有关。L_2 越大则 α_0 越大，纵向倾覆稳定性好；汽车重心位置越高，则 α_0 越小，纵

向稳定性越差。一般 L_2 和 h_g 的数值在汽车设计中考虑。

3）纵向滑移。从驱动轮的附着条件可知，当汽车上坡时产生滑移极限状态时，下滑力与最大附着力平衡，略去次要因素，则

$$下滑力 = G_a \cdot \sin\alpha_\varphi$$
$$附着力 = Z_2 \cdot \varphi$$

将式（0-16）代入得

$$G_a \cdot \sin\alpha_\varphi = \frac{G_a\cos\alpha_\varphi \cdot L_1 + G_a\sin\alpha_\varphi \cdot h_g}{L}\varphi$$

$$\tan\alpha_\varphi = \frac{L_1 + \tan\alpha_\varphi \cdot h_g}{L}\varphi$$

因 $h_g\tan\alpha_\varphi$ 较小，可略去不计，并且$\frac{L_1}{L}\approx\frac{G_{驱}}{G_a}$，有

$$\tan\alpha_\varphi \approx \frac{L_1}{L}\varphi \approx \frac{G_{驱}}{G_a}\varphi \tag{0-18}$$

式中　α_φ——汽车发生滑移时的道路极限坡度角，°；

$G_{驱}$——驱动轮的轴重，N；

由以上分析可知，当 $\alpha \geqslant \alpha_\varphi$ 时，汽车将发生纵向滑移。

4）纵向稳定性的保证。分析式（0-17）和式（0-18），一般 L_2/h_g 接近于 1，$\varphi G_{驱}/G_a$ 远远小于 1，所以

$$\frac{G}{G_a}\varphi < \frac{L_2}{h_g} \quad 或 \quad \tan\alpha_\varphi < \tan\alpha_0$$

也就是说，汽车在坡道上行驶时，在发生纵向倾覆之前，首先发生纵向滑移现象。为保证汽车行驶的纵向稳定性，道路设计应满足不产生纵向滑移为条件，这样，也就避免了汽车的纵向倾覆现象出现。所以，汽车行驶时纵向稳定性的条件为

$$i = \tan\alpha < \tan\alpha_\varphi = \frac{G}{G_a}\varphi \tag{0-19}$$

只要设计的道路纵坡度 i 满足上式条件，当汽车满载时一般都能保证纵向行驶的稳定性。但在运输中装载过高时，由于重心高度 h_g 的增大而破坏纵向稳定性条件，所以，应对汽车装载高度有所限制。

（2）汽车行驶的横向稳定性。汽车行驶时，常常要受到侧向力的作用。在侧向力的作用下，当车轮的侧向反作用力达到附着力时，汽车将沿着侧向力的作用方向滑移；侧向力同时还将引起左右车轮法向反作用力的改变，当一侧车轮上的法向反作用力变为零时，汽车将发生侧向翻车。

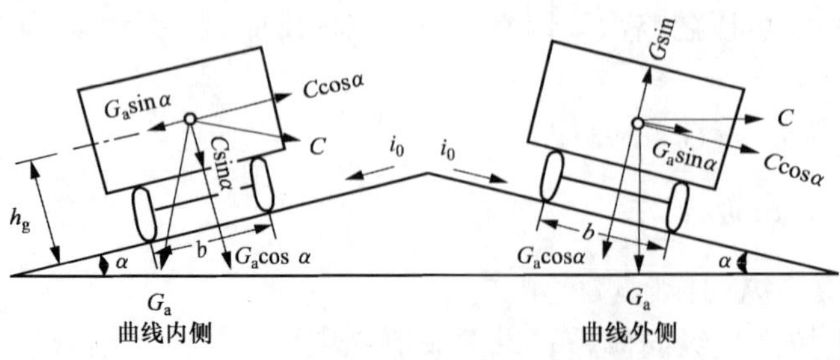

图 0-12　汽车在曲线上行驶的横向力

当汽车在曲线上行驶时，侧向力除重力分力外，还有离心力、惯性力等，情况尤为复杂，对汽车行驶的横向稳定性影响也较大，下面对此进行分析介绍，见图 0-12。

1）汽车在曲线上行驶所产生的横向力。图 0-12 所示为汽车在

曲线上行驶的受力情况。

图 0-12 中　G_a——图中 G_a 均表示汽车总重，N；

h_g——汽车重心高度，m；

α——道路横向坡度角，(°)；

C——离心力，N；

b——汽车轮距，m；

i_0——路拱横坡度。

则横向力 Y 为

$$Y = C \cdot \cos\alpha \pm G_a \cdot \sin\alpha$$

其中 α 很小　　$\cos\alpha \approx 1$　　$\sin\alpha \approx \tan\alpha = i_0$

$$Y = C \pm G_a \cdot i_0$$

式中，“＋”表示路拱双坡外侧，“－”表示路拱双坡内侧。

离心力

$$C = m\frac{v^2}{R} = \frac{G_a v^2}{gR}$$

式中　R——平曲线半径，m；

v——汽车行驶速度，m/s。

$$Y = \frac{G_a v^2}{gR} \pm G_a \cdot i_0 \tag{0-20}$$

横向力 Y 是汽车行驶的不稳定因素，就横向力而言，只从其值的大小是无法反映不同重量汽车的稳定程度。例如 5kN 的横向力若作用在小汽车上，可能使其产生横向倾覆的危险，而作用在重型载重汽车上则可能是安全的。于是采用横向力系数来衡量稳定性程度，其意义为单位车重的横向力，即

$$\mu = \frac{Y}{G_a} = \frac{v^2}{gR} \pm i_0 \tag{0-21}$$

2）横向倾覆稳定。产生横向倾覆的极限条件为横向力 Y 引起的倾覆力矩等于车重所产生的稳定力矩：

倾覆力矩为　$Y \cdot h_g = (C \cdot \cos\alpha \pm G_a \cdot \sin\alpha) \cdot h_g$

稳定力矩为　$(G_a \cdot \cos\alpha \pm C \cdot \sin\alpha) \cdot \dfrac{b}{2} \approx (G_a \pm C \cdot i_0)\dfrac{b}{2}$

两者平衡,则　$Y \cdot h_g = (G_a \pm C \cdot i_0) \cdot \dfrac{b}{2}$

式中，i_0 与 G_a 相比甚小，可忽略不计，则　$Y \cdot h_g \approx G_a \cdot \dfrac{b}{2}$

$$\frac{Y}{G_a} = \frac{b}{2h_g} = \mu \tag{0-22}$$

由式（0-22）即可得到汽车不产生倾覆的稳定条件为

$$\mu \leqslant \frac{b}{2h_g} \tag{0-23}$$

将式（0-21）代入式（0-23）并整理，得

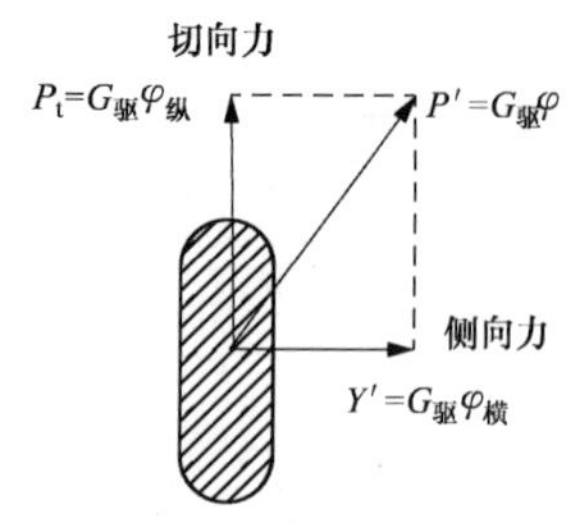

图 0-13 曲线行驶驱动轮上的作用力

$$R \geqslant \frac{v^2}{g\left(\dfrac{b}{2h_g} \pm i_0\right)} \tag{0-24}$$

上式可用来计算汽车在平曲线上行驶时，不产生横向倾覆的最小平曲线半径 R 或最大允许行驶速度 v。

3）横向滑移稳定。研究汽车在曲线上行驶时驱动轮上的作用力可知，除去切向力 P_t 外，还有侧向力 Y'，此时，车轮与路面间产生一总反作用力 P'，见图 0-13。

因
$$P'^2 = P_t^2 + Y'^2$$

故
$$\varphi^2 = \varphi_{纵}^2 + \varphi_{横}^2$$

式中 φ——附着系数；

$\varphi_{纵}$——纵向附着系数；

$\varphi_{横}$——横向附着系数。

$$\varphi_{纵} = 0.7 \sim 0.8\varphi, \quad \varphi_{横} = 0.6 \sim 0.7\varphi$$

此时汽车全部车轮的总横向附着力即为阻止汽车向外侧滑移的横向反力，即

$$Y'_{max} = G_a \varphi_{横}$$

当横向力与横向附着力相平衡时，有

$$Y = Y'_{max}, \quad 则\ Y = G_a \varphi_{横},$$

$$\varphi_{横} = \frac{Y}{G_a} = \mu \tag{0-25}$$

由式（0-25）即可得到汽车不产生滑移的稳定条件为

$$\mu \leqslant \varphi_{横} \tag{0-26}$$

将式（0-21）代入式（0-26）并整理，得

$$R \geqslant \frac{v^2}{g(\varphi_{横} \pm i_0)} \tag{0-27}$$

利用上式可用来计算汽车在平曲线上行驶时，不产生横向滑移的最小平曲线半径 R 或最大允许行驶速度 v。

4）横向稳定性的保证。由式（0-23）及式（0-26）可知，汽车在平曲线上行驶时的横向稳定性主要取决于横向力系数 μ 值的大小。现代汽车在设计制造时重心较低，一般 $b/2h_g \approx 1$，而 $\varphi_{横} < 0.5$，所以 $\varphi_{横} < b/2h_g$。即汽车在平曲线上行驶时，在发生横向倾覆之前先产生横向滑移现象，为此，在道路设计中应保证汽车不产生横向滑移，同时也就保证了横向倾覆的稳定性。只要设计采用的 μ 值满足式（0-26）的条件，一般在满载情况下能够保证横向行驶的稳定性。但在装载过高时可能发生倾覆现象。

四、道路的分类、分级与技术标准

（一）道路的分类

道路是供各种车辆（无轨）和行人等通行的工程设施。按其使用特点分为公路、城市道路、厂矿道路、林区道路及乡村道路等。

1. 公路

是指连接城市、乡村和工矿基地等，主要供汽车行驶，具备一定技术和设施的道路。公路按其重要性和使用性质又可划分为：国家干线公路（简称国道）、省干线公路（简称省

道)、县公路(简称县道)以及专用公路等。

国道是指在国家干线网中，具有全国性的政治、经济、国防意义，并经确定为国家干线的公路。

省道是指在省公路网中，具有全省性的政治、经济、国防意义，并经确定为省级干线的公路。

县道是指具有全县性的政治、经济意义，并经确定为县级的公路。

专用公路是指由工矿、农林等部门投资修建，主要供部门使用的公路。

在城市、厂矿、林区、港口等内部的道路，都不属于公路范畴，但穿过小城镇的路段仍属公路。

2. 城市道路

城市范围内，供车辆及行人通行的，具备一定技术条件和设施的道路叫城市道路。

城市道路的功能除了把城市各部分联系起来为城市各种交通服务外，还起着形成城市结构布局的骨架。提供通风、采光，保持城市生活环境空间以及为防火、绿化提供场地的作用。

3. 厂矿道路

厂矿道路指主要为工厂、矿山运输车辆通行的道路。通常分为厂内道路和厂外道路及露天矿山道路。厂外道路为厂矿企业与国家公路、城市道路、车站、港口相衔接的道路或厂矿企业分散的车间、居住区之间连接的道路。

4. 林区道路

林区道路指修建在林区，主要供各种林业运输工具通行的道路。由于林区地形及运输木材的特征，其技术要求应按专门制定的林区道路工程技术标准执行。

5. 乡村道路

乡村道路是指修建在乡村、农场，主要供行人及各种农业运输工具通行的道路。由于乡村道路主要为农业生产服务，一般不列入国家公路等级标准。

各类道路由于其位置、交通性质及功能均不相同，在设计时其依据、标准及具体要求也不相同，要特别注意。

(二) 公路的分级

《公路工程技术标准》(JTG B01—2014) 中，公路根据功能和设计交通量分为高速公路、一级公路、二级公路、三级公路、四级公路五个技术等级。

(1) 高速公路为专供汽车分方向、分车道行驶，全部控制出入的多车道公路。

高速公路的年平均日交通量宜在15000辆小客车以上。

(2) 一级公路为供汽车分方向、分车道行驶，可根据需要控制出入的多车道公路。

一级公路的年平均日交通量宜在15000辆小客车以上。

(3) 二级公路为供汽车行驶的双车道公路。

二级公路的年平均日交通量宜在5000～15000辆小客车。

(4) 三级公路为供汽车、非汽车交通混合行驶的双车道公路。

三级公路的年平均日交通量宜在2000～6000辆小客车。

(5) 四级公路为供汽车、非汽车交通混合行驶的双车道或单车道公路。

双车道四级公路的年平均日交通量宜在2000辆小客车以下。

单车道四级公路的年平均日交通量宜在400辆小客车以下。

选用公路技术等级时，应首先根据公路网规划、地区特点、公路的交通特性等元素确定公路的功能，然后根据公路的功能结合交通量论证选用公路的等级。公路技术等级的选用应遵循下列原则：

(1) 公路技术等级选用应结合路网规划、公路功能、并结合交通量论证确定。

(2) 主要干线公路应选用高速公路。

(3) 次要干线公路应选用二级及二级以上公路。

(4) 主要集散公路宜选用一、二级公路。

(5) 次要集散公路宜选用二、三级公路。

(6) 支线公路宜选用三、四级公路。

(三) 公路的技术标准

公路的技术标准是指公路路线和构造物的设计和施工在技术性能、几何形状和尺寸、结构组成上的具体尺寸和要求，将这些要求用指标和条文的形式确定下来即形成公路工程的技术标准。它反映了我国公路建设的技术方针，是公路设计和施工的基本依据和必须遵守的准则。目前，最新颁布的《公路工程技术标准》(JTG B01—2014) 于2015年1月1日正式实施。本书中以下所出现的《公路工程技术标准》均为该新颁布的标准。各级公路的主要技术指标汇总如表0-12所示。

五、公路勘测设计程序

公路的勘测设计，是指具体完成一条公路所进行的外业勘测和内业设计工作。外业勘测包括对路线的视察、踏勘测量和详细测量工作。内业设计包括路线设计和结构设计以及概、预算编制等工作。

公路勘测设计应根据公路的性质和要求分阶段进行，其具体作法有：一阶段、两阶段和三阶段三种设计方法。

(1) 一阶段设计：对于技术简单、方案明确的小型建筑项目，可采用一阶段设计。即直接根据批准的设计任务书的要求，一次作详细测量并编制施工图设计。

(2) 两阶段设计：公路工程基本建设项目，一般应采用两阶段设计。即按初步设计和施工图设计两阶段进行。

第一阶段，根据批准的设计任务书，进行踏勘测量，并编制初步设计文件。

第二阶段，根据批准的初步设计和审批意见，进行详细测量，并编制施工图设计文件。

初步设计的主要任务是：拟定设计原则；选定设计方案；计算主要工程数量；提出施工方案意见；编制设计概算并提供文字说明和图表资料。

施工图设计的主要任务是：进一步对审定的设计原则、设计方案、技术决定加以具体和深化，最终确定各项工程数量和尺寸，提出文字说明和满足施工需要的图表资料及施工组织计划并编制施工图预算。

(3) 三阶段设计：对于技术上复杂而又缺乏经验的建设项目或建设项目中的个别路段、特殊大桥、互通式立体交叉、隧道等，必要时应采取三阶段设计。即分初步设计、技术设计和施工图设计三个阶段。

技术设计阶段主要是对重大、复杂的技术问题，通过科学试验，专题研究，加深勘探调查及分析比较，解决初步设计中未能解决的问题，落实技术方案，计算工程数量，提出修正的施工方案，修正设计概算。其深度和要求介于初步设计和施工图设计之间。

六、本课程研究的内容

道路是一种带状的三维空间结构物，包括路面、路基、桥涵、隧道等工程实体。道路设计是从几何和结构两大方面进行研究的。道路设计的几何方面，属于本课程研究的范围，主要研究汽车行驶与道路各个几何元素的关系，以保证在设计速度、预计交通量以及地形和其他自然条件下，行驶安全、经济、旅客舒适以及路容美观。

对于三维空间体的道路，设计时既要作为整体来考虑，也要将其解剖为路线的平面、纵断面和许多横断面来分别研究处理。本书按照平、纵、横这三个基本几何组成分别讨论，然后再在各学习情境中结合地形以及其他自然条件作综合考虑。

本课程除了阐明几何设计理论和实践之外，还把几何设计和调查勘测及施工放样结合起来，强调设计阶段和施工阶段的衔接融合。所以本课程是具有综合性的一门课程，进行必要的纸上定线设计、野外勘测实习和施工放样实训是非常重要的。

最后，为适应计算机设计方法的应用普及，本书还介绍了采用软件进行路线平纵横设计的基本方法和技巧，以提高实际应用能力。

思考题

0-1 公路运输和高速公路运输的特点分别是什么？

0-2 公路的结构组成和线型组成是什么？

0-3 何谓设计车辆，如何分类？

0-4 何谓设计速度？如何选用？

0-5 何谓设计交通量？如何计算？

0-6 何谓服务水平？

0-7 汽车的行驶阻力包括哪些？

0-8 汽车行驶的充分必要条件是什么？

0-9 如何定义横向力系数？有何意义？

0-10 如何保证汽车的横向和纵向稳定性？

0-11 道路如何分类？

0-12 公路如何分级？

表 0-12 各级公路主要技术指标汇总简表

公路等级	高速公路			一级			二级		三级		四级	
设计速度（km/h）	120	100	80	100	80	60	80	60	40	30	30	20
车道数	≥4			≥4			2		2		2 或 1	
车道宽度（m）	3.75	3.75	3.75	3.75	3.75	3.50	3.75	3.50	3.50	3.25	3.00（双车道） 3.50（单车道）	
极限最小半径（m） （$i=8\%$）	650	400	250	400	250	125	250	125	60	30	15	
停车视距（m）	210	160	110	160	110	75	110	75	40	30	20	
最大纵坡（%）	3	4	5	4	5	6	5	6	7	8	9	
汽车荷载	公路—I 级								公路—II 级			

学习情境一　平　面　设　计

任务一　认 识 平 面 线 型

道路是一个三维空间实体。它的中线是一条空间曲线。中线在水平面上的投影称为路线的平面。沿着中线竖直地剖切，再行展开就成为纵断面。中线各点的法向切面是横断面。道路的平面、纵断面和各个横断面是道路的几何组成。公路线型的设计实际上是确定平面、纵断面及横断面的尺寸和形状，也就是通常所指的平面设计、纵断面设计和横断面设计。三者之间既相互联系又相互制约，因此在路线设计时，必须综合考虑。道路平纵横的表达如图 1-1 所示。

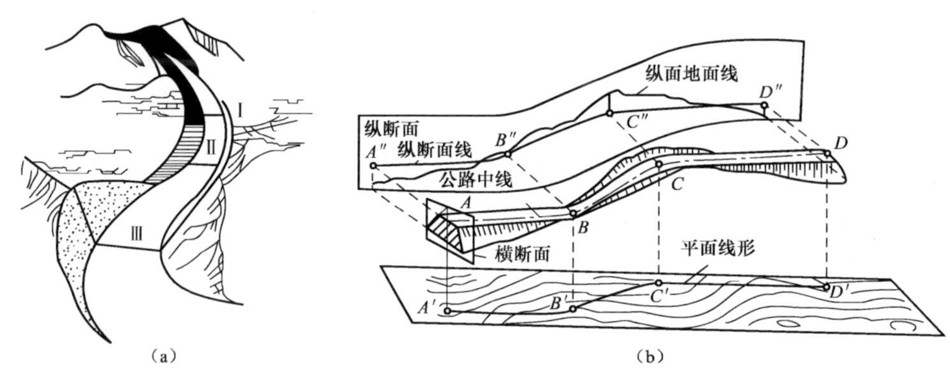

(a)　　(b)

图 1-1　道路平纵横示意图

公路的平面线型，由于其位置受社会经济、自然地理和技术条件等因素的制约，公路从起点到终点在平面上不可能是一条直线，而是由许多直线段和曲线段组合而成的。而现代的道路是供汽车行驶的，在路线的平面设计中，只有当平面线型与汽车的行驶轨迹相符合或相接近时，才能保证汽车的顺适与安全。所以，在研究道路中线线型时必须先了解汽车的行驶轨迹，而和行驶轨迹相对应的是汽车导向轮旋转面与车身纵轴之间的夹角。行驶中的汽车导向轮旋转面与车身纵轴之间有三种关系，即：角度为零，角度为常数，角度为变数。与上述状态对应的行驶轨迹为：曲率半径为无穷大的线型——直线；曲率半径为常数的线型——圆曲线；曲率半径为变数的线型——缓和曲线。在透视图中的形状如图 1-2 所示。道路平面线型正是由上述三种线型，即直线、圆曲线和缓和曲线构成，称为“平面线型三要素”。其中圆曲线和缓和曲线统称为平曲线。在低速道路上，为简化设计，也可以只使用直线和圆曲线两种要素。近代一些高速公路也只用曲线而不用直线。这说明三要素是基本组成，各要素所占比例及使用频率并无规定。各要素使用合理、配置得当，均可满足汽车行驶要求。至于其参数则要视地形情况和人的视觉、心理、道路技术等级等条件来确定。

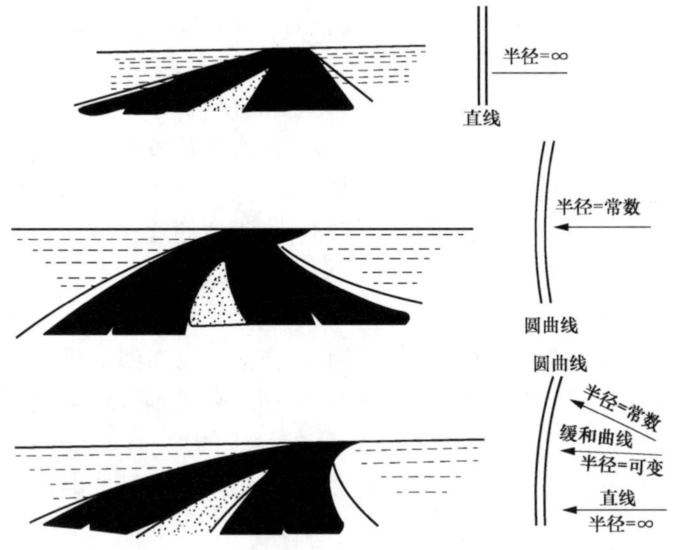

图 1-2 直、缓、圆三种线型要素之比较

任务二 直 线 设 计

一、直线的特点

在公路建设中，直线是最常用的线型要素之一。直线对于规划和设计人员，往往比对公路的使用者更具有有利的特殊性质。主要有如下特点。

(1) 直线以最短的距离连接两目的地，具有路线短捷，缩短时程，行车方向明确等特点。

(2) 由于已知两点就可确定一条直线，因而直线线型简单，容易测设。在测设中，用花杆和经纬仪可直接定出一条直线的方向，用钢尺或光电测距仪可测出直线的长度。

(3) 从行车的安全和线型美观来看，过长的直线，线型呆板，行车单调，而易使驾驶员产生疲劳，也容易发生超车和超速行驶；行车时，驾驶员难以估计车间距离；在直线上夜间行车，对向车容易产生眩光。这些都是影响行车安全的不利因素，因而直路段特别是过长直线，行车安全性差，往往是发生车祸较多的路段。在设计中，尽量避免采用过长直线。

(4) 直线虽然路线方向明确，但只能满足两个控制点的要求，难以与地形及周围环境协调。特别是在山区和丘陵区，采用过长的直线会严重破坏自然景观，不仅与环境协调差，而且易造成大挖大填，工程的经济性也较差。

二、直线的运用

直线运用必须考虑线型与地形的关系，并符合直线的长度要求。在下述地区或路段上可考虑采用直线线型：

(1) 路线完全不受地形、地物限制的平坦地区或山间的宽阔河谷地带；

(2) 城镇及其近郊公路，或以直线条为主体进行规划的地区；

(3) 长大桥梁、隧道等构造物路段；

(4) 路线交叉点前后；

(5) 双车道公路提供超车的路段。

选用直线线型应综合考虑地形、地貌、地物的几何形态，同时充分考虑人的视觉、心理感受；应尽量避免采用长直线，不得已时应通过变化纵断面、改变路侧环境景观等技术手段，尽量避免驾驶人疲劳。长直线尽头不应布设小半径（低于一般最小值）平曲线。受条件限制，相接半径较小时，应采用运行速度理论进行验算，检查视距、超高、路面抗滑性能是否满足要求；应将直线作为与圆曲线、缓和曲线同等的线元之一，不应刻意追求零比例直线的线型。对于高速公路，如果直线长度较长，宜有意设置曲线代替；而对于双车道公路，如无其他需求，可维持直线设计。

三、直线的长度要求

直线是公路平面线型的基本要素之一，具有距离短、易布线等优点。但由于直线线型缺乏灵活性，不易与地形、地物等自然环境协调，应用上要受到许多限制。

在公路平面线型设计时，一般应根据路线所处地带的地形、地物条件，驾驶员的视觉、心理感受以及保证行车安全等因素，合理地布设直线路段，对直线的最大与最小长度应有所限制。

（一）直线的最大长度

从理论上讲，合理的直线长度应根据驾驶员的心理反应和视觉效果来确定，但目前这一问题尚在研究之中。各国普遍从经验出发，根据调查分析的结果来规定直线的最大长度。例如日本和德国，一般规定直线的最大长度不超过 $20V$（V 为设计车速，以 km/h 计），前苏联规定为 8km，美国则规定为 4.83km。

我国地域辽阔，地形变化万千，对直线长度很难作出统一的规定，加之在混合交通的公路上，超车、会车、错车以及避让非机动车和行人的机会甚多，司机的感觉与国外大不相同。因此，我国目前的《公路工程技术标准》（JTG B01—2014）和《公路路线设计规范》（JTG D20—2015）中均未对直线的最大长度规定具体的数值。在实际工作中，设计人员可根据地形、地物、自然景观以及经验等来判断和决定直线的最大长度。既不强求长直线，也不硬性设置不必要的曲线。

直线的运用应注意同地形、环境的协调与配合。采用直线线型时，其长度不宜过长。

（二）直线的最小长度

1. 同向曲线间的直线最小长度

同向曲线是指两个转向相同的相邻曲线之间连以直线而形成的平面线型，如图 1-4（a）所示。其中间的直线长度是指前一曲线的终点到后一曲线的起点之间的距离。当此直线很短时，在视觉上容易形成直线与两端曲线构成反弯的错觉，破坏了线型的连续性，形成所谓的“断背曲线”，如图 1-3 所示。因此《公路路线设计规范》规定：当设计速度≥60km/h 时，同向曲线间的直线最小长度（以 m 计）以不小于设计速度（以 km/h 计）的 6 倍为宜。速度小于或等于 40km/h 时，可参照上述规定执行。在受到条件限制时，无论是高速路还是低速路，都宜将在同向曲线间插入大半径曲线或将两曲线作成复曲线、卵形曲线或 C 形曲线。

2. 反向曲线间的直线最小长度

反向曲线是指两个转向相反的相邻曲线之间连以直线所形成的平面线型，如图 1-4（b）所示。由于两弯道转弯方向相反，考虑到其超高和加宽缓和的需要，以及驾驶人员操作的方便，其间的直线最小长度应予限制。《公路路线设计规范》规定：当设计速度≥60km/h 时，反向曲线间直线最小长度（以 m 计）以不小于设计速度（以 km/h 计）的 2 倍为宜。速度小

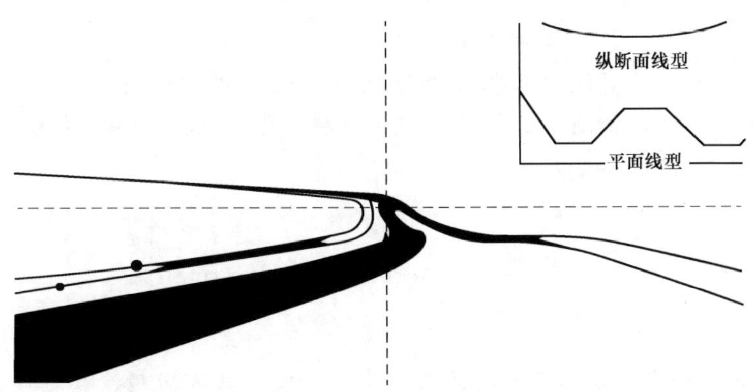

图 1-3 同向曲线间插入短直线

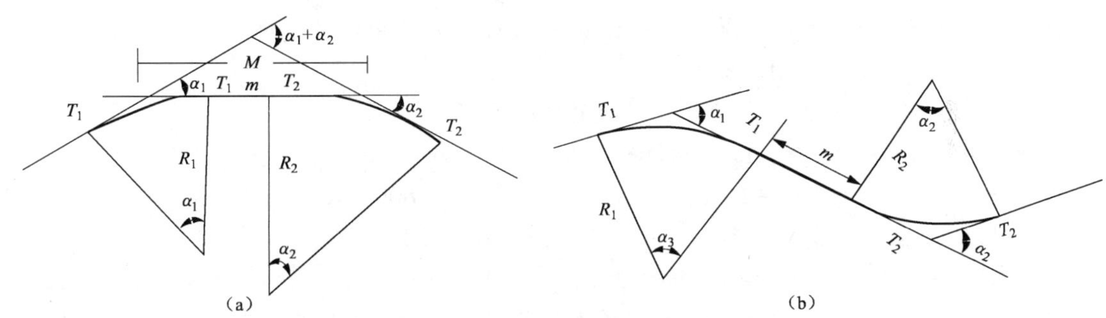

图 1-4 同向与反向曲线

于或等于 40km/h 时，可参照上述规定执行。当两反向曲线已设置有缓和曲线时，在受限制的地点也可将两反向缓和曲线首尾相连，构成 S 形曲线。

如何确定直线的方向和长度?

直线是最常采用的基本线型。在路线平面中，直线的位置通常是由两端的交点位置来确定的。直线的方向决定了路线的走向，其表示方法有如下三种。

1. 用直线间的夹角或转角表示方向

如图 1-5 所示，直线 JD_{n-1} 至 JD_n 的延长线与 JD_n 至 JD_{n+1} 之间的夹角称路线的偏角，通常用 α 表示。偏角有右偏角与左偏角之分，常用 $\alpha_{右}$（表示右偏）或 $\alpha_{左}$（表示左偏）表示。如 JD_{n-1} 至 JD_n 的方向已知，则由转角即可求得 JD_n 至 JD_{n+1} 的方向。

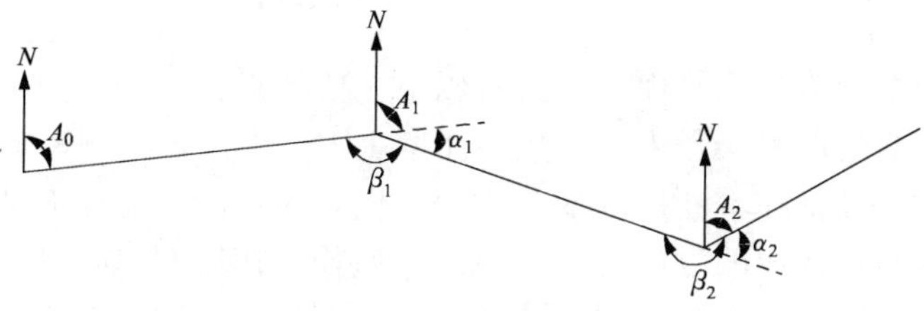

图 1-5 路线偏角

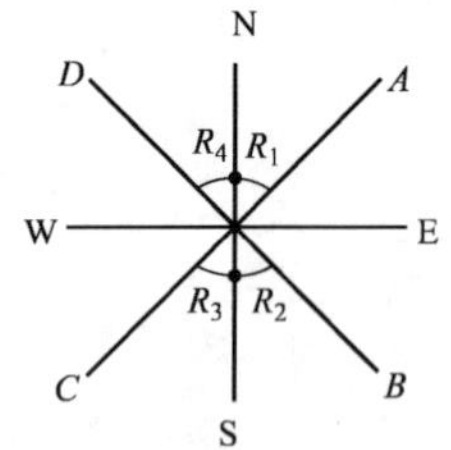

图 1-6 象限角

2. 用象限角表示方向

直线的象限角为直线与南或北方向所夹的锐角，象限角以 R 表示，如图 1-6 所示。直线 OA，OB，OC，OD 的象限角分别为 R_1、R_2、R_3、R_4。

$$R = \arctan\left|\frac{\Delta y}{\Delta x}\right| = \arctan\left|\frac{y_n - y_{n-1}}{x_n - x_{n-1}}\right| \tag{1-1}$$

3. 用方位角表示方向

方位角即路线某一直线方向与正北方向的夹角（由正北方向起按顺时针方向放置到该直线方向的夹角，通常用 A 表示）如图 1-5 所示，JD_{n1}-JD_n 的方位角用 A_1 表示，JD_n-JD_{n+1}的方位角用 A_2 表示。

由图 1-5 可知，路线的转角等于前一方位角与后一方位角之差，即 $\alpha_i = A_i - A_{i-1}$。当 α 为正时，为右偏；当 α 为负时，为左偏。

直线的方向即方位角按下式计算。直线的方位角 A 为

第一象限 $\Delta x > 0, \Delta y > 0$ $A = R$ (1-2)

第二象限 $\Delta x < 0, \Delta y > 0$ $A = 180° - R$ (1-3)

第三象限 $\Delta x < 0, \Delta y < 0$ $A = 180° + R$ (1-4)

第四象限 $\Delta > 0, \Delta y < 0$ $A = 360° - R$ (1-5)

应用以上关系时，必须预先知道直线所在的象限。判别直线所在象限的方法是用同一个象限内一对坐标增量的正负号来判别。

两点间直线的长度计算公式为

$$S_{n-1\sim n} = \sqrt{(x_n - x_{n-1})^2 + (y_n - y_{n-1})^2} \tag{1-6}$$

任务三 圆曲线设计

圆曲线是公路线型设计中最常采用也是最简单的曲线要素之一，在路线改变方向的转折处（即交点处），往往可插入与两端直线相切的圆曲线来实现路线方向的改变。按照地形平面或立体的不同形态及大小，选用适当的圆曲线远比直线更能表达地形的实际情况。

一、圆曲线的特点

各级公路和城市道路不论转角大小均应设置平曲线，而圆曲线是平曲线的重要组成部分。在路线改变方向的转折处（即交点处），往往可插入与两端直线相切的圆曲线来实现路线方向的改变。按照地形条件选用不同大小的圆曲线使其更加适应地形和驾驶员的视觉心理。

一般认为，圆曲线作为公路平面线型具有以下主要特点：

（1）曲线上任意点的曲率半径 R=常数，曲率 $1/R$=常数，故测设和计算简单。

（2）曲线上任意一点都在不断地改变着方向，比直线更能适应地形的变化，尤其是由不同半径的多个圆曲线组合而成的复曲线，对地形、地物和环境有更强的适应能力。

（3）汽车在圆曲线上行驶要受到离心力的作用，而且往往要比在直线上行驶多占用道路宽度。

（4）汽车在小半径的圆曲线内侧行驶时，视距条件较差，视线受到路堑边坡或其他障碍物的影响较大，因而容易发生行车事故。

二、圆曲线半径

圆曲线是平面线型设计中经常采用的线型要素之一，圆曲线的技术标准主要是曲线半径大小。半径是圆曲线的重要参数，半径一旦确定，则圆的大小和曲率也就完全确定了。

根据我们对汽车转弯时的横向稳定性分析可知，汽车在平曲线上行驶，除有重力外，还要受到离心力的影响。由于离心力的存在，使汽车在平曲线上行驶时出现两种不稳定的危险：一是汽车向外滑移；二是汽车向外倾覆。由式（0-27）可知，平曲线半径 R 必须满足下式的要求

$$R=\frac{v^2}{g(\mu\pm i_0)}$$

当车速以 V(km/h）代替 v(m/s)，则

$$R=\frac{V^2}{127(\mu\pm i_0)} \tag{1-7}$$

式中　V——各级公路的设计速度，km/h；

μ——横向力系数；

i_0——路拱横坡度。

为了减小或消除汽车向外滑移，我们一般将路面外侧抬高，使之向内侧倾斜（这种倾斜称为设置超高），其倾斜度的大小用超高横坡度（i_c）表示。由于内倾斜角过大时，会使汽车向内产生滑移。所以，为了保证在平曲线上行车的安全，必须根据汽车、平曲线以及路面的具体情况，采取相应的超高措施，以求得行驶中力系的平衡。设计了超高后

$$R=\frac{V^2}{127(\mu+i_c)} \tag{1-8}$$

横向力系数 μ 值的选用不仅要考虑汽车在弯道上行驶的力学稳定性要求，而且还须考虑乘客的舒适性及汽车燃料和轮胎的消耗等因素。

汽车在弯道上行驶的稳定性，主要是指汽车的横向抗滑稳定，即保证汽车不会在没有超高的斜面上产生横向滑移。抗滑稳定性决定于路面的潮湿程度、车速及路面类型等，尤其与路面的潮湿程度关系最大。

汽车的横向稳定是横向力取值的极限条件，确定圆曲线半径时，在满足极限条件的前提下主要考虑乘客的舒适性。μ 值不同，汽车在弯道上行驶时乘客的感觉也不同。根据试验得知，μ 值对乘客的感觉有如下影响：

（1）当 $\mu<0.10$ 时，乘客不感到有曲线存在，很平稳；

（2）当 $\mu=0.15$ 时，乘客略感到有曲线存在，但尚平稳；

（3）当 $\mu=0.20$ 时，乘客已感到有曲线存在，略感到不平稳；

（4）当 $\mu=0.35$ 时，乘客感到有曲线存在，已感到不平稳；

（5）当 $\mu>0.40$ 时，转弯时已非常不稳定，人站不住，有倾倒的危险。

由此可见，从乘客的舒适性要求出发，μ 值最好不超过 0.10，最大也应不超过 0.15～0.20。

μ 值不同，汽车燃料和轮胎的消耗也不同。已有研究资料表明，曲线上行车的燃料和轮胎消耗量要比直线行车大，而且：

当 μ=0.10 时，燃料消耗增加 10%，轮胎磨耗增加 1.2 倍；

当 μ=0.15 时，燃料消耗增加 15%，轮胎磨耗增加 2 倍；

当 μ=0.20 时，燃料消耗增加 20%，轮胎磨耗增加 2.9 倍。

另外，μ 值越大，轮胎的横向变形越大，增加了汽车在方向操纵上的困难。

综合考虑，μ 值以不超过 0.10～0.17 为宜，并随行车速度而变。

根据行车要求确定不同的横向力系数和路面横坡后，即可按公式计算出圆曲线最小半径的极限值、一般值和不设超高最小半径之值，详见表 1-1。

公路线型设计时，应根据沿线地形等情况，合理选用不小于极限值的圆曲线半径。在不得已情况下，方可使用极限值。

选用曲线半径时，既要适应沿线地形地物条件变化，同时应注意前后线型协调，不应突然采用小半径曲线。长直线或大半径圆曲线路段，不能采用圆曲线半径极限值。从地形条件好的区段进入地形条件较差的区段时，线型技术指标应逐渐过渡，防止突变。

表 1-1　　圆曲线最小半径

设计速度（km/h）		120	100	80	60	40	30	20
一般值（m）		1000	700	400	200	100	65	30
极限值（m）	I_{max}=10%	570	360	220	115	—	—	—
	I_{max}=8%	650	400	250	125	60	30	15
	I_{max}=6%	710	440	270	125	60	35	15
	I_{max}=4%	810	500	300	150	65	40	20
不设超高最小半径（m）	路拱≤2.0% μ=0.035～0.040	5500	4000	2500	1500	600	350	150
	路拱>2.0% μ=0.040～0.050	7500	5250	3350	1900	800	450	200

（一）圆曲线最小半径极限值

圆曲线最小半径的极限值是相应于设计速度时允许的最小稳定行驶半径，它是圆曲线设计半径的极限值，在设计中任何情况下都必须满足。极限值是以汽车在曲线部分能安全舒适行驶所需要的条件而确定的，其实质是汽车行驶在公路曲线部分时，所产生的离心力等横向力不超过轮胎与路面的摩擦力所允许的界限。按式（1-2）计算圆曲线最小半径时，关键参数是横向力系数和超高横坡。

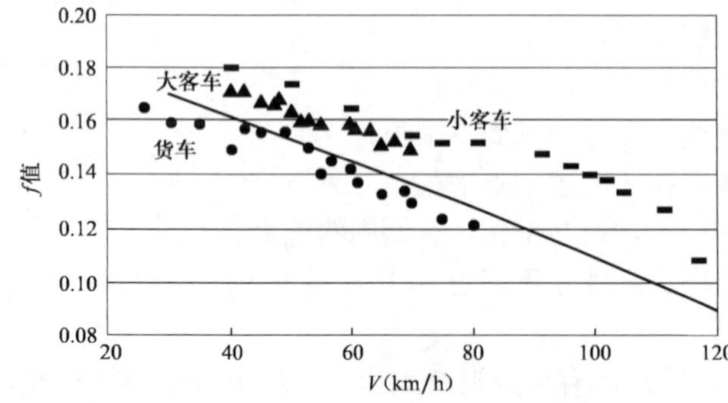

图 1-7　横向力系数取值示意图

横向力系数的大小直接影响乘车人的舒适感。根据测试获得的不同车型在 43 个观测路段上运行时乘车人的舒适度感受数据，运用心理学和统计学方法分析，整理得出不同车型在不同行驶速度下对应的横向力系数阀值，如图 1-7 所示。

车辆在路面上稳定行驶的必要条件是横向力系数不超过路面与轮胎之

间的横向摩阻系数。所以，为了确定横向力系数的设计值，既要通过实测路面与轮胎之间的摩擦系数范围，还有考虑乘车人员在行驶中所能忍受的横向力的大小和舒适度综合平衡二者后才能确定。

经过对 43 个观测点极限摩阻系数的测试，样本路段的极限摩阻系数均在 0.3 以上，设计用的横向力系数为 0.1～0.17，占极限摩阻系数的比例较小，安全度较高，基本上可避免横向滑移的危险。

另外，超高值变化范围在 10%～6%之间。计算圆曲线最小半径时，分别用 6%、8%、10%的超高值带入，将计算结果取整，即可得出圆曲线最小半径的极限值。

圆曲线最小半径极限值见表 1-1，计算极限值所采用的横向力系数及超高值见表 1-2。

表 1-2　　圆曲线最小半径极限值的横向力系数及超高值

设计速度（km/h）	120	100	80	60	40	30	20
横向力系数	0.10	0.12	0.13	0.15	0.15	0.16	0.17
超高值（%）	6	6	6	6	6	6	6
	8	8	8	8	8	8	8
	6	6	6	6	6	6	6

（二）圆曲线最小半径一般值

所谓最小半径的一般值是指在通常情况下应采用的平曲线最小半径之限值，它介于极限最小半径与不设超高最小半径之间，其超高值随半径增大而按比例减小。其值约为极限最小半径的 1.5～2.0 倍。“极限值”与“一般值”的区别在于曲线行车舒适性的差异。确定一般值时横向力系数一般选用 0.05～0.06，超高值为 6%～8%。

圆曲线最小半径一般值见表 1-1，计算一般值所采用的横向力系数及超高值见表 1-3。

表 1-3　　圆曲线最小半径一般值

设计速度（km/h）	120	100	80	60	40	30	20
横向力系数	0.05	0.05	0.06	0.06	0.06	0.05	0.05
超高值（%）	6	6	7	8	7	6	6

（三）圆曲线不设超高最小半径

所谓不设超高的平曲线最小半径，是考虑到平曲线半径较大时，离心力的影响已较小，路面的摩阻力可以保证汽车具有足够的稳定性，可以不设置超高而允许设置与直线路段相同的路拱横坡。汽车在不设超高的平曲线上行驶时，由于路面有路拱坡度，汽车可能在路拱外侧行驶。表 1-1 中不设超高的圆曲线最小半径值，即是按路面泥泞或结冰时的最不利情况，考虑汽车在路拱外侧行驶，并满足行车的舒服和线型的协调要求，取 $\mu=0.035\sim0.04$，路拱横坡 $i_0\leqslant2\%$（或 $\mu=0.04\sim0.05$，$i_0>2\%$）后，按式（1-7）计算得出的。

公路圆曲线半径小于表 1-1 所列不设超高最小半径时，应设置圆曲线超高。

公路采用的最大超高应根据交通量、交通组成和公路行车环境等条件确定。一般地区，圆曲线最大超高应采用 8%。积雪冰冻地区，最大超高应采用 6%。以通行中小型客车为主的高速公路和一级公路，最大超高可采用 10%。城镇区域公路，最大超高可采用 4%。大型货运车辆占比较高的公路，宜采用较小的最大超高值。

（四）圆曲线最大半径

过大的曲线半径往往导致曲线较长，从而不利于平纵组合设计；过大的曲线半径，如半径在7000～9000m，视线集中的300～600m范围的视觉效果近乎直线，在驾驶人视野受限和不兴奋状态时，不利于准确判断前方路段路线线型；在大半径、长曲线上行驶，驾驶人会出现与在长直线上行驶类似的单调、疲劳感。半径过大，使圆曲线太长，对测设和施工都不利，而且过大的半径，其几何性质与直线已无多大的差异。《公路路线设计规范》规定，圆曲线最大半径不宜超过10000m。

三、圆曲线的长度

汽车在曲线线型的道路上行驶时，如果曲线很短，则驾驶员操作方向盘频繁而紧张，这在高速行驶的情况下是危险的。在平面设计中，公路平曲线一般由前后缓和曲线和中间圆曲线三段曲线组成。为便于驾驶操作和行车安全与舒适，汽车在任何一段线型上行驶的时间都不应短于3s，在曲线上行驶里程需要9s；如果中间的圆曲线为零，形成凸形曲线，但凸形曲线与两回旋曲线衔接，对行车不利，只有在受地形条件限制的山嘴或特殊困难情况下方可使用。因此，在平曲线设计时，圆曲线的最小长度一般要有3s行程。

如何计算圆曲线？

对于未设置缓和曲线的单圆曲线，其曲线几何要素为（图1-8）

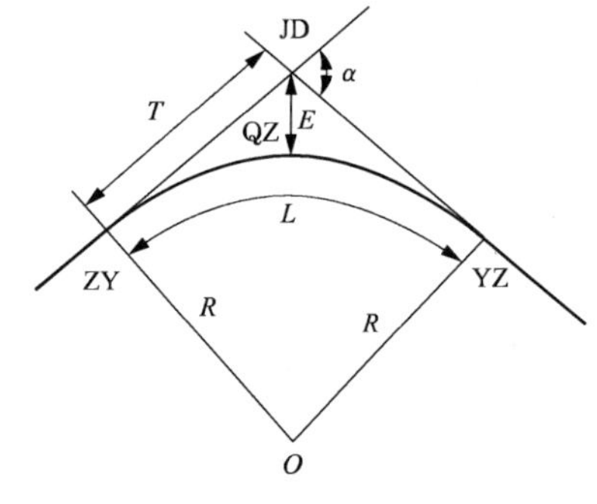

图1-8 圆曲线要素计算

$$切线长\ T = R \cdot \tan\frac{\alpha}{2} \tag{1-9}$$

$$曲线长\ L = \frac{\pi}{180}\alpha R \tag{1-10}$$

$$外距\ E = R\left(\sec\frac{\alpha}{2} - 1\right) \tag{1-11}$$

$$切曲差\ J = 2T - L \tag{1-12}$$

式中 R——曲线半径，m；

α——转角，°。

曲线主点桩号计算如下

ZY（桩号）=JD（桩号）$-T$

YZ（桩号）=ZY（桩号）$+L$

QZ（桩号）=YZ（桩号）$-L/2$

JD（桩号）=QZ（桩号）$+D/2$

四、圆曲线的运用

设置圆曲线时应与地形相适应，以采用超高为2%～4%的圆曲线半径为宜。条件受限制时，可采用大于或接近于圆曲线最小半径的“一般值”；地形条件特殊困难而不得已时，方可采用圆曲线最小半径的“极限值”，并应采取措施保证视距的要求。设置圆曲线时，应同相衔接路段的平、纵线型要素相协调，使之构成连续、均衡的曲线线型。避免小半径圆曲线与陡坡相重合的线型。当交点转角不得已小于7°时，应按规定设置足够长的曲线。

任务四 缓和曲线设计

缓和曲线是道路平面线型要素之一，它是直线与圆曲线之间或半径相差较大的两个同向圆曲线之间的一种曲率连续变化的曲线。

《公路工程技术标准》规定：高速公路和一、二、三级公路的直线同小于不设超高的圆曲线最小半径径向连接处，应设置缓和曲线。四级公路可不设缓和曲线，在直线同小于不设超高最小半径径向连接处，应设置超高、加宽过渡段。

一、缓和曲线的作用

1. 便于驾驶员操纵方向盘

汽车从直线驶入圆曲线，其曲率半径从无穷大变到一个定值，这时汽车的前轮转向角需要经过一段距离逐渐变化，才能使汽车较为安全舒适地进入圆曲线。缓和曲线通过其曲率的逐渐变化，恰好能适应汽车转向操作的行驶轨迹。

2. 满足乘客的舒适与稳定，减小离心力的变化

直线段上无离心力，而圆曲线上存在离心力。如果不设缓和曲线，则汽车直接从直线段上进入圆曲线，所受离心力在切点处是突然加上去的，而且在离开圆曲线时又突然消失了，这不利于行车的安全性和舒适性；相反，如果在直线和圆曲线间插入缓和曲线后，汽车行驶过程中是从没有离心力的直线段逐渐进入到离心力为 C 的圆曲线，这就消除了离心力的突变。

3. 满足超高和加宽的过渡，有利于平稳行车

当圆曲线上设置超高和加宽时，由直线段上无超高和加宽过渡到圆曲线的全超高和加宽时，必须有一个缓和段，一般情况下是在缓和曲线内完成超高或加宽的渐变过程。

4. 与圆曲线配合得当，增加线型美观

圆曲线与直线径向连接，在连接处曲率突变，视觉上有不平顺的感觉，见图 1-9。设置缓和曲线后，使线型连接圆滑，增加线型的美观，同时有良好的视觉效果和心理效果，见图 1-10。

图 1-9 圆曲线与直线径向连接

图 1-10 圆曲线与直线间设缓和曲线

二、缓和曲线的性质

汽车由直线进入圆曲线是通过驾驶员操纵方向盘来实现的，考察汽车由直线进入圆曲线的行驶轨迹，先假定汽车是等速行驶的，并且司机匀角速度转动方向盘，其行驶轨迹线的曲率半径 ρ 可按如下方法推求。

设汽车在缓和曲线上行驶的速度为 v(m/s)，行驶 t 秒后，方向盘的转动角度为 φ，前轮

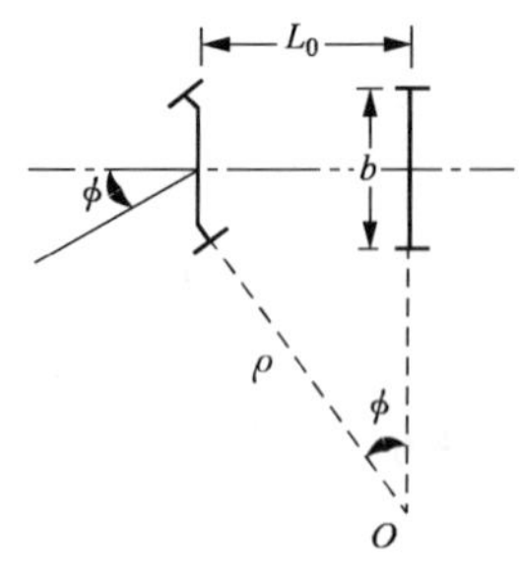

图 1-11 汽车的转弯行驶

的转动角为 ϕ，如图 1-11 所示，两者的关系为

$$\phi = K \cdot \varphi \quad (K \leqslant 1 \text{ 的系数}) \tag{1-13}$$

若方向盘转动的角速度为 ω，t 秒后转动的角度为 $\varphi=\omega \cdot t$，前轮的转动角为

$$\phi = K \cdot \varphi = K\omega \cdot t \tag{1-14}$$

假定汽车前后轮轴距为 L_0，则汽车的转动半径 ρ 为

$$\rho = \frac{L_0}{\sin\phi} \approx \frac{L_0}{\phi} = \frac{L_0}{K\omega t} \tag{1-15}$$

汽车沿缓和曲线行驶 t 秒后，在曲线上行驶的距离为 l，则

$$l = v \cdot t = v \cdot \frac{L_0}{K\omega} \cdot \frac{1}{\rho} \tag{1-16}$$

设 $C=v \cdot \dfrac{L_0}{K\omega}$ 为一常数，则

$$l = \frac{C}{\rho} \tag{1-17}$$

式（1-17）即为汽车等速行驶，同时以不变的角速度转动方向盘所产生的轨迹。汽车行驶轨迹线的曲率半径值随着行驶距离（自转弯开始点算起）的增大而递减，即缓和曲线上任一点的半径与其距起点的距离成反比例。该方程即为回旋曲线方程。因此我国《公路工程设计标准》规定缓和曲线采用回旋线。

为了设计方便，常用 A^2 代替回旋曲线常数 C，则

$$\rho l = A^2 \tag{1-18}$$

式中 A——回旋线参数，m；

ρ——回旋线上任一点的曲率半径，m；

l——回旋线上任一点到曲线起点的曲线长度，m。

所有的回旋曲线在几何上都是相似的。参数 A 可认为是放大的倍数，R 确定了圆的大小，A 则确定了回旋曲线曲率变化的缓急。

在缓和曲线终点处 $\rho=R$，$l=L_s$，则

$$\rho l = R \cdot L_s = A^2 \tag{1-19}$$

三、缓和曲线的最小长度

缓和曲线的作用主要通过一定的长度来保证，且缓和曲线越长，其缓和效果就越好；但太长的缓和曲线也是没有必要的，因为这会给测设和施工带来不便。因此，缓和曲线的最小长度应按发挥其作用的要求来确定，即设置足够长的缓和曲线，使其能够起到缓和离心力突变、完成超高加宽渐变和便于驾驶操作等作用，并使线型顺畅、美观。缓和曲线的最小长度应满足如下要求。

（一）满足离心加速度变化率的要求

汽车以速度 v 在缓和曲线上行驶时，所受离心力 C 为 $C=m\dfrac{v^2}{\rho}$

则离心加速度为 $a=\dfrac{v^2}{\rho}$

若汽车在 t(s) 内从缓和曲线起点到达终点，行驶距离为缓和曲线长度 L_s，而缓和曲线

的曲率半经由∞均匀变化到 R，离心加速度则由零均匀增加到了 $a=\frac{v^2}{R}$。

因此，离心加速度随时间的变化率 a_t 为

$$a_t=\frac{\frac{v^2}{R}-0}{t}=\frac{v^2}{Rt},\quad 而\ t=\frac{L_s}{v}$$

所以，

$$a_t=\frac{v^3}{R\cdot L_s}=\frac{V^3}{47R\cdot L_s}$$

则

$$L_s=\frac{V^3}{47R\cdot a_t} \tag{1-20}$$

式中 a_t——离心加速度变化率，m/s^3；

R——圆曲线半径，m。

从乘客舒适的观点出发，并为使缓和曲线符合汽车运行特性、线型视觉良好，离心加速度变化率应限制在一定范围内。如日本规定：高速公路为 0.35m/s³（推荐值）及 0.5m/s³（绝对最大值）；设计速度 60km/h 以下的一般匝道及主要地方道路为 0.6m/s³；山岭区及其他特殊地区为 0.75m/s³ 及 0.775m/s³。《公路工程技术标准》规定离心加速度变化率≤0.6m/s³，则

$$L_s=0.036\frac{V^3}{R} \tag{1-21}$$

（二）满足驾驶员操作及反应时间的要求

在汽车从直线进入圆曲线的转向行驶过程中，驾驶员需要逐渐把方向盘转动一个角度，这一操作过程需要一定时间，亦即汽车在缓和曲线上行驶的时间不宜太短，否则驾驶员的操作过于紧张而不利于安全行车。

试验表明，驾驶员在缓和曲线上操纵方向盘的最合适时间为 $t=3\sim5s$，我国采用 $t=3s$，所以缓和曲线最小长度为

$$L_s=vt=\frac{V}{3.6}t=\frac{V}{1.2} \tag{1-22}$$

（三）满足超高渐变率的要求

由缓和曲线作用可知，当设缓和曲线时，公路的超高是在缓和曲线上完成渐变过程的，而且超高渐变一般是在缓和曲线全长范围内进行的。因此，缓和曲线长度不得小于超高过渡段长度，可按下式计算

$$L_s=L_c=\frac{B\cdot\Delta i}{p} \tag{1-23}$$

式中 B——旋转轴至行车道外侧路面边缘的宽度，m；

Δi——超高坡度与旋转轴外侧路拱横坡度的代数差，%；

p——超高渐变率，即旋转轴与行车道外侧边缘线之间的相对坡度。

（四）满足视觉条件

按离心加速度变化率或超高渐变率所计算的缓和曲线长度，是随半径的增大而减小的，但从视觉连续性的角度上却希望随着曲线半径的增大，缓和曲线应相应增大。特别是高等级公路，应注意选择适宜的缓和曲线长度，调整线型以适应地形与景观，使视觉舒顺。

根据德国的经验，使用回旋线作为缓和曲线时，回旋线参数 A 和所连接的圆曲线保持

关系式

$$R/3 \leqslant A \leqslant R \text{ 或 } A \leqslant R \leqslant 3A$$

便可获得视觉上协调而又平顺的线型。

对上式两端同时平方，得

$$R^2/9 \leqslant A^2 \leqslant R^2 \text{ 或 } \quad A^2 \leqslant R^2 \leqslant 9A^2$$

把 $R \cdot L_s = A^2$ 代入并化简，得

$$R/9 \leqslant L_s \leqslant R \qquad \text{或} \quad L_s \leqslant R \leqslant 9L_s \tag{1-24}$$

式（1-24）即为满足视觉条件的缓和曲线长度计算公式。一般来说按上式计算出的缓和曲线长度大于前面三个公式的计算值。

我国《公路工程技术标准》根据汽车在缓和曲线上行驶 3s 和控制离心加速度变化率的大小，按各等级公路的设计速度，经综合计算后取整（一般取至 5 的倍数），规定了各级公路缓和曲线的最小长度值，见表 1-4。

需要指出，《公路工程技术标准》中所规定的缓和曲线最小长度主要考虑了线型缓和与行车缓和的需要，设计时尚需根据设置超高和加宽过渡段的需要，按上述式（1-23）计算出超高过渡段长度 L_c，然后与表 1-4 中规定的缓和曲线最小长度进行比较，取二者中的最大值作为设计缓和曲线的长度。在条件允许时，应尽量采用较长的缓和曲线，以满足各方面的需要。回旋线长度应随圆曲线半径的增大而增长。

表 1-4　　回旋线最小长度

设计速度（km/h）	120	100	80	60	40	30	20
回旋线最小长度（m）	100	85	70	50	35	25	20

注　四级公路为超高、加宽过渡段的长度。

四、缓和曲线的省略

在直线和圆曲线间设置缓和曲线后，圆曲线将产生一个内移值 $p=\frac{L_s^2}{24R}$，当此内移值 p 与已考虑在车道中的富裕宽度相比很小时，则可将缓和曲线省略。

（一）直线与圆曲线间缓和曲线的省略

《公路路线设计规范》规定，当圆曲线半径大于或等于表 1-1 中不设超高的圆曲线最小半径时可不设缓和曲线；四级公路可将直线与圆曲线径相连接，在圆曲线两端的直线上设置超高过渡段、加宽过渡段。

（二）半径不同的圆曲线间缓和曲线的省略

（1）小圆半径大于不设超高的圆曲线最小半径时，可以省略缓和曲线。

（2）小圆半径大于表 1-5 中所列半径，且符合下列条件之一时，均可省略。

表 1-5　　复曲线中小圆临界曲线半径

设计速度（km/h）	120	100	80	60	40	30
临界曲线半径（m）	2100	1500	900	500	250	130

1）小圆曲线按规定设置相当于最小回旋曲线长的回旋线时，其大圆与小圆的内移值之差不超过 0.10m。

2）设计速度≥80km/h时，大圆半径与小圆半径之比小于1.5。

3）设计速度<80km/h时，大圆半径与小圆半径之比小于2。

五、缓和曲线的直角坐标

（一）回旋线切线角

1. 缓和曲线上任意点的切线角 β_x

缓和曲线的切线角，是指缓和曲线上任一点的切线与该缓和曲线起点的切线所成夹角。如图1-12所示，设缓和曲线所在直角坐标系 XOY，O 为原点，在缓和曲线上任意一点 P 处取一微分弧段 dl，则

$$d\beta_x = \frac{dl}{\rho}$$

$$\beta_x = \int d\beta_x = \int \frac{dl}{\rho}$$

将 $\rho = A^2/l$ 代入并积分，得

$$\beta_x = \int \frac{l dl}{A^2} = \frac{l^2}{2A^2} = \frac{l^2}{2RL_s} \tag{1-25}$$

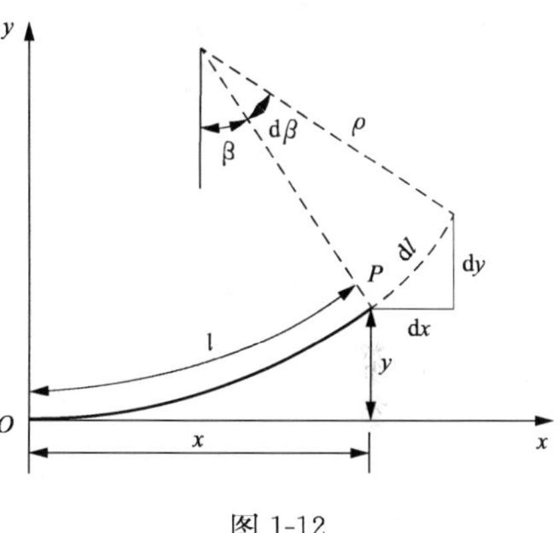

图 1-12

2. 缓和曲线的总切线角 β

在缓和曲线的终点处 $l = L_s$ 代入式（1-25），则得

$$\beta = \frac{L_s}{2R} \tag{1-26}$$

（二）缓和曲线的直角坐标表达式

$$x = l - \frac{l^5}{40R^2L_s^2}$$

$$y = \frac{l^3}{6RL_s} \tag{1-27}$$

当 $l = L_s$ 时，则缓和曲线终点的坐标为

$$x_h = L_s - \frac{L_s^3}{40R^2}$$

$$y_h = \frac{L_s^2}{6R} \tag{1-28}$$

注意：该坐标是以缓和曲线起点或终点为坐标原点，切线为 x 轴，过原点的半径为 y 轴所形成的局部坐标系。

如何计算缓和曲线？

为了能在直线与圆曲线之间插入缓和曲线，必须将原有圆曲线向内移动一定的距离 p。圆曲线向内移动有两种方法：一种是圆心不变，使圆曲线半径减小，从而使圆曲线向内移动；另一种是半径不变，而圆心沿分角线方向内移，使圆曲线向内移动。由于后者是不平行移动，圆曲线上的各点的内移值不相等，测设工作麻烦，因此采用第一种方法。

采用圆心不动的平行移动方法，可以看成是平曲线在未设置缓和曲线时的圆曲线半径为

$R+p$，而该平曲线要插入缓和曲线，向内移动距离 p 后，圆曲线半径正好减小一个 p 值，即为 R，如图 1-13 所示。

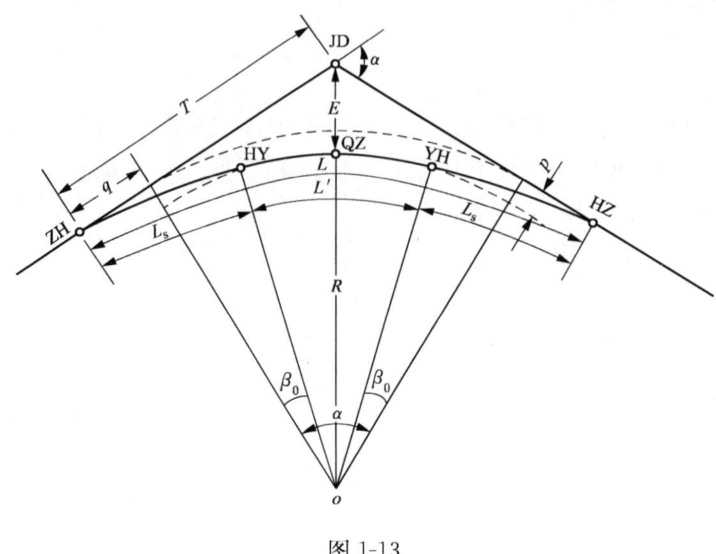

图 1-13

1. 主曲线的内移值 p 及切线增长值 q

由图 1-13 可知

$$p=y_{h}+R\cos\beta-R$$
$$q=x_{h}-R\sin\beta$$

将 $\sin\beta$、$\cos\beta$ 用函数幂级数展开，可得

$$p=\frac{L_{s}^{2}}{24R} \tag{1-29}$$

$$q=\frac{L_{s}}{2}-\frac{L_{s}^{3}}{240R^{2}} \tag{1-30}$$

2. 缓和曲线要素

《公路工程技术标准》规定：当平曲线半径小于不设超高的最小半径时，应设缓和曲线。

切线总长 $$T=T'+q=(R+p)\cdot\tan\frac{\alpha}{2}+q \tag{1-31}$$

曲线总长 $$L=\frac{\pi}{180}R(\alpha-2\beta)+2L_{s}=\frac{\pi}{180}R\cdot\alpha+L_{s} \tag{1-32}$$

外距 $$E=E'+p=(R+p)\sec\frac{\alpha}{2}-R \tag{1-33}$$

切曲差 $$J=2T-L \tag{1-34}$$

在平曲线中设置了缓和曲线后，全部曲线有五个基本桩点需要定出（图 1-13）。

ZH——第一缓和曲线起点（直缓）

HY——第一缓和曲线终点（缓圆）

QZ——圆曲线中点（曲中）

YH——第二缓和曲线终点（圆缓）

HZ——第二缓和曲线起点（缓直）

缓和曲线的计算方法

【例 1-1】 已知某平原区三级公路，设计速度为 30km/h，有一弯道半径 $R=300\text{m}$，缓和曲线长 60m，交点 JD 桩号为 $K_4+016.25$，转角 $\alpha=28°25'00''$，试计算该曲线上设置缓和曲线后的五个主点桩号。

解

$$p=\frac{L_s^2}{24R}=\frac{60^2}{24\times300}=0.5(\text{m})$$

$$q=\frac{L_s}{2}-\frac{L_s^3}{240R^2}=\frac{60}{2}-\frac{60^3}{240\times300^2}=30(\text{m})$$

切线总长　$T=(R+p)\cdot\tan\frac{\alpha}{2}+q=(300+0.5)\times\tan\frac{28°25'}{2}+30$

$=106.08(\text{m})$

曲线总长　$L=\frac{\pi}{180}R\cdot\alpha+L_s=\frac{\pi}{180}\times300\times28°25'+60=208.79(\text{m})$

外距　$E=(R+p)\sec\frac{\alpha}{2}-R=(300+0.5)\times\sec\frac{28.42°}{2}-300=9.98(\text{m})$

校正值　$J=2T-L=2\times106.08-208.79=3.37$

全部曲线的五个主点里程桩号为：

	JD		$K_4+016.25$
−	T	−	106.08
	ZH		$K_3+910.17$
+	L_s	+	60
	HY		$K_3+970.17$
+	$(L-L_s)$	+	(208.79−60)
	HZ		$K_4+118.96$
−	L_s	−	60
	YH		$K_4+058.96$
−	1/2 $(L-2L_s)$	−	1/2 (208.79−2×60)
	QZ		$K_4+014.56$
+	J/2	+	3.37/2
	JD		$K_4+016.25$　说明计算无误

【例 1-2】 已知 JD_1 桩号为 $K_2+650.5$，JD_1 至 JD_2 的间距为 750.8m，JD_1 处的切线长 $T_1=125.5\text{m}$，曲线长 $L_1=198.6\text{m}$；JD_2 处的切线长 $T_2=100.4\text{m}$，曲线长 $L_2=249.5\text{m}$。求：(1) JD_2 的桩号；(2) JD_2 处的直缓点 ZH_2 和缓直点 HZ_2 的桩号；(3) 两平曲线间所夹直线段的长度。

解

JD_2 的桩号为

$$K_2+650.5-125.5+198.6+750.8-125.5=K_3+348.9$$

JD_2 处的直缓点 ZH_2 的桩号为

$$K_3+348.9-100.4=K_3+248.5$$

JD_2 处的缓直点 HZ2 的桩号为

$$K_3+248.5+249.5=K_3+498$$

两平曲线间所夹直线段的长度为

$$750.8-125.5-100.4=524.9$$

注意：求解该题时，在确定 JD_2 的桩号时绝不允许用 JD_1 的桩号加上交点间距。

任务五　认识平面线型的主要形式

由公路平面线型的种基本线型要素可以得到很多种平面线型的组合形式。主要有基本型、S形、卵形、凸形、C形和复合型等六种。下面对其构成及设计要求作扼要介绍。

（一）基本型

如图 1-14 所示，当平曲线按直线—回旋线（A_1）—圆曲线—回旋线（A_2）—直线的顺序组合而成时，称为基本型。当两回旋曲线的参数值相等，即 $A_1=A_2$ 时，称为对称基本型；当 $A_1\neq A_2$ 时，称为非对称基本型；当 $A_1=A_2=0$（即不设缓和曲线）时，又称为简单型。若 $A_1\neq A_2$，则 A_1/A_2 不应大于 2.0。

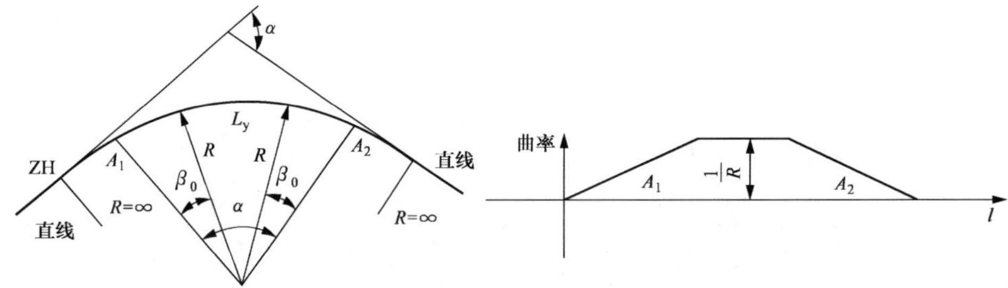

图 1-14　基本型曲线

基本型设计时，为使线型协调，A 值的选择最好使回旋线、圆曲线、回旋线的长度以大致接近为宜，并注意满足设置基本型曲线的几何条件

$$2\beta_0\leqslant\alpha \tag{1-35}$$

式中　α——路线偏角；

β_0——缓和曲线角。

（二）S形

如图 1-15 所示，两个反向圆曲线用两段反向回旋线连接的组合形式，称为 S形。从行驶力学和线型协调、超高缓和上考虑，S形曲线相邻两个回旋线参数 A_1 和 A_2 值最好相等；若当采用不同的参数时，A_1 与 A_2 之比应小于 2.0，有条件时以小于 1.5 为宜。当 $A_2\leqslant200$ 时，A_1 与 A_2 之比应小于 1.5。

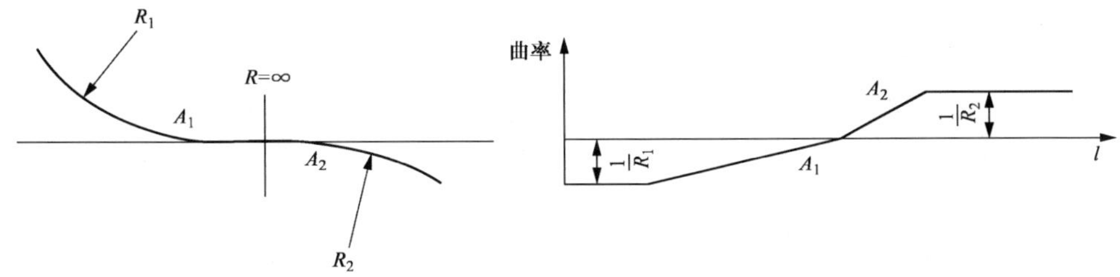

图 1-15　S形曲线

S形的两个反向回旋线以径相连接为宜。当受地形或其他条件限制而不得不插入短直线时，其短直线的长度应符合下式规定。

$$L \leqslant \frac{A_1 + A_2}{40}$$

两圆曲线半径之比也不宜过大，以 $R_1/R_2 \leqslant 2$ 为宜，（R_1、R_2 分别为大小圆半径，A_1、A_2 分别为大小圆的缓和曲线参数）。

（三）卵形

如图 1-16 所示，两同向的平曲线，按直线—缓和曲线（A_1）—圆曲线（R_1）—缓和曲线（A）—圆曲线（R_2）—缓和曲线（A_2）—直线的顺序组合而成的线型，称为卵形。卵形曲线用一个回旋线连接两个圆曲线，其公用缓和曲线的参数 A 最好在 $R_2/2 \leqslant A \leqslant R_2$ 范围内（R_2 为小圆半径），两圆曲线半径之比以满足 $R_2/R_1 = 0.2 \sim 0.8$ 为宜，两曲线内移值宜满足 $0.003 \leqslant \Delta p/R_2 \leqslant 0.03$ 为宜。

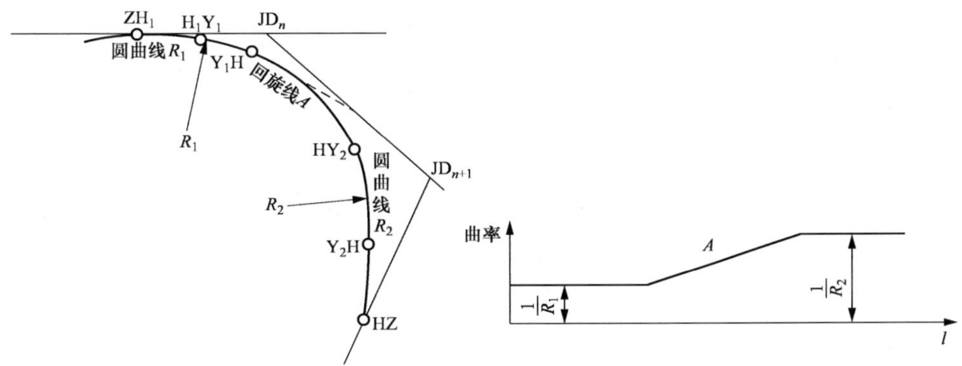

图 1-16　卵形曲线

用一个回旋线连接两个圆曲线而构成卵形，要求大圆能完全包住小圆。卵形的回旋曲线不是从原点开始，而是使用曲率从 $1/R_1$ 到 $1/R_2$ 这一段。

（四）凸形

如图 1-17 所示，两段同向缓和曲线之间不插入圆曲线而径相衔接的组合形式（圆曲线长度为零），称为凸形。凸形的回旋线最小参数及其连接点处的半径值，应分别符合容许最小回旋线参数（A 值）和圆曲线最小半径的规定。

凸形在两回旋曲线衔接处，曲率发生突变，这意味着汽车方向盘在刚转到某值时，马上就得向相反的方向回转，这对行车是不利的。因此，在平面线型设计中，一般情况下最好不

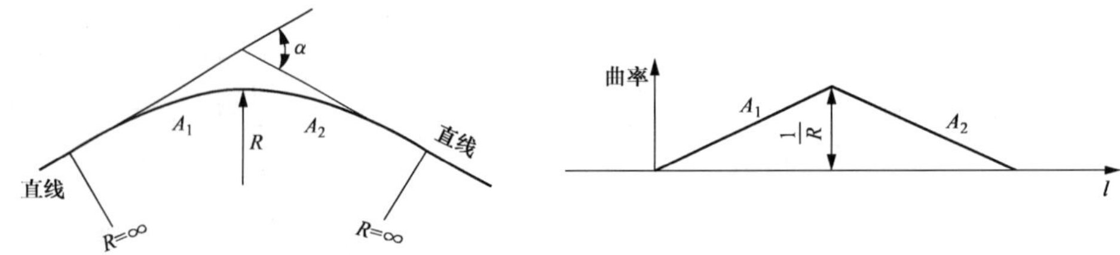

图 1-17　凸形曲线

采用凸形，只有在路线受到地形条件限制的山嘴或特殊困难情况下才可考虑使用。

（五）复合型

如图 1-18 所示，将两个以上的同向回旋曲线在曲率相等处相互连接的线型，称为复合型。复合型的两个回旋曲线参数之比以小于 1∶1.5 为宜。复合型中的回旋曲线在中途是变化的，所以驾驶人员中途要变更速度以适应变化后的回旋线，因而是行驶上所不希望的。除互通式立体交叉线型外，复合型仅在受地形或其他特殊原因限制时使用。

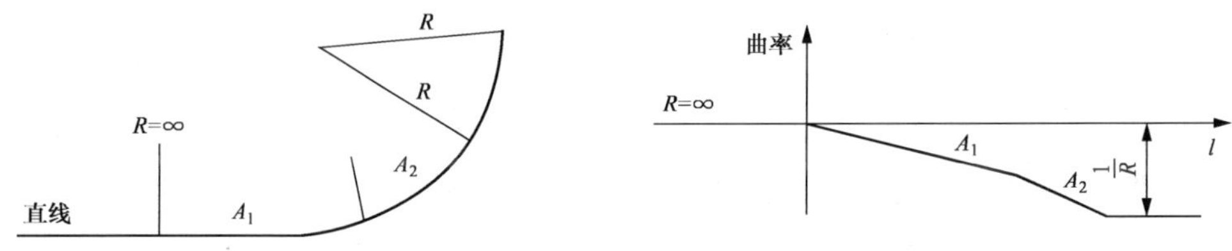

图 1-18　复合型曲线

（六）C 形

如图 1-19 所示，两同向回旋曲线在曲率为零处径相连接（即连接处曲率为 0，半径为 ∞）的组合线型称为 C 形。C 形曲线只有在特殊地形条件下方可采用，两个回旋曲线的参数可相等，也可以不相等。

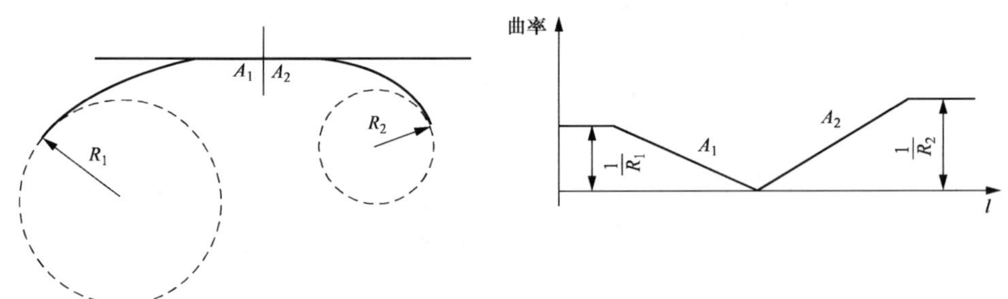

图 1-19　C 形曲线

任务六　进行平面线型设计

一、平面线型设计的一般规定

（1）平面线型应直捷、连续、均衡，并与地形相适应，与周围环境相协调。

（2）平面不宜采用长直线，受条件限制采用长直线时，应结合具体情况采用相应的技术措施。

（3）连续的圆曲线间应采用适当的曲线半径比。

（4）各级公路不论转角大小均应敷设曲线，并宜选用较大的圆曲线半径。转角过小时，不应设置较短的圆曲线。

（5）两同向圆曲线间应设有足够长度的直线；两反向圆曲线间不应设置短直线。

（6）六车道及其以上的高速公路和一级公路，同向或反向圆曲线间插入的直线长度，应符合路基外侧边缘超高过渡渐变率规定的要求。

（7）设计速度等于或小于 40km/h 的双车道公路，两相邻反向圆曲线无超高时可径相衔接，无超高有加宽时应设置长度不小于 10m 的加宽过渡段；两相邻反向圆曲线设有超高时，地形条件特殊困难路段的直线长度不得小于 15m。

（8）设计速度小于或等于 40km/h 的双车道公路，应避免连续急弯的地形。地形条件特殊困难不得以而设置时，应在曲线间插入规定的直线长度或缓和曲线。

二、基本步骤

（1）根据道路的技术等级，从《公路工程技术标准》查出设计速度 V、三个最小半径（极限最小半径、一般最小半径和不设超高的最小半径）、缓和曲线的最小长度、直线段的最短长度等主要技术标准的规定值。

（2）根据地形、地物条件确定控制因素。

（3）以控制因素并考虑相邻路段的总体协调情况拟订平曲线形状和半径，包括缓和曲线长度等。

（4）以此半径计算本交点处的平曲线元素。

（5）根据计算结果，再结合地形条件和技术标准检查二者是否符合要求，否则再调整曲线。

（6）最终确定采用的曲线形状、要素并进行计算和布置。

三、平曲线形式及半径的选定

无论何种形式的曲线均要涉及到曲线半径的选择。前面所述的半径计算公式是以汽车横向行驶稳定时在分析基础上得出的半径限值，既要保证汽车转弯时行车的安全又要保证行车有一定舒适性所确定的最小半径值，也就是《公路工程技术标准》规定的三个最小半径。实际工作中的曲线半径确定既不能直接用公式计算，亦不宜直接采用工程技术最小值。具体做法是先按控制要求试算出一个半径，然后对照标准确定曲线的最终半径和形式。

圆曲线半径的选定，除要与弯道本身所在位置的地形、地物条件相适应，使曲线沿理想的位置通过外，还要考虑与弯道前后的线型标准相协调。选定圆曲线半径时，除符合规定要求外，还应根据转角点的位置和地形、地物的走势，使选定的半径所产生的曲线与要求吻合。在条件不受限制时，若工程量增加不大，各级公路的圆曲线应尽量采用较大的半径。在一般情况下，宜选用大于《公路工程技术标准》所规定的一般最小半径，只有当受地形、地物或其他条件限制时，方可采用小于一般最小半径，不要轻易采用极限最小半径。若条件受限制时，可用下列方法选定半径。

（一）外距控制试算半径

如图 1-20 所示，路线经过地区（该路为山岭重丘区高速公路）曲线分角方向上有一水井，实测得 JD 到水井的距离为 E_M，则试定曲线半径的控制因素为 $E_{控}$。

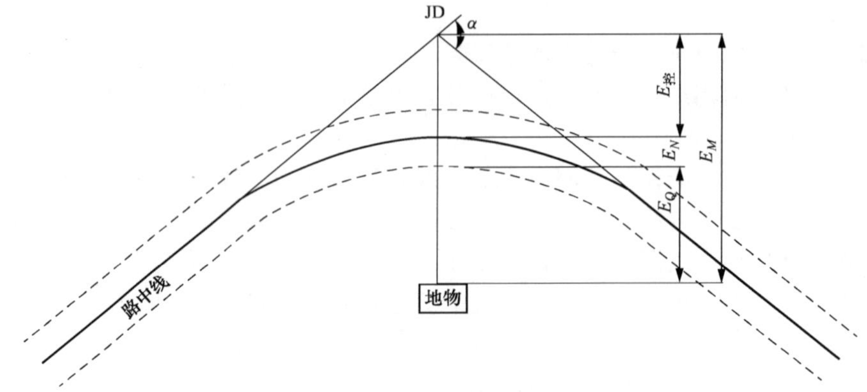

图 1-20 外距控制试算半径

$$E_{控} = E_M - E_N - E_Q$$

$$R_{试} = \frac{E_{控}}{\sec\frac{\alpha}{2} - 1} \tag{1-36}$$

式中 $E_{控}$——控制外距；

E_N——道路半个建筑限界；

E_M——控制地物沿分角方向距离；

E_Q——安全距离。

（二）支距控制试算半径

某曲线段经过的实地地形条件如图 1-21 所示。路线拟从楼房和河间穿过并适当绕避悬崖。经技术经济初步比较，本段路线应分别按照河岸、悬崖、楼房控制确定曲线形式和曲线半径及缓和曲线长度。河岸和楼房控制要素皆为外距方向的 E 值，悬崖位于曲线前半段起

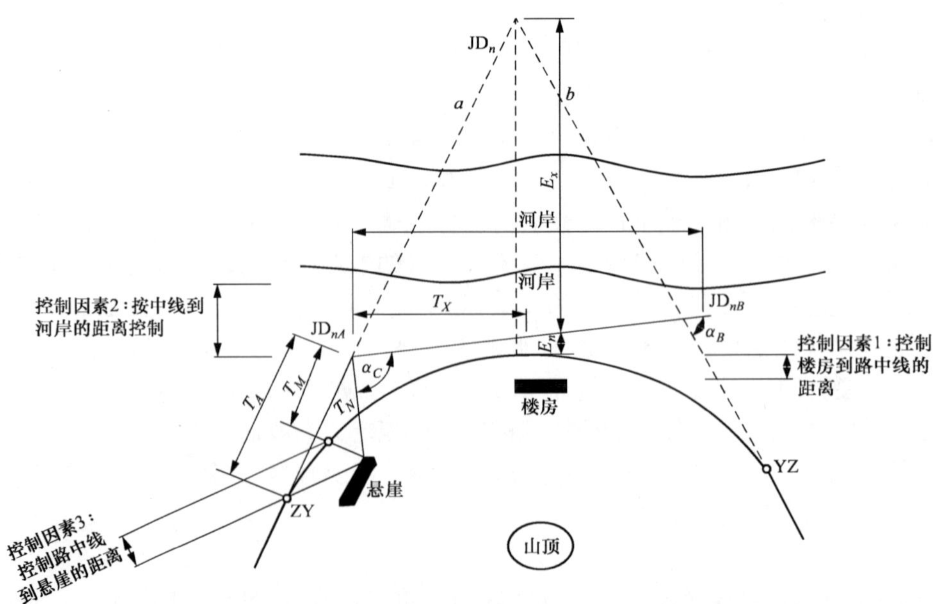

图 1-21 支距控制试算半径

点处控制因素应为切线方向某点的 y 值。

1. 按外距控制试算半径

河岸和楼房均位于曲线外距方向，先不考虑楼房暂按河岸控制初选半径，检查与楼房的距离。

设 $JD_n \sim JD_{n_A}$ 间距为 a，$JD_n \sim JD_{n_B}$ 间距为 b，路线转偏角分别为 α_A、α_B，有

$$E_X = \frac{a \cdot \sin\alpha_A}{\sin\left[180 - \left(\frac{\alpha_A + \alpha_B}{2}\right) - \alpha_A\right]}$$

$$E_X + E_N = E_{控}$$

$$R_{试1} = \frac{E_{控}}{\sec[(\alpha_A + \alpha_B)/2 - 1]} \quad (1\text{-}37)$$

式中　E_X——分角方向线与基线交点到虚交点 JD_n 之距离；

E_N——道路半个建筑限界；

$E_{控}$——控制外距。

2. 用支距控制试算半径

设从 JD_A 到曲线起点距离为 T_A；悬崖处切线点到 JD_A 距离为 T_M，JD_A 到悬崖的控制距离为 T_N，实测控制悬崖处到路线 JD_{n_A} 连线与基线夹角为 α_C。则由图 1-21 中几何关系可列出如下关系式

$$T = R\tan\frac{\alpha_A + \alpha_B}{2}$$

$$T_A = T - a = T - \frac{T_{AB} \cdot \sin\alpha_B}{\sin(\alpha_A + \alpha_B)}$$

$$x = T_A - T_M = T_A - T_N \cdot \cos(\alpha_A + \alpha_B)$$

$$y \approx \frac{x^2}{2R}$$

$$Y = T_N \cdot \sin(\alpha_A + \alpha_C)$$

解上列方程组可得到二次试算半径 $R_{试2}$

$$R_{试2} = T_{AB} \cdot \sin\alpha_B \cdot \left[2\sec\frac{(\alpha_A + \alpha_B)}{2} - \cos\frac{(\alpha_A + \alpha_B)}{2}\right] \quad (1\text{-}38)$$

比较 $R_{试1}$ 和 $R_{试2}$，确定最终半径。

（三）切线控制试算半径

对同向或反向复曲线，通常对曲线形式的控制较严，现以两个相邻交点分别欲设单曲线为例。如图 1-22 所示，JD_1 与 JD_2 间用全站仪测得距离 T_{AB}，各自的偏角分别为 α_1 和 α_2，已知 JD_1 处设曲线半径为 R_1，曲线形式为简单型曲线，缓和曲线长为 L_S，现确定 JD_2 处曲线半径。

JD_2 处曲线半径受 JD_1 处切线长、基线总长和中间直线段长度等限制无法取得太大而又受技术标准的限制不能太小。因此，JD_2 处可用的最大曲线半径 $R_{试}$ 为

$$R_{试} = \frac{T_{AB} - 2V - T_1}{\tan(\alpha_2/2)} \quad (1\text{-}39)$$

$$T_1 = R_1\tan\frac{\alpha_1}{2}$$

式中 V——设计速度。

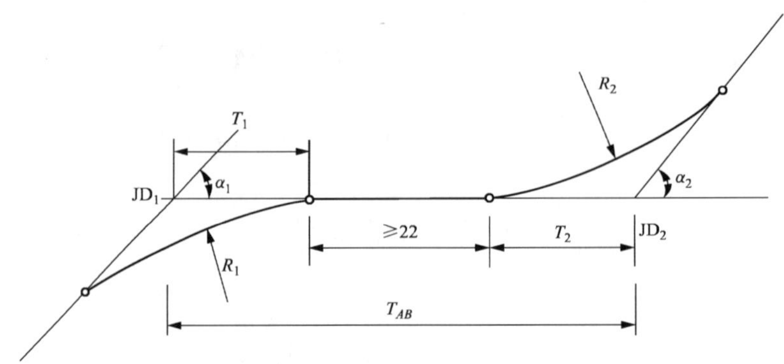

图 1-22 切线控制试算半径

（四）平曲线最终半径与曲线形式的确定

列出道路等级采用的平面设计标准，三个最小半径各自数值，试算半径，取百米或十米整数（取定时要注意符合控制要求）。将初步取定的平曲线半径与技术标准三个最小半径对比，若试算半径小于技术标准规定的不设超高的最小半径，则为基本型曲线，否则为简单型曲线。复曲线主曲线半径的选定与单曲线相似。主曲线选定的半径值既要符合控制条件，又要符合技术标准且应为百米或十米整数；而复曲线的副曲线半径不能取整，否则主、副曲线不能够对接，一般保留两位小数。

四、曲线元素计算和主点桩号推算

根据选择并确定的曲线形式、半径及其采用的回旋线长度，结合路线转角和交点桩号等已知数据计算平曲线元素。待计算完曲线元素后进行主点桩号的推算。

五、曲线内部加密桩号及坐标计算

计算时先排列桩号，从曲线起点开始，通常按整桩号法凑整桩号，之后每 20m 或 50m 一个整桩，注意占地、拆迁、地质、交叉、地形等加桩，计算曲线内加桩的坐标。

六、应注意的问题

平面线型设计时，应注意控制平曲线的长度。平曲线太短，汽车在曲线上行驶时间过短会使驾驶操纵来不及调整。公路平曲线长度除应满足设置回旋线或超高、加宽过渡的需要外，还应保留一段圆曲线，以保证汽车行驶状态的平稳过渡。各级公路平曲线最小长度是按回旋线最小长度的 2 倍控制，实际上是一种极限状态，此时曲线为凸形曲线，驾驶者会感到操作突变且视觉亦不舒顺。因此最小平曲线长度理论上至少应该不小于 3 倍回旋线最小长度，即保证设置最小长度的回旋线后，仍保留一段相同长度的圆曲线。

《公路路线设计规范》规定了平曲线最小长度，见表 1-6 所示。

表 1-6　　平曲线最小长度

设计速度（km/h）		120	100	80	60	40	30	20
平曲线最小长度（m）	一般值	600	500	400	300	200	150	100
	最小值	200	170	140	100	70	50	40

另外，路线转角的大小反应了路线的舒适程度，取较小转角为宜。但转角过小，即使设置了较大的半径也容易把曲线看成比实际的要短，造成急转弯的错觉。一般认为，偏角小于

7°应归为小偏角曲线，应设置较长的平曲线长度。《公路路线设计规范》规定了公路转角等于或小于7°时的平曲线长度，见表1-7所示。

表1-7　公路转角等于或小于7°时的平曲线长度

设计速度（km/h）	120	100	80	60	40	30	20
平曲线长度	1400/Δ	1200/Δ	1000/Δ	700/Δ	500/Δ	350/Δ	280/Δ

注　表中Δ为路线转角值（°），当Δ<2°时，按Δ=2°计算。

任务七　完成平面设计成果

平面设计成果包括图纸和表格。其中主要的图纸有：路线平面设计图、路线交叉设计图、道路平面布置图、纸上移线图等。主要的表格有：直线、曲线及转角表、路线交点坐标表（或含在“直线、曲线及转角表”中），逐桩坐标表、路线固定表、总里程及断链桩号表等。各种图纸和表格的样式在交通部所颁布的“设计文件图表示例”中有介绍，这里仅就主要的表格“直线、曲线及转角表”、“逐桩坐标表”和主要的图纸“路线平面设计图”予以说明。

一、直线、曲线及转角表

本表全面地反映了路线的平面位置和路线平面线型的各项指标，它是道路设计的主要成果之一。只有在完成“直线、曲线及转角表”以后，才能据此计算“逐桩坐标表”和绘制“路线平面设计图”，同时在作路线的纵断面设计、横断面设计和其他构造物设计时都要使用本表的数据。该表的格式参见表1-8。本表对公路和城市道路都适用，其中“交点坐标”一栏视道路等级和测设情况取舍。

注意，在表格中有断链一栏。断链是如何产生的呢？在测量过程中，有时因局部改线或事后发现量距计算错误，以及在分段测量中由于假定起始里程而造成全线或全段里程不连续，以致影响路线实际长度时，统称为“断链”。断链的产生，将给测设工作带来许多麻烦，因此应尽量减少断链。对于测量工作中出现的错误，如能及时发现，工作量不大时则应及时返工更正，不作断链处理。但如发现较晚，实测里程已推进较远，此时若要到现场逐一核定桩号就相当麻烦，且影响后续作业组顺利工作，所以一般均按断链处理。所谓断链处理，就是为了避免牵动全线桩号，允许中间出现断链，桩号不连续，仅将局部改线或发生差错的桩号部分按实测结果进行现场返工更正，改用新桩号。然后就近与下段某一正确的老桩号联测，设断链桩具体说明新老桩号对比关系，这样就可以大大地缩小返工范围，使以后的各桩号里程不致因局部出现问题而变动。

如何表达断链？

断链有“长链”与“短链”之分，当原路线桩号里程长于地面实际里程时叫短链，反之，则叫“长链”。断链桩一般宜设在直线段的10m整倍数桩上，并在桩上注明新老里程关系及长链或短链长度。

如图1-23所示，原设JD_{12}取消，改由JD_{11}径接JD_{13}，这样将使路线相应缩短。以老K_3+110桩号为断链桩，改线后测至该桩位里程为K_3+105.21，即短链4.79m，反映在断

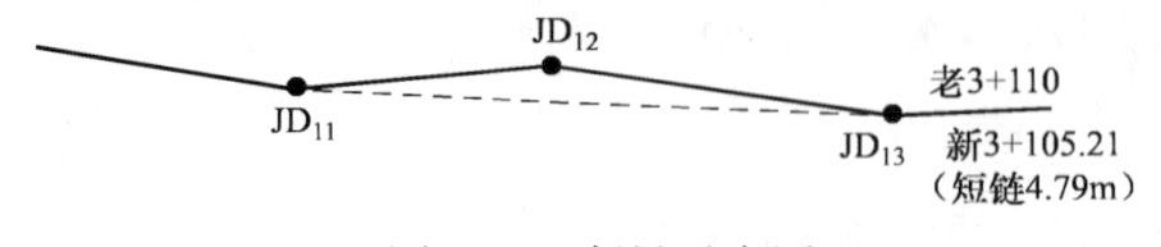

图 1-23 断链示意图

链桩上应写明 $K_3+105.21=K_3+110$（短链 4.79m）。一般习惯写法是等号前面的桩号为来向里程（即新桩号），等号后面的桩号为去向里程（即老桩号）。

所有断链均应填写在“总里程及断链桩号表”上，根据断链记录按下式即可算出路线总里程

$$路线总里程=末桩里程+\sum长链-\sum短链$$

断链的出现，将导致桩号里程与路线实际长度的不一致，必须通过换算才能得出确切距离。为此，在展绘路线、土石方计算间距，以及纵断面绘制与设计时都必须注意有无断链情况；若有则应考虑计入。

二、逐桩坐标表

高等级公路的线型指标高，表现在平面上是圆曲线半径较大，缓和曲线较长，在测设和放样时须采用坐标法，方能保证其测量精度。因此计算逐桩坐标非常必要。

（一）中桩坐标的计算步骤

“逐桩坐标”即各个中桩的坐标，其计算和测量的方法是按“从整体到局部”的原则进行的，见表 1-9。其步骤如下。

1. 计算导线点坐标

采用两阶段勘测设计的公路或一阶段设计但遇地形困难的路段，一般都要先作平面控制测量，而路线的平面控制测量多采用导线测量的方法，在有条件时可优先采用全球定位系统（简称 GPS）测量的方法。导线测量的方法，又有经纬仪导线法，光电测距仪法和全站型电子速测仪法。其中全站仪可以直接读取导线点的坐标，其他方法可以在测得各边边长及其夹角后，用坐标增量法逐点推算其坐标。用 GPS 定位技术观测，则可在测站之间不通视的情况下，高精度、高效率地获得测点的三维坐标，这是今后公路勘测中作控制测量的发展方向。

2. 计算交点坐标

当导线点的精度满足要求并经平差后，即可展绘在图纸上测绘地形图（纸上定线），或以导线点为依据在现场直接测得路线各交点的坐标（直接定线）。纸上定线的交点坐标可以在图纸上量取，而直接定线的交点坐标若是用全站仪测量则也可以很方便地获得（见《测量学》）。

3. 计算中桩坐标

可先计算直线和曲线主点坐标，然后计算缓和曲线、圆曲线上每个中桩的坐标。

（二）中桩坐标的计算公式

1. 直线上中桩坐标计算

如图 1-24 所示，设交点坐标为 JD（X_J、Y_J），交点相邻直线的方位角分别为 A_1 和 A_2。则：

ZH(或 ZY) 点坐标
$$\begin{cases}X_{ZH}=X_J+T\cos(A_1+180)\\Y_{ZH}=Y_J+T\sin(A_1+180)\end{cases}\tag{1-40}$$

HZ(或 YZ) 点坐标
$$\begin{cases}X_{HZ}=X_J+T\cos A_2\\Y_{HZ}=Y_J+T\sin A_2\end{cases}\tag{1-41}$$

设直线上加桩里程为 L，ZH、HZ 表示曲线起、终点里程，则：

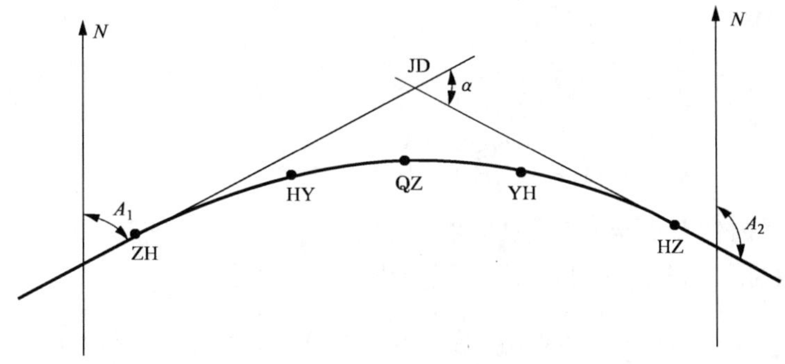

图 1-24 直线中桩坐标计算

前直线上任意点坐标($L \leqslant$ ZH)
$$\begin{aligned} X &= X_J + (T + \text{ZH} - L) \cdot \cos(A_1 + 180) \\ Y &= Y_J + (T + \text{ZH} - L) \cdot \sin(A_1 + 180) \end{aligned} \tag{1-42}$$

后直线上任意点坐标($L >$ HZ)
$$\begin{aligned} X &= X_J + (T + L - \text{HZ}) \cdot \cos A_2 \\ Y &= Y_J + (T + L - \text{HZ}) \cdot \sin A_2 \end{aligned} \tag{1-43}$$

2. 单曲线内中桩坐标计算

(1) 不设缓和曲线的单曲线。曲线起终点坐标按式(1-40)与式(1-41)计算,设其坐标分别为 ZY (X_{ZY},Y_{ZY}),YZ (X_{YZ},Y_{YZ}),则圆曲线上坐标为

$$\begin{aligned} X &= X_{ZY} + 2R\sin\left(\frac{90l}{\pi R}\right). \cos\left(A_1 + \xi\frac{90l}{\pi R}\right) \\ Y &= Y_{ZY} + 2R\sin\left(\frac{90l}{\pi R}\right). \sin\left(A_1 + \xi\frac{90l}{\pi R}\right) \end{aligned} \tag{1-44}$$

式中 l——圆曲线内任意点至 ZY 点的曲线长;

R——圆曲线半径;

ξ——转角符号,右偏为"+",左偏为"-"。

(2) 设缓和曲线的单曲线。曲线上任意点的切线横距

$$x = l - \frac{l^5}{40R^2L_h^2} + \frac{l^9}{3456R^4L_h^4} - \frac{l^{13}}{599040R^6L_h^6} + \cdots \tag{1-45}$$

式中 l——缓和曲线上任意点至 ZH (或 HZ) 点的曲线长;

L_h——缓和曲线长度。

1) 第一缓和曲线 (ZH~HY) 任意点坐标

$$\begin{aligned} X &= X_{ZH} + \left\{x/\cos\left(\frac{30l^2}{\pi RL_h}\right)\right\}. \cos\left(A_1 + \xi\frac{30l^2}{\pi RL_h}\right) \\ Y &= Y_{ZH} + \left\{x/\cos\left(\frac{30l^2}{\pi RL_h}\right)\right\}. \sin\left(A_1 + \xi\frac{30l^2}{\pi RL_h}\right) \end{aligned} \tag{1-46}$$

2) 圆曲线内任意点坐标:

① 由 HY~YH 时

$$\begin{aligned} X &= X_{HY} + 2R\sin\left(\frac{90l}{\pi R}\right). \cos\left(A_1 + \xi\frac{90(l + L_h)}{\pi R}\right) \\ Y &= Y_{HY} + 2R\sin\left(\frac{90l}{\pi R}\right). \sin\left(A_1 + \xi\frac{90(l + L_h)}{\pi R}\right) \end{aligned} \tag{1-47}$$

式中 l——圆曲线内任意点至 HY 点的曲线长。

② 由 YH～HY 时

$$X = X_{YH} + 2R\sin\left(\frac{90l}{\pi R}\right).\cos\left(A_2 + 180 - \xi\frac{90(l+L_h)}{\pi R}\right)$$

$$Y = Y_{YH} + 2R\sin\left(\frac{90l}{\pi R}\right).\sin\left(A_2 + 180 - \xi\frac{90(l+L_h)}{\pi R}\right) \tag{1-48}$$

式中 l——圆曲线内任意点至 YH 点的曲线长。

(3) 第二缓和曲线（HZ～YH）内任意点坐标

$$X = X_{HZ} + x/\cos\left(\frac{30l^2}{\pi RL_h}\right).\cos\left(A_2 + 180 - \xi\frac{30l^2}{\pi RL_h}\right)$$

$$Y = Y_{HZ} + x/\cos\left(\frac{30l^2}{\pi RL_h}\right).\sin\left(A_2 + 180 - \xi\frac{30l^2}{\pi RL_h}\right) \tag{1-49}$$

式中 l——第二缓和曲线上任意点至 HZ 点的曲线长。

3. 复曲线坐标计算

(1) 复曲线中间缓和曲线 L_F 与任意点坐标。复曲线中间有设缓和曲线和不设缓和曲线两种情况，设缓和曲线时即构成卵形曲线。该缓和曲线仍然采用回旋线，但其曲率不是从零开始，而是截取曲率由$\frac{1}{R_1}$～$\frac{1}{R_2}$这一段作为缓和曲线。

如图 1-25 所示，缓和曲线 AB 的长度为 L_F，A、B 点的曲率半径分别为 R_1、R_2，M 为缓和曲线 AB 上曲率为零的点，AB 段内任意点的坐标从 M 点推算。

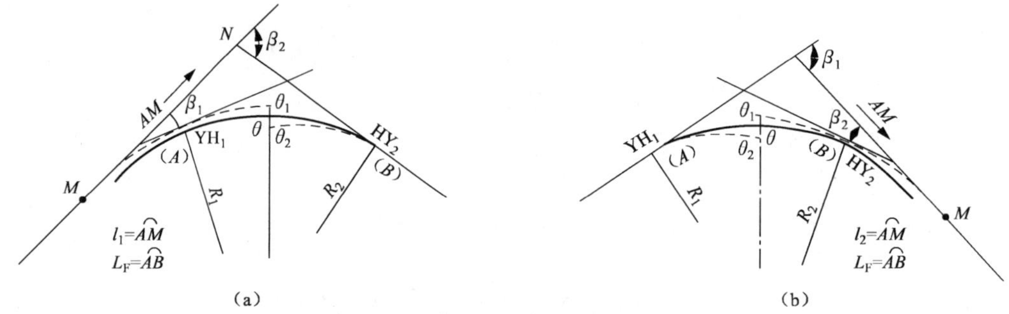

图 1-25 复曲线坐标计算示意图

(a) $R_1>R_2$；(b) $R_1<R_2$

根据回旋线几何关系有

因 $$L_F = \sqrt{\frac{24R_1R_2P_F}{R_1-R_2}}$$

而 $$P_F = p_2 - p_1 = \frac{L_{h2}^2}{24R_2} - \frac{L_{h1}^2}{24R_1}$$

故 $$L_F = \sqrt{\frac{|R_2L_{h1}^2 - R_1L_{h2}^2|}{|R_1-R_2|}} \tag{1-50}$$

式中 L_{h1}、L_{h2}——第一、第二回旋线长度；

R_1、R_2——大圆、小圆半径。

1) 当 $R_1>R_2$ 时，如图 1-25 (a) 所示，设 A 点（YH_1）的坐标为（X_A，Y_A），切线方位角 A_A 用下式计算

$$A_A = A_1 + \xi\left[\frac{90(L_{h1}+2l)}{\pi R_1}\right] \tag{1-51}$$

式中　l——半径为 R_1 平曲线 HY_1 至 YH_1 点的曲线长。

M 点的坐标（X_M，Y_M）为

$$X_M = X_A + \left(l_1 - \frac{l_1^3}{40R_1^2}\right)/\cos\left(\frac{30l_1}{\pi R_1}\right).\cos\left(A_A + 180 - \xi\frac{2}{3}\beta_1\right)$$

$$Y_M = Y_A + \left(l_1 - \frac{l_1^3}{40R_1^2}\right)/\cos\left(\frac{30l_1}{\pi R_1}\right).\sin\left(A_A + 180 - \xi\frac{2}{3}\beta_1\right) \tag{1-52}$$

$$l_1 = \frac{R_2L_F}{R_1 - R_2},\quad \beta_1 = \frac{90l_1}{\pi R_1}$$

M 点的切线方位角　　$A_M = A_A - \xi\beta_1$

2）当 $R_1 < R_2$ 时，如图 1-24（b）所示

M 点的坐标（X_M，Y_M）为

$$X_M = X_A + \left(l_2 - \frac{l_2^3}{40R_1^2}\right)/\cos\left(\frac{30l_2}{\pi R_1}\right).\cos\left(A_A + \xi\frac{2}{3}\beta_1\right)$$

$$Y_M = Y_A + \left(l_2 - \frac{l_2^3}{40R_1^2}\right)/\cos\left(\frac{30l_2}{\pi R_1}\right).\sin\left(A_A + \xi\frac{2}{3}\beta_1\right) \tag{1-53}$$

$$l_1 = \frac{R_2L_F}{R_2 - R_1},\quad \beta_1 = \frac{90l_2}{\pi R_1}$$

M 点的切线方位角　　$A_M = A_A + \xi\beta_1$

（2）L_F 内任意点坐标。计算出 M 点的坐标及切线方位角后，当 $R_1 > R_2$ 时，用式（1-46）计算 L_F 上任意点坐标；当 $R_1 < R_2$ 时，用式（1-49）计算。应注意的是，式中的 l 应为中间缓和曲线上计算点至 M 点的曲线长，A_1，A_2 相应换成 A_M。

（3）复曲线内 L_F 段以外的任意点坐标。复曲线内除 L_F 段外其他部位上任意点坐标计算公式同式（1-45）～式（1-49）。

三、路线平面设计图

路线平面设计图是道路设计文件的重要组成部分。该图全面、清晰地反映了道路平面位置和经过地区的地形、地物等，它是设计人员设计意图的重要体现。平面设计图无论对提供有关部门审批、专家评议、日后指导施工、恢复定线等方面都有重要作用。

（一）公路路线平面图的比例尺和测绘范围

公路路线平面图是指包括道路中线在内的有一定宽度的带状地形图。若为供工程可行性研究、初步设计阶段的方案研究与比选，可采用 1∶50000 或 1∶10000 的比例尺测绘（或向国家测绘部门和其他工程单位搜集），但作为初步设计、施工图设计的设计文件组成部分应采用更大的比例尺。一般常用的是 1∶2000，在平原微丘区可用 1∶5000。在地形特别复杂地段的路线初步设计、施工图设计可用 1∶500 或 1∶1000。若为纸上移线，则比例尺将更大。

路线带状地形图的测绘宽度，一般为中线两侧各 100～200m。对 1∶5000 的地形图，测绘宽度每侧应不小于 250m。若有比较线，应将比较线包括进去。

（二）公路路线平面图的内容及绘制方法

（1）导线及道路中线的展绘。在展绘导线或中线以前，需按图幅的合理布局，绘出坐标

方格网，坐标网格尺寸采用 5cm 或 10cm，要求图廓网格的对角线长度和导线点间长度误差均不大于 0.5mm。然后按导线点（或交点，下同）坐标 X、Y 精确地点绘在相应位置上。每张导线图展绘完毕后，用三棱尺逐点复核各点间距，再用半圆仪校核每个角度是否与计算相符。复核无误后，再按“逐桩坐标表”所提供的数据，展绘曲线，并注明各曲线主要点以及公里桩、百米桩、断链桩位置。对导线点、交点逐个编号，注明路线在本张图中的起点和终点里程等。

路线一律按前进方向从左至右画，在每张图的拼接处画出接图线。在图的右上角注明共×张、第×张。在图纸的空白处注明曲线元素及主要点里程。

（2）控制点的展绘。各种比例尺的地形图均应展绘和测出各等级三角点、导线点、图根点、水准点等，并按规定的符号表示。

（3）各种构造物的测绘。各类建筑物、构筑物及其主要附属设施应按《工程测量规范》的规定测绘和表示。各种线状地物，如管线、高、低压电线等应实测其支架或电杆的位置。对穿越路线的高压线应实测其悬垂线距地面的高度并注明伏安。地下管线应详细测定其位置。道路及其附属物应按实际形状测绘。公路交叉口应注明每条公路的走向。铁路应注明轨面高程，公路应注记路面类型，涵洞应注明洞底标高。

（4）水系及其附属物的测绘。海洋的海岸线位置；水渠顶边及底边高程；堤坝顶部及坡脚的高程；水井井台高程；水塘顶边及塘底的高程。河流、水沟等应注明水流流向。

（5）地形、地貌、植被、不良地质地带等均应详细测绘并用等高线和国家测绘局制定的“地形图式”符号及数字注明。

平面设计三项成果

见表 1-8、表 1-9 及图 1-26。

表 1-8　直线、曲线及转角表

某公路某段

交点号	交点坐标		交点桩号	转角值	曲线要素值					
	X	Y			半径	缓和曲线长度	切线长度	曲线长度	外距	校正值
1	2	3	4	5	6	7	8	9	10	11
起点	41808.204	90033.595	K0+000.000							
2	41317.589	90464.099	K0+652.716	右 35°35′25.0″	800.000	0.000	256.777	496.934	40.199	16.620
3	40796.308	90515.912	K1+159.946	左 57°32′52.0″	250.00	50.000	162.511	301.100	35.692	23.922
4	40441.519	91219.007	K1+923，562	左 34°32′06.0″	150.00	40.000	66.753	130，412	7.545	3.094
5	40520.204	91796.474	K2+503.273	右 78°53′21.0″	200.000	45.000	187.380	320.375	59.533	54.385
6	40221.113	91898.700	K2+764.966	左 51°40′28.0″	224.130	40.000	128.667	242.140	25.224	15.194
7	40047.399	92390.466	K3+271.318	左 34°55′51.0″	150.000	40.000	67.323	131.449	7.715	3.197
8	40190.108	92905.941	K3+802.980	右 22°25′25.0″	600.000	0.000	118.932	234.820	11.674	3.044
终点	40120.034	93480.920	K4+379.175							

续表

交点号	曲线位置					直线长度及方向			测量断链		备注
	第一缓和曲线起点	第一缓和曲线终点或圆曲线起点	曲线中点	第二缓和曲线或圆曲线终点	第二缓和曲线起点	直线长度（m）	交点间距（m）	计算方位角或计算方向角	桩号	增减长度（m）	
1	12	13	14	15	16	17	18	19	20	21	22
起点								138°44′00.0″			
2		K0＋395.939	K0＋644.406	K0＋892.873		395.939	652.716	174°19′25.0″			
3	K0＋997.435	K1＋047.435	K1＋147.985	K1＋248.535	K1＋298.535	104.562	523.850	116°46′33.0″			
4	K1＋856.809	K1＋896.809	K1＋922.015	K1＋947.221	K1＋987.221	558.274	787.538	82°14′27.0″			
5	K2＋315.893	K2＋360.893	K2＋476.081	K2＋591.268	K2＋636.268	328.672	582.805	161°07′48.0″			
6	K2＋636.299	K2＋676.299	K2＋757.369	K2＋838.439	K2＋878.439	0.031	316.078	109°27′20.0″			
7	K3＋203.995	K3＋243.995	K3＋269.720	K3＋295.444	K3＋335.444	325.556	521.546	74°31′29.0″			
8		K3＋684.048	K3＋801.458	K3＋918.868		348.604	534.859	96°56′54.0″			
终点					460.307	579.239					

表 1-9　　逐桩坐标表

桩号	坐标（m）		方向角	桩号	坐标（m）		方向角
	X	Y			X	Y	
K1＋500.00	40632.336	90840.861	116°46′33.0″	K2＋140.00	40471.158	91436.529	82°14′27.0″
K1＋540.00	40614.316	90876.572	116°46′33.0″	K2＋160.00	40473.858	91456.346	82°14′27.0″
K1＋570.00	40600.801	90903.355	116°46′33.0″	K2＋180.00	40476.558	91476.163	82°14′27.0″
K1＋600.00	40587.286	90930.139	116°46′33.0″	K2＋200.00	40479.258	91495.980	82°14′27.0″
K1＋630.33	40573.623	90957.216	116°46′33.0″	K2＋220.00	40481.959	91515.797	82°14′27.0″
K1＋669.00	40556.202	90991.740	116°46′33.0″	K2＋240.00	40484.659	91535.613	82°14′27.0″
K1＋680.00	40551.246	91001.561	116°46′33.0″	K2＋260.00	40487.359	91555.430	82°14′27.0″
K1＋700.00	40542.236	91019.416	116°46′33.0″	K2＋280.00	40490.059	91575.247	82°14′27.0″
K1＋720.00	40533.226	91037.272	116°46′33.0″	K2＋300.00	40492.759	91595.064	82°14′27.0″
K1＋750.00	40519.711	91064.055	116°46′33.0″	ZH＋315.89	40494.905	91610.809	82°14′27.0″
K1＋780.00	40506.196	91090.838	116°46′33.0″	K2＋340.00	40497.902	91634.730	84°05′26.5″
K1＋800.00	40497.186	91108.694	116°46′33.0″	HY＋360.89	40499.302	91655.568	88°41′08.7″
K1＋820.00	40488.176	91126.549	116°46′33.0″	K2＋380.00	40498.828	91674.665	94°09′37.3″
K1＋840.00	40479.166	91144.405	116°46′33.0″	K2＋400.00	40496.383	91694.506	99°53′23.8″
ZH＋856.31	40471.593	91159.412	116°46′33.0″	K2＋420.00	40491.969	91714.005	105°37′10.3″
K1＋870.00	40465.708	91171.216	115°56′42.1″	K2＋440.00	40485.631	91732.965	111°20′56.7″
HY＋896.81	40455.191	91195.860	109°08′09.7″	K2＋460.00	40477.431	91751.198	117°04′43.2″
K1＋900.00	40454.177	91198.885	107°55′03.1″	QZ＋476.08	40469.544	91765.206	121°41′06.9″
QZ＋922.01	40448.963	91220.253	99°30′30.3″	K2＋500.00	40455.794	91784.761	128°32′16.2″
K1＋940.00	40447.061	91238.126	92°38′19.1″	K2＋520.00	40442.573	91799.757	134°16′02.6″
YH＋947.00	40446.902	91245.344	89°52′50.9″	K2＋540.00	40427.920	91813.357	139°59′49.1″
K1＋960.00	40447.413	91258.112	85°46′43.6″	K2＋560.00	40411.983	91825.427	145°43′35.6″
K1＋980.00	40449.567	91277.993	82°29′23.3″	K2＋580.00	40394.921	91835.845	151°27′22.1″
HZ＋987.22	40450.531	91285.148	82°14′27.0″	YH＋591.27	40384.875	91840.947	154°41′05.3″
K2＋000.00	40452.257	91297.811	82°14′27.0″	K2＋600.00	40376.910	91844.518	156°56′35.0″
K2＋010.00	40453.607	91307.719	82°14′27.0″	K2＋620.00	40358.262	91851.740	160°17′15.4″
K2＋030.00	40456.307	91327.536	82°14′27.0″	GQ＋636.27	40342.893	91857.077	161°07′48.0″
K2＋050.00	40459.007	91347.353	82°14′27.0″	K2＋650.00	40329.916	91861.563	160°31′48.6″
K2＋070.00	40461.707	91367.170	82°14′27.0″	K2＋670.00	40311.219	91868.655	157°30′02.7″
K2＋100.00	40465.757	91396.895	82°14′27.0″	K2＋700.00	40284.324	91881.898	149°57′30.4″
K2＋120.00	40468.458	91416.712	82°14′27.0″				

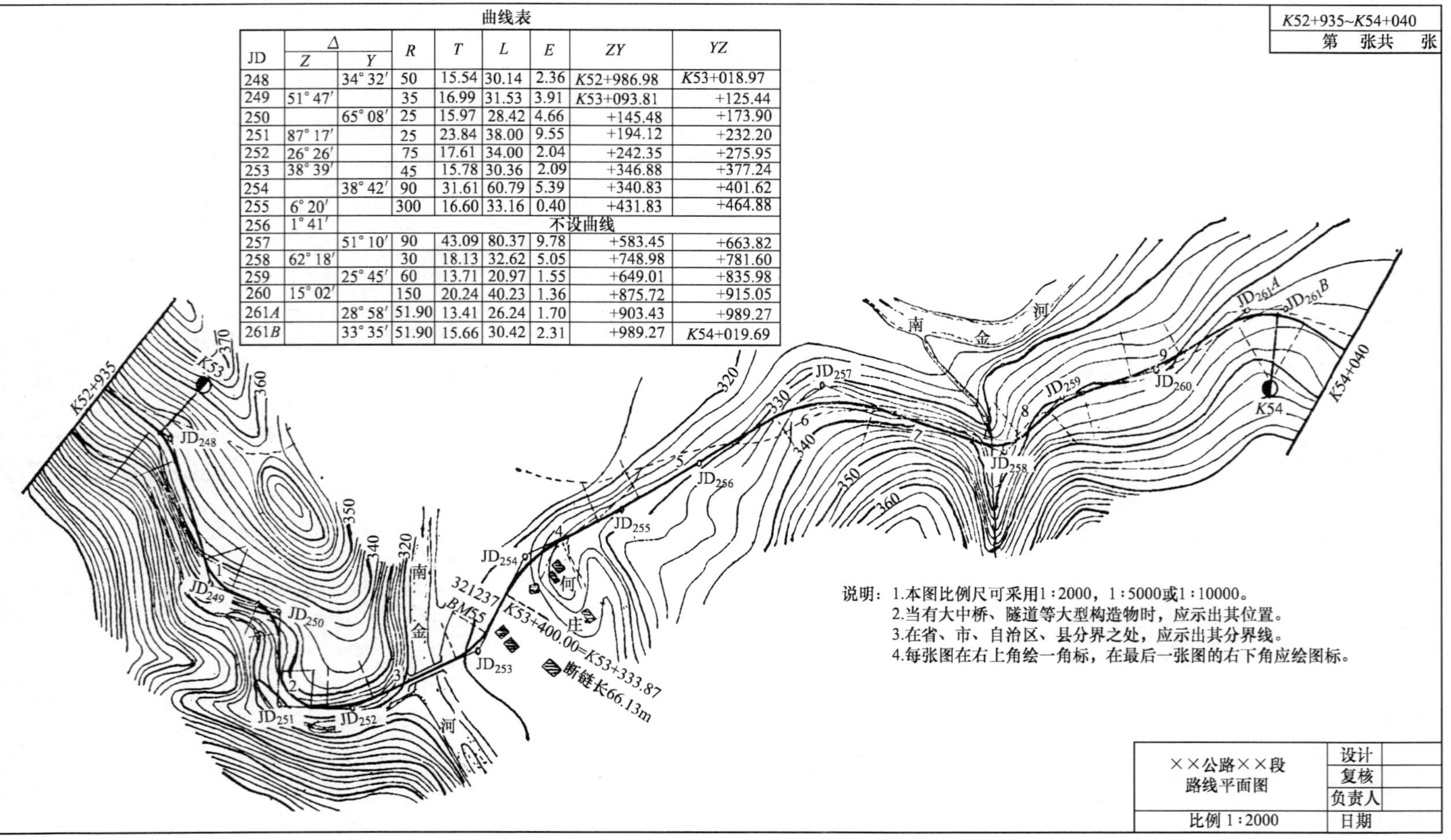

曲线表

JD	Δ Z	Δ Y	R	T	L	E	ZY	YZ
248		34° 32′	50	15.54	30.14	2.36	K52+986.98	K53+018.97
249	51° 47′		35	16.99	31.53	3.91	K53+093.81	+125.44
250		65° 08′	25	15.97	28.42	4.66	+145.48	+173.90
251	87° 17′		25	23.84	38.00	9.55	+194.12	+232.20
252	26° 26′		75	17.61	34.00	2.04	+242.35	+275.95
253	38° 39′		45	15.78	30.36	2.09	+346.88	+377.24
254		38° 42′	90	31.61	60.79	5.39	+340.83	+401.62
255	6° 20′		300	16.60	33.16	0.40	+431.83	+464.88
256	1° 41′	不设曲线						
257		51° 10′	90	43.09	80.37	9.78	+583.45	+663.82
258	62° 18′		30	18.13	32.62	5.05	+748.98	+781.60
259		25° 45′	60	13.71	20.97	1.55	+649.01	+835.98
260	15° 02′		150	20.24	40.23	1.36	+875.72	+915.05
261A		28° 58′	51.90	13.41	26.24	1.70	+903.43	+989.27
261B		33° 35′	51.90	15.66	30.42	2.31	+989.27	K54+019.69

图1-26　路线平面图

思考题

1-1 何谓平面线型三要素？各有何特点？
1-2 直线的长度如何设计？
1-3 何谓方位角？
1-4 如何用方位角表达直线的方向？
1-5 圆曲线的三个最小半径是什么？有何意义？
1-6 如何计算圆曲线？
1-7 缓和曲线的作用和性质是什么？
1-8 如何确定缓和曲线的最小长度？
1-9 哪些情况下可以省略缓和曲线？
1-10 缓和曲线的直角坐标如何计算？
1-11 如何计算缓和曲线的要素和主点桩号？
1-12 平面线型的主要形式有哪些？各有什么特点？
1-13 平面线型设计的基本步骤是什么？
1-14 试算半径可采用哪些方法？如何进行？
1-15 平面设计成果有哪些？
1-16 何谓断链？如何表达？
1-17 路线中桩坐标的计算步骤是什么？

学习情境二　纵 断 面 设 计

任务一　认 识 纵 断 面

一、纵断面和纵断面图

通过道路中线的竖向剖面，称为纵断面。它是道路设计的重要技术图表之一，它主要反映路线起伏、纵坡与原地面的切割等情况，把道路的纵断面图与平面图、横断面图结合起来，就能够完整地表达出道路的空间位置和立体线型，见图 2-1。

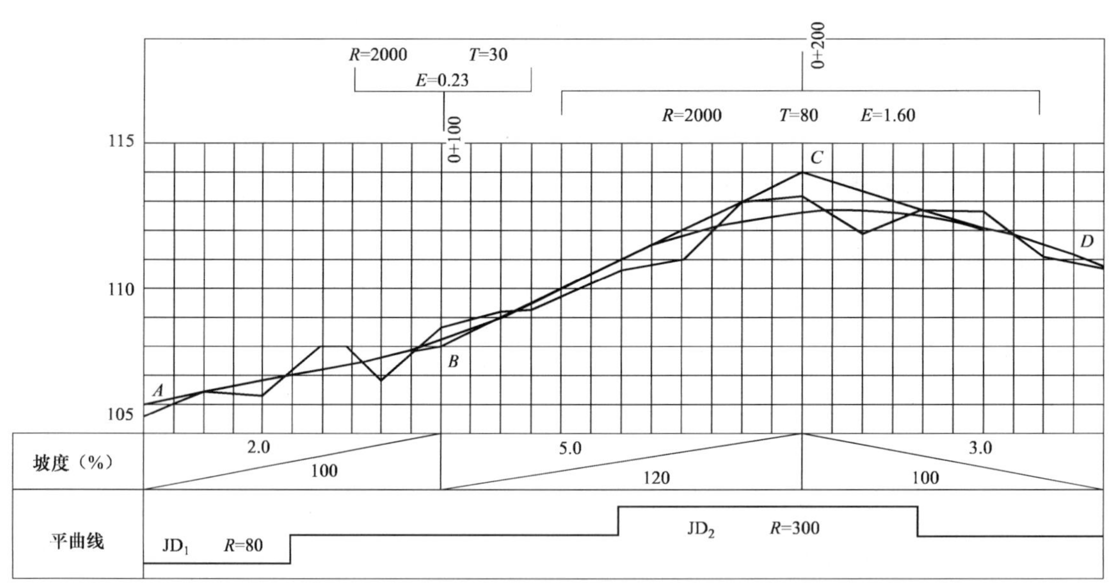

图 2-1　路线纵断面简图

道路的纵断面线型应根据道路的性质、任务、等级和地形、地物、地质、水文等因素，考虑路基稳定、排水及工程量等的要求，对纵坡的大小、长短、前后纵坡情况、竖曲线半径大小以及与平面线型的组合关系等进行组合设计。

二、纵断面图基本要素

在路中线的原地面标高，称为地面标高，地面标高的连线称为地面线（又称黑线）。对于纵断面上的设计标高，即路基（包括路面厚度）的设计标高，有如下规定：

（1）新建公路的路基设计标高：高速公路、一级公路采用中央分隔带的外侧边缘标高；二、三、四级公路采用路基边缘标高。在设置超高加宽的路段，是指超高加宽前该处原路基边缘的标高（见图 2-2）。

（2）改建公路的路基设计标高：一般按新建公路的规定办理，也可视具体情况而采用中

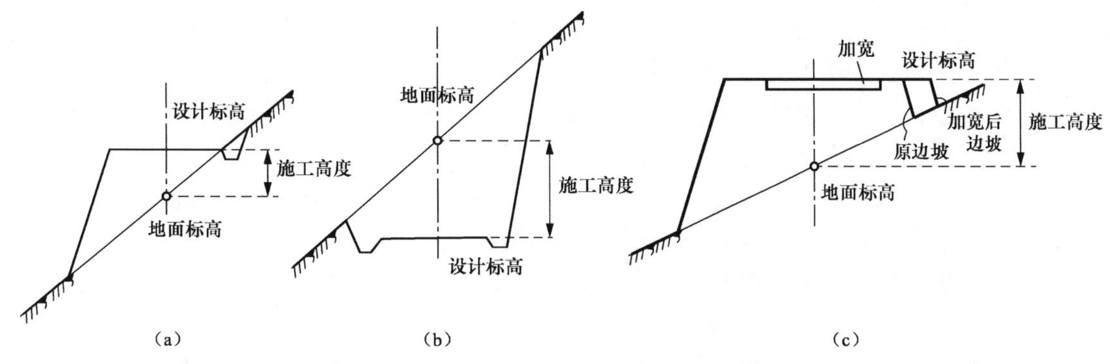

图 2-2　路基的地面标高与设计标高

(a) 路堤；(b) 路堑；(c) 曲线超高加宽段

央分隔带或行车道中线标高。

沿河及可能受水浸淹的路段，按设计标高推算的最低侧路基边缘标高应高出规定洪水频率对应的计算水位加壅水高度和波浪侵袭高度和 0.5m 的安全高度。沿水库上游岸边的路段，按设计标高推算的路基最低侧边缘标高应考虑水库水位升高后地下水位壅升，以及水库淤积后壅水曲线抬高及浪高的影响；在寒冷地区还应考虑冰塞壅水对水位增高的影响。大、中桥桥头引道（在洪水泛滥范围内）的按设计标高推算的路基最低侧边缘标高，应高于该桥设计洪水位（并包括壅水和浪高）至少 0.50m；小桥涵附近的路基最低侧边缘标高应高于桥（涵）前壅水水位至少 0.50m（不计浪高）。

如图 2-1 所示，在路线纵断面图中有两条主要的线：一条是地面线，它是根据路中线上各桩点实测的地面高程点绘出的一条不规则的折线，反映出路中线处天然地面的起伏变化情况；另一条是设计线，它是经过技术、经济以及美学上的比较后，由设计人员定出来的，主要反映公路建成后纵面坡度的变化情况。路线纵断面设计线是由均匀坡度线（直线）和竖曲线（圆曲线或二次抛物线）组成的。坡度线和竖曲线共同成为纵断面线型的两个基本线型要素。很明显，坡度线有上坡和下坡，是以坡度和水平长度表示的，一般上坡坡度为正，下坡坡度为负；竖曲线则是在坡度转换处设置的过渡性曲线，有凸型和凹型两种，其大小以半径和水平长度表示。

在任一横断面上设计标高与地面标高之差，称为该处的施工高度（见图 2-2）。施工高度的大小即决定了路堤的高度或路堑的深度。当设计线在地面线上面时，路基修筑成路堤（填方），当设计线在地面线下面时修筑成路堑（挖方）。

任务二　设计纵坡

一、纵坡设计的一般要求

为使纵坡设计达到经济合理的目的，设计时必须全面掌握勘测资料，结合选（定）线的意图进行综合分析、比较，并满足以下一些要求：

（1）纵坡设计必须满足《公路工程技术标准》中有关纵坡的各项规定，做到坡度平坦、起伏缓和，纵断面线型与平面设计相协调。

（2）纵坡应均匀平顺，起伏不宜过大和过于频繁，应尽量避免采用极限纵坡值；缓和坡段最好配合地形很自然地设置，不宜连续采用极限长度的陡坡夹最短坡长的缓坡，应争取较均匀的纵坡。垭口处的纵坡应尽量放缓一些。连续升坡或降坡路段，应避免设置反坡段。

（3）纵坡设计时，对沿线的自然条件，如地形、土壤地质、水文、气候等，应作综合考虑，根据不同的具体情况加以处理，以保证公路的畅通和稳定。

（4）纵坡设计在一般情况下应考虑填挖平衡，尽量利用挖方运作就近路段的填方，以减少废方和借方量，节省土石方及其他工程数量，降低工程造价。

（5）地下水位较高的平原微丘区和潮湿地带的路段，应满足最小填土高度的要求，以保证路基稳定。低矮路基必须具有最小填土高度的保证。

（6）纵坡设计应尽可能照顾当地民间运输工具、农用机械、农田水利等方面的要求。一个好的设计还必须尽量照顾到人的视觉和心理上的要求，使驾驶者有足够的安全感、舒适感和视觉上的美感。

二、最大纵坡与最小纵坡

（一）最大纵坡

最大纵坡是指在设计纵坡时，各级公路允许采用的最大坡度值，它是路线设计中一项重要的控制指标。特别是在山区，纵坡的大小直接影响着路线的长短，使用品质的好坏、工程量的大小以及运输成本的高低。因此决定公路的最大纵坡时必须慎重。

《公路工程技术标准》在制定最大纵坡时，主要根据以下三个方面来决定：

1. 汽车的动力特性

不同类型的车辆具有不同的动力特性和制动性能，其上坡时的爬坡能力和下坡时的制动效能也各不相同。按照公路上行驶的车辆类型及其所具有的动力特性来确定汽车在规定速度下的爬坡能力和下坡的安全性，是确定道路最大纵坡的常用方法。

通过对汽车在坡道上行驶情况的调查发现，汽车上坡时因克服升坡阻力，需要增大牵引力，车速会降低；若陡坡过长，汽车水箱可能出现“开锅”、气阻的情况，严重时还可能使发动机熄火，使驾驶条件恶化；另一方面，若车辆沿陡坡下行时，刹车次数明显增多，制动器易发热而失效，加之司机下坡行驶时心理紧张，很容易引发事故。

2. 公路等级

不同的公路等级对应于不同的设计速度，从第二章汽车的动力特性曲线可知，汽车的爬坡能力与行驶速度成反比。公路等级越高，行车密度越大，要求的行车速度也愈快，相应地其纵坡也需愈小。因而不同等级、性质的公路，其最大纵坡的限制值也不一样。在确定最大纵坡时，必须把保证各等级的公路具有规定的行车速度作为前提。

3. 自然条件

公路所经地区的地形起伏情况、海拔高度、气温、降雨、冰雪等自然因素对汽车的行驶条件和爬坡能力都会产生影响。处于长期冰冻地区的公路就须避免采用大坡，以防止行车滑溜等不安全因素的产生。

《公路工程技术标准》规定了公路最大纵坡值，如表 2-1 所列。

表 2-1　　公路最大纵坡

设计速度（km/h）	120	100	80	60	40	30	20
最大纵坡（%）	3	4	5	6	7	8	9

设计速度为120km/h、100km/h、80km/h的高速公路，受地形条件或其他特殊情况限制时，经技术经济论证，最大纵坡可增加1%。公路改扩建中，设计速度为40km/h、30km/h、20km/h的利用原有公路的路段，经技术经济论证，最大纵坡可增加1%。四级公路位于海拔2000m以上的积雪冰冻地区路段，最大纵坡不应大于8%。

小桥与涵洞的纵坡应随路线纵坡设计，大、中桥的纵坡不宜大于4%，桥头引道的纵坡不宜大于5%，引道紧接桥头部分的线型应与桥上线型相配合。位于市镇附近非汽车交通较多地段、桥上及桥头引道的纵坡均不得大于3%。

隧道内的纵坡不应大于3%，并不小于0.3%，但短于100m的隧道不受此限制。高速道路、一级公路的中短隧道，当条件受限时，经技术经济论证后最大纵坡可适当加大，但不宜大于4%。隧道的纵坡宜设置成单向坡；地下水发育及特长、长隧道宜采用人字坡。

位于城镇附近且非汽车交通比例较大路段，可根据具体情况将纵坡适当放缓。

（二）高原纵坡折减

在海拔很高的高原地区，汽车发动机的功率因空气稀薄而减小，相应地降低了汽车的爬坡能力；此外，在高原地区，汽车水箱中的水容易开锅而破坏冷却系统。因此，《公路路线设计规范》规定：设计速度小于或等于80km/h位于海拔3000m以上的高原地区的公路，最大纵坡值应按表2-2的规定予以折减；最大纵坡折减后，如小于4%，则仍用4%。

表2-2 **高原纵坡折减值**

海拔高度（m）	3000～4000	4000～5000	5000
折减值（%）	1	2	3

（三）最小纵坡

为保证挖方路段、设置边沟的低填方路段和横向排水不畅路段的排水，以防止积水渗入路基而影响其稳定性，应采用不小于0.3%的纵坡（一般情况下采用不小于0.5%为宜）。当必须设计小于0.3%的纵坡或采用平坡（0%）时，边沟应作纵向排水设计。当然，像干旱地区，以及横向排水良好、不产生路面积水的路段，也可不受此最小纵坡的限制。

三、坡长限制标准

坡长是指纵面线型上两个变坡点之间的长度。坡长限制包括两方面的内容：一是对一般纵坡的最小坡长予以限制，二是对较陡纵坡的最大坡长予以限制。

（一）最小坡长限制

之所以要对最小坡长加以限制，从行车来看，主要是由于纵坡上若变坡点过多，会使纵面线型起伏，导致车辆行驶颠簸频繁，车速愈高则愈显得突出，影响了行车的舒适和安全。为了提高行车的平顺性，一般要求纵坡上的转折点宜少。

从线型的几何构成来看，相邻变坡点之间的距离也不宜过短。最短应不小于相邻竖曲线的切线长，以便插入适当的竖曲线来缓和纵坡的突变，同时也便于平纵面线型的合理组合与布置。此外，为保证行车安全，还必须使两个凸形变坡点之间的距离满足行车视距的要求。如相邻两纵坡之间的坡度相差较大，为便于汽车运行时换挡操作，其坡长则更不宜太短。

最小坡长通常以汽车按设计速度行驶9～15s的行程作为规定值。在设计速度较大的高等级公路上，因车速较快，9s的行程已能满足行车操作和布设几何线型的需要；而在设计速度较低的一般公路上，行程时间应取长些，方能更好地满足行车和布设线型的需要。《公路工程技术标准》据此给出了各级公路的最小坡长限制值，见表 2-3。

表 2-3　　公路最小坡长

设计速度（km/h）	120	100	80	60	40	30	20
最小坡长（m）	300	250	200	150	120	100	60

（二）最大坡长限制

当路线为连续陡坡时，汽车上坡时为发挥更大的牵引力，多用低速档（如一、二档）。如坡长过长，长时间使用低速档会使发动机发热过分而使效率降低、水箱沸腾、行驶无力。而下坡时，则因坡度过陡、坡段过长而使刹车频繁，影响行车安全。因此，为保证行车安全，对较陡纵坡的坡长应加以限制，见表 2-4。

当连续陡坡是由几个不同坡度值的坡段组合而成时，应按不同坡度的坡长限制折算确定：如 $V=40$km/h 的某公路，一坡段纵坡为 8%，长 200m，该长度是相应限制坡长（300m）的 2/3，如相邻坡段的纵坡为 7%，则其坡长不应超过相应坡长限制 500m 的 1/3，即 500×1/3＝166.7m，也就是说 8%纵坡设计 200m 后，还可接着设计 7%纵坡段 166.7m 长或 6%纵坡段 233.3m 长。

表 2-4　　不同纵坡最大坡长

设计速度（km/h） / 最大坡长（m） / 纵坡坡度（%）	120	100	80	60	40	30	20
3	900	1000	1100	1200	—	—	—
4	700	800	900	1000	1100	1100	1200
5	—	600	700	800	900	900	1000
6	—	—	500	600	700	700	800
7	—	—	—	—	500	500	600
8	—	—	—	—	300	300	400
9	—	—	—	—	—	200	300
10	—	—	—	—	—	—	200

四、平均纵坡

平均纵坡（$i_{平均}$）是指在一定长度路段内，路线在纵向所克服的高差值与该路段的距离之比，用百分率（%）表示。它是衡量纵面线型设计好坏的一个重要指标。

$$i_{平均}=\frac{H}{L} \tag{2-1}$$

式中　H——相对高差，m；

　　L——路线长度，m。

在路线纵坡设计时往往会有这样的情况：当地形困难，高差很大时，设计者可能不断交替地运用最大纵坡（并达到限制坡长）和缓和坡段（往往接近最短坡长）。这样做看似符合纵坡设计的有关标准，但是纵面线型很不好，不能保证使用质量，汽车在这样的坡段上行驶，上坡会长时间地使用二排档，造成发动机长时间发热，导致车辆水箱沸腾；下坡则频繁刹车，司机驾驶紧张，也易引起不良后果。因此有必要从行车顺利和安全的角度来控制纵坡的平均值。这样既可保证路线的平均纵坡不致过陡，也可以避免局部地段使用过大的平均纵坡。

为保证纵坡均衡匀顺，确保行车安全和舒适，《公路工程技术标准》规定：二级及二级以下公路的越岭路线连续上坡或下坡路段，相对高差为200～500m时，平均纵坡不应大于5.5%；相对高差大于500m时，平均纵坡不应大于5%。任意连续3km路段的平均纵坡不应大于5.5%。

五、合成坡度

合成坡度是指由路线纵坡与弯道超高横坡或路拱横坡组合而成的坡度，其方向即流水线方向。如图2-3所示，它的计算公式为

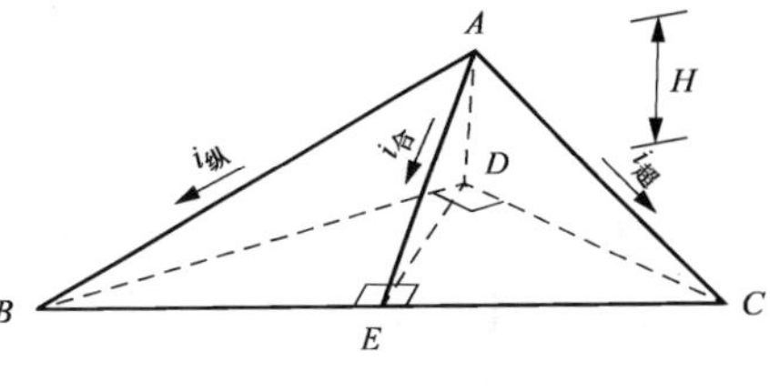

图2-3　合成坡度

$$i_{合} = \sqrt{i_{纵}^2 + i_{横}^2} \tag{2-2}$$

式中　$i_{合}$——合成坡度，%；

$i_{横}$——超高横坡或路拱横坡，%；

$i_{纵}$——路线纵坡，%。

由于合成坡度是由纵向坡度与横向坡度组合而成的，其坡度值比原路线纵坡大，汽车在设有超高的坡道上行驶时，不仅要受坡度阻力的影响，而且还要受离心力的影响。尤其是当纵坡大而平曲线半径小时（相应地，合成坡度大），往往由于合成坡度的影响而使汽车重心发生偏移，给汽车行驶带来危险。所以，当弯道与坡度组合时，为了防止汽车向合成坡度方向倾斜、滑移，应将超高横坡与纵坡的组合控制在适当的范围以内。

实践证明，合成坡度对于控制急弯和陡坡相互重叠是非常必要的，在条件许可时，以采用较小的合成坡度为宜。

《公路路线设计规范》规定：在设有超高的平曲线上，超高与纵坡的合成坡度值不得超过表2-5的规定，在积雪或冰冻地区，自然横坡较陡峻的傍山路段和非汽车交通量较大的路段，合成坡度值不应大于8%。在超高过渡的变化处，合成坡度不应设计为0%。为保证路面排水，各级公路的最小合成坡度不宜小于0.5%；当合成坡度小于0.5%时，应采取综合排水措施，以保证路面排水畅通。

表2-5　　公路最大合成坡度

公路等级	高速公路、一级公路			
设计速度（km/h）	120	100	80	60
合成坡度（%）	10.0	10.0	10.5	10.5

公路等级	二级公路、三级公路、四级公路				
设计速度（km/h）	80	60	40	30	20
合成坡度（%）	9.0	9.5	10.0	10.0	10.0

任务三　设计竖曲线

一、竖曲线的特点及几何要素

纵断面图上的设计线是由直坡段和竖曲线组成的。在两个直坡段的转折处（即变坡点

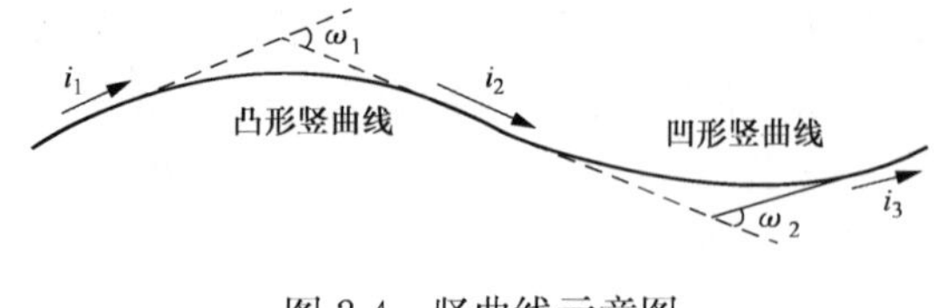

图 2-4 竖曲线示意图

处)，为保证行车安全、舒适以及视距的需要而设置的一段曲线，叫做竖曲线；相邻两直坡段的交角 ω 叫做坡度角，如图 2-4 所示。坡度角 ω 的大小近似地等于相邻两纵坡段坡度的代数差，即

$$\omega = i_2 - i_1 \tag{2-3}$$

式中 i_2、i_1——分别为相交坡度线的坡度值，上坡为正，下坡为负。

当变坡点在竖曲线的上方，即 ω 为负时，其相应的竖曲线称为凸形竖曲线，反之则称为凹形竖曲线。

竖曲线的线型有用圆曲线的，也有用抛物线型的。《公路路线设计规范》规定：公路纵坡变更处应设置竖曲线，竖曲线宜采用圆曲线。

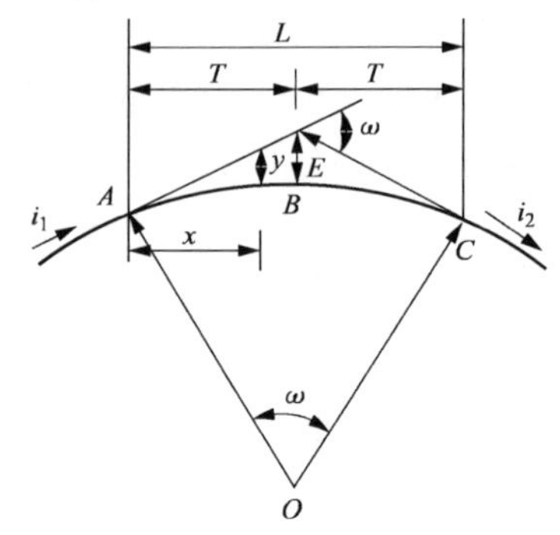

图 2-5 竖曲线几何元素

由于路线纵坡度的值很小（最大不超过 0.09)，而高程变化值与水平距离之比相差甚大，因而在实际生产中均假定竖曲线的切线长度与弧长（曲线长度）等于其在水平面上的投影长度，切线支距是竖直的高程差，在纵断面设计时，竖曲线的几何要素计算公式如下（见图 2-5)

$$\left.\begin{aligned} &\omega = i_2 - i_1 \\ &L = R\omega \\ &T = \frac{L}{2} = \frac{1}{2}R\omega \\ &E = \frac{1}{4}T\omega = \frac{T^2}{2R} \\ &y = \frac{x^2}{2R} \end{aligned}\right\} \tag{2-4}$$

式中 R——二次抛物线的参数，一般称作竖曲线半径，m；

T——竖曲线的切线长，m；

L——竖曲线长度，m；

E——竖曲线变坡点处的切线支距（纵距)，m；

x——竖曲线上任意一点距竖曲线起点或终点的水平距离，m；

y——竖曲线上任意一点距切线的纵距，m。

二、竖曲线最小半径与最小长度

进行竖曲线设计，首先要确定其半径。竖曲线半径的选择原则与平曲线相似，从满足行车的要求而言，总是希望半径越大越好，只有在地形困难的路段，不得已时才采用最小半径。

竖曲线半径分为极限最小半径和一般最小半径。所谓极限最小半径，是指汽车在纵坡变更处行驶时，为了缓和冲击和保证视距所需的最小半径的计算值，该值只有在受地形等特殊情况约束时方可采用。为了行车的安全和舒适，一般应采用极限最小半径的 1.5～2.0 倍的数值，即一般最小半径值。

(一) 凹形竖曲线极限最小半径

主要从限制离心力、夜间行车前灯照射的影响以及在跨线桥下的视距三个方面计算分析确定。

1. 从限制离心力不致过大考虑

汽车行驶在竖曲线上，由于离心力的作用，要产生失重（凸形竖曲线）或增重（凹形竖曲线）。失重直接影响乘客的舒适感，增重则不仅影响乘客的舒适感，还对汽车的悬挂系统产生超载的影响。竖曲线半径的大小直接影响离心力的大小，因此，必须首先从控制离心力不致过大来限制竖曲线的极限最小半径。

汽车在竖曲线上产生的离心力为

$$F=\frac{Gv^2}{gR}=\frac{GV^2}{127R}$$

则

$$R=\frac{V^2}{127(F/G)}$$

其中 F/G 是单位车重受到的离心力，根据日本资料，限制为 $F/G=0.028$，代入上式得

$$R=\frac{V^2}{3.6} \tag{2-5}$$

2. 从汽车夜间行驶前照灯照射距离考虑

如图 2-6 所示，若照射距离小于要求的视距长度，则无法保证行车安全。按此条件即可推导出此时凹形竖曲线的最小半径的计算公式。

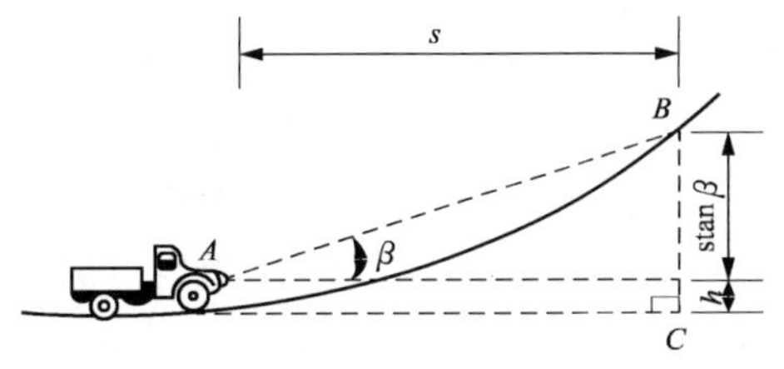

图 2-6 夜间行车前灯照射距离

设汽车前灯高度为 h，汽车前灯照射角为 β，由竖曲线计算公式得

$$BC\approx\frac{s^2}{2R}$$

由图可知

$$BC=h+s\cdot\tan\beta$$

两式联解得

$$R=\frac{s^2}{2(h+s\cdot\tan\beta)} \tag{2-6}$$

式中 s——前照灯照射距离，m，按行车视距长度取值；

h——前照灯高度，m，取 $h=0.75$m；

β——前灯向上的照射角，取 $\beta=1°$。

将 s、h、β 取值代入式 (2-6) 得

$$R_{\min}=\frac{s^2}{1.5+0.0349s} \tag{2-7}$$

3. 从保证跨线桥下视距考虑

为保证汽车穿过跨线桥时有足够的视距，也应对凹形竖曲线最小半径加以限制。

综合以上三种情况，《公路路线设计规范》以限制凹形竖曲线离心力条件为依据，制定出凹形竖曲线极限最小半径的规定值，见表 2-6。

(二) 凸形竖曲线极限最小半径

主要从限制失重不致过大和保证纵面行车视距两个方面计算分析确定。

1. 从失重不致过大考虑

与凹形竖曲线的限制条件和计算公式相同，即

$$R = \frac{V^2}{127(F/G)} \tag{2-8}$$

式中符号意义同前。

2. 从保证纵面行车视距考虑

凸形竖曲线半径过小，路面上凸直接影响行车视距，按规定的视距控制即可推导出计算极限最小半径的公式。分两种情况。

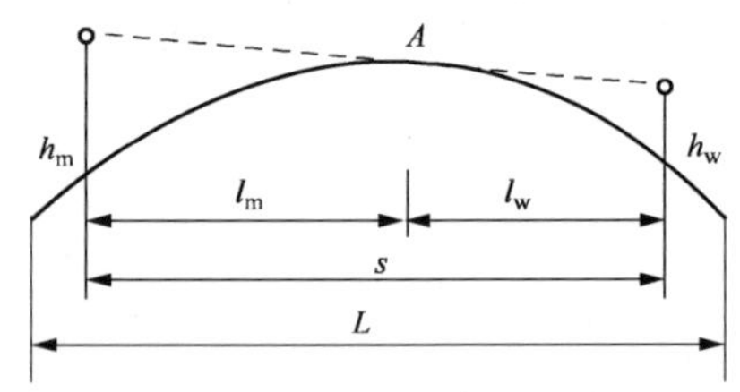

图 2-7 凸形竖曲线视距（$s<L$）

（1）$s \leqslant L$，如图 2-7 所示

$$h_w = \frac{l_w^2}{2R}$$

$$h_m = \frac{l_m^2}{2R}$$

由几何条件 $s = l_w + l_m$

将上述两式代入得

$$s = \sqrt{2R}(\sqrt{h_w} + \sqrt{h_m}) \tag{2-9}$$

式中 h_w——物高，m，取 $h_w = 0.10$m；

h_m——目高，m，取 $h_m = 1.20$m；

l_w——竖曲线顶点 A 距物点的距离，m；

l_m——竖曲线顶点 A 距目点的距离，m；

s——要求的行车视距，按停车视距考虑，m；

L——竖曲线长度，m。

将 h_w、h_m 的值代入式（2-9）并整理得

$$R_{min} = \frac{s^2}{3.98} \tag{2-10}$$

（2）$s > L$

经推导
$$R_{min} = \frac{2s}{\omega} - \frac{3.98}{\omega^2} \tag{2-11}$$

式中 s——要求的视距长度，m；

ω——纵断面变坡处的坡度角。

经比较，式（2-10）的计算结果比式（2-11）为小，故采用式（2-11）作为标准的制定依据。《公路路线设计规范》规定的各级公路的凸形竖曲线的极限最小半径见表 2-6。

表 2-6 竖曲线最小半径与最小长度

设计速度（km/h）		120	100	80	60	40	30	20
凸形竖曲线半径（m）	一般值	17000	10000	4500	2000	700	400	200
	极限值	11000	6500	3000	1400	450	250	100
凹形竖曲线半径（m）	一般值	6000	4500	3000	1500	700	400	200
	极限值	4000	3000	2000	1000	450	250	100
竖曲线长度（m）	一般值	250	210	170	120	90	60	50
	极限值	100	85	70	50	35	25	20

(三)竖曲线最小长度

表示竖曲线大小的方法,一是用竖曲线半径来表示,二是用竖曲线的长度来表示,两者可用竖曲线的几何要素计算公式 $L=R\omega$ 进行互换。因此讨论竖曲线的最小半径问题也就等于讨论了竖曲线的最小长度问题。

前面介绍过的限制竖曲线最小半径的两个主要因素,即限制离心力不过大和满足视距的要求,同样要制约竖曲线最小长度的确定。

当坡度角很小时,即使采用较大的竖曲线半径、竖曲线长度也很短,这样容易使司机产生变坡很急的错觉,乘客也会感到不适,故还应限制车辆在竖曲线上行经的时间不过短。这个限制是以汽车按设计速度行驶 3s 的时间来进行计算的,即

$$L_{\min}=\frac{V}{3.6}t=\frac{V}{1.2}$$

据此确定的竖曲线最小长度,《公路路线设计规范》规定如表 2-6 所列。

三、竖曲线设计与计算

(一)一般要求

竖曲线是否平顺,在视觉上往往是构成纵面线型优劣的主要因素。纵面线型不好的主要原因,往往是由于设置过多的竖曲线或竖曲线半径太小。竖曲线设计一般应满足以下要求:

(1)满足《公路工程技术标准》规定的竖曲线最小半径和最小长度要求,在可能情况下,应选用较大的竖曲线半径。

(2)相邻竖曲线之间应保证一定的直坡段,避免重叠,同向竖曲线间应避免出现“断背曲线”,反向曲线间最好设置不小于按设计速度行驶 3s 的行程长度,以使汽车从失重(或增重)过渡到增重(或失重)有一个缓和段。

(3)竖曲线设置应满足排水需要,可能时应尽量考虑竖曲线与平曲线组合设计,以便在纵面排水不畅的地方(如竖曲线顶或底部),能够通过横向(超高)排水来弥补。

(4)在夜间行车交通量较大的路段,考虑到灯光照射方向的改变会使前灯照射的范围受到限制,在选择半径时应适当加大,以使其有较长的照射距离,保证行车安全。

(二)竖曲线设计与计算

1. 半径选择

纵坡设计完成后,在各变坡点处需设置合适的竖曲线。竖曲线设计主要是按照《公路工程技术标准》和《公路路线设计规范》的要求,选择恰当的竖曲线半径(或竖曲线长度)。通常,竖曲线半径的选择可采用外距(E)、切线长(T)等控制条件来计算确定(通常取整到 50m)。

(1)按竖曲线外距 E 控制选择半径

$$R=\frac{8E}{\omega^2} \tag{2-12}$$

(2)按切线长 T 控制选择半径

$$R=\frac{2T}{\omega} \tag{2-13}$$

2. 竖曲线几何要素计算

竖曲线的几何要素有:坡度差 ω、竖曲线长 L、切线长 T 和纵距 E 等,其计算公式见式(2-4)。

3. 竖曲线上任意点的纵距 y 计算

$$y=\frac{x^2}{2R}$$

式中 x——任意点里程桩号减去竖曲线起点或终点桩号。

4. 竖曲线上各主要桩点的里程计算

$$竖曲线起点的里程桩号=变坡点桩号-T$$
$$竖曲线终点的里程桩号=变坡点桩号+T$$

5. 竖曲线上各桩点的设计标高计算

$$设计标高=切线高程\pm y$$

式中 凸形竖曲线取负，凹形竖曲线取正。

如何计算竖曲线?

【例 2-1】 某公路，有一变坡点桩号为 $K_{10}+028.28$，变坡点高程为 200m，两相邻坡道的纵坡为 $i_1=0.04$，$i_2=-0.025$，竖曲线半径 $R=1000$m，求 (1) 竖曲线各基本要素；(2) 竖曲线起终点桩号及设计标高；(3) $K_{10}+020$，$K_{10}+028.28$，$K_{10}+050$ 各桩号的设计标高。

解 (1) 竖曲线要素计算

$$\omega=i_2-i_1=-0.025-0.04=-0.065<0 \text{ 为凸形竖曲线}$$
$$L=R\omega=1000\times0.065=65(\text{m})$$
$$T=L/2=32.5(\text{m})$$
$$E=\frac{1}{4}T\omega=\frac{1}{4}\times32.5\times0.065=0.53(\text{m})$$

(2) 起点桩号 $K_{10}+028.28-32.5=K_9+995.78$

终点桩号 $K_{10}+028.28+32.5=K_{10}+060.78$

起点设计高程 $200.00-T\cdot i_1=200.00-32.5\times0.04=198.7$ (m)

终点设计高程 $200.00-T\cdot i_2=200.00-32.5\times0.025=199.188$ (m)

(3) $K_{10}+020$ 桩号

至起点距离 $x=(K_{10}+020)-(K_9+995.78)=24.22$ (m)

$$y=\frac{x^2}{2R}=\frac{24.22^2}{2\times1000}=0.293(\text{m})$$

$$切线标高=起点标高+x\cdot i_1=198.7+24.22\times0.04=199.669\ (\text{m})$$
$$设计标高=199.669-0.293=199.376(\text{m})$$

$K_{10}+028.28$ 桩号

$$设计标高=200-0.53=199.47(\text{m})$$

$K_{10}+050$ 桩号

至终点距离 $x=(K_{10}+060.78)-(K_{10}+050)=10.78$ (m)

$$y=\frac{x^2}{2R}=\frac{10.78^2}{2\times1000}=0.058(\text{m})$$

$$切线标高=终点标高+x\cdot i_1=199.188+10.78\times0.025=199.458(\text{m})$$
$$设计标高=199.458-0.058=199.4(\text{m})$$

任务四　道路平、纵线型组合设计

一、平纵线型组合设计的一般要求

道路线型设计是从道路选线、定线开始，最终以平、纵、横断面所组成的立体线型反映于驾驶员的视觉上。平、纵线型组合是指在满足汽车运动学和动力学要求的前提下，研究如何满足视觉和心理方面的连续、舒适及与周围环境相协调的要求，并有良好的排水条件。尽管平、纵线型设计均是按前述标准进行设计的，但若平、纵线组合不好，不仅有碍于其优点的发挥，而且会加剧两方面存在的缺点，造成行车上的危险，也就不可能获得最优的立体线型、平纵线型的合理组合。

平、纵线型组合设计的总要求：对于设计速度大于或等于 60km/h 的道路，应注重平、纵线型的合理组合，尽量做到线型连续、指标均衡、视觉良好、景观协调、安全舒适。设计速度愈高，线型设计可考虑的因素愈应周全。对于设计速度等于或小于 40km/h 的道路，可参照执行。首先应在保证行车安全的前提下，正确地运用线型要素指标，在条件允许的情况下力求做到各种线型要素的合理组合，并尽量避免和减轻不利的组合。

平、纵面线型组合设计，是在平面和纵面线型初步确定的基础上，采用公路透视图法或模型法进行视觉分析，研究如何满足驾驶员视觉和心理方面的要求，并以立体线型连续、行车舒适，与周围环境协调和排水良好等为目的，再对平纵面线型进行修改和优化的过程。

平面线型与纵断线型的组合设计是线型设计的最后阶段，是保证公路成为连续、圆滑、顺适、美观的空间立体线型的重要过程，也是真正实现安全、迅速和舒适营运的重要保障。

平、纵面线型的组合，应综合考虑汽车行驶的安全和舒适性，工程造价、营运的经济性，以及驾驶员视觉心理的需要，并与公路周围的环境相协调。设计时，平面线型和纵面线型的组合一般应满足以下要求。

(1) 线型组合设计中，各技术指标除应分别符合平面、纵断面规定值外，还应考虑横断面对线型组合与行驶安全的影响。应避免平面、纵断面、横断面的最不利值的相互组合的设计。

(2) 在确定平面、纵断面的各相对独立技术指标时，各自除应相对均衡、连续外，应考虑与之相邻路段的各技术指标值的均衡、连续。

(3) 条件受限制时选用平面、纵断面的各接近或最大（最小）值及其组合时，应考虑前后地形、技术指标运用等对实际行驶速度的影响，其运行速度与设计速度之差不应大于 20km/h。

(4) 线型组合设计除应保持各要素间内部的相对均衡与变化节奏的协调外，还应注意同公路外部沿线自然景观的适应和地质条件等的配合。

(5) 路线线型应能自然地诱导驾驶者的视线，并保持视觉的连续性。

六车道及其以上的高速公路，应重视直、曲线（含平、纵面）间的组合与搭配，应在曲线间设置足够长的缓和曲线或直线，使其衔接过渡顺适，路面排水良好。

在高填方路段设置平曲线时，应采用较大半径的圆曲线，并设置具有诱导功能的交通设施，以防止驾驶员对曲率的误判，提高运营安全性。

穿越城区的公路，应充分考虑与已有路网的关系，避免出现多路交叉和畸形交叉的线型。

二、平纵线型组合的形式

通过分解立体线型要素，可得出平、纵面线型有以下六种组合形式，如图 2-8 所示。

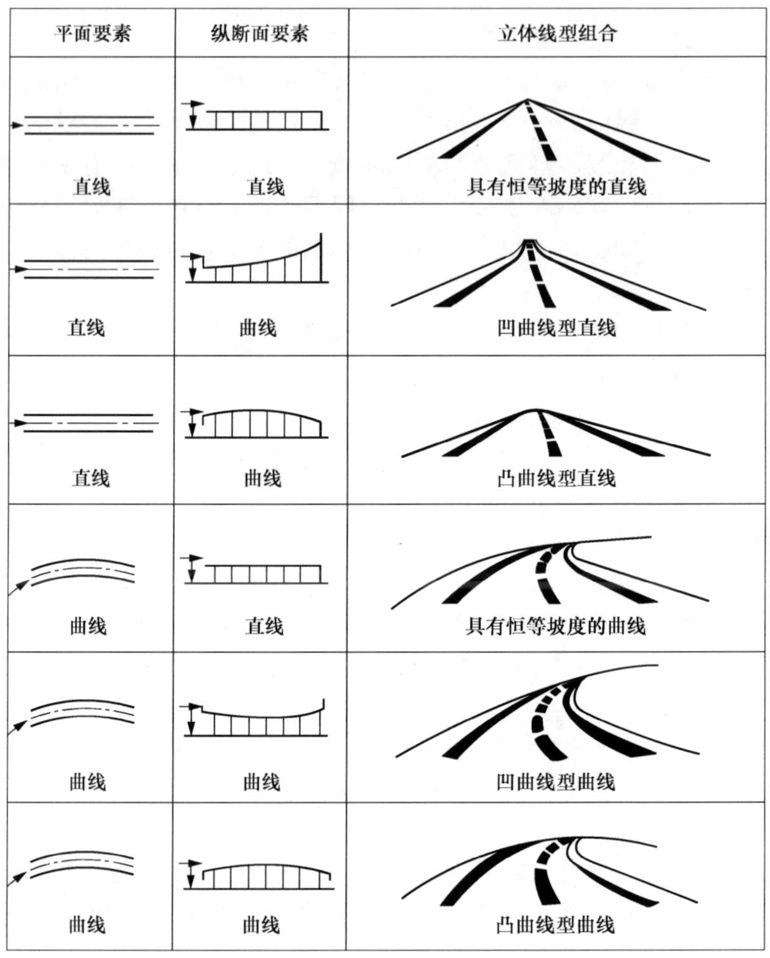

图 2-8 空间线型要素

(1) 平面上为直线，纵面上也是直线——构成具有恒等坡度的直线；
(2) 平面上为直线，纵面上是凹形竖曲线——构成凹下去的直线；
(3) 平面上为直线，纵面上是凸形竖曲线——构成凸起的直线；
(4) 平面上为曲线，纵面上为直线——构成具有恒等坡度的平曲线；
(5) 平面上为曲线，纵面上为凹形竖曲线——构成凹下去的平曲线；
(6) 平面上为曲线，纵面上为凸形竖曲线——构成凸起的平曲线。

上述 (1)～(3) 型是在垂直平面内的线型类，(4)～(6) 型是立体曲线。从视觉、心理分析来看，它们各有优势和不足：

(1) 型组合往往线型单调、枯燥，行车过程中视景缺乏变化，容易使司机产生疲劳和频繁超车。设计时应采用画行车道线、标志、绿化，注意与路侧设施配合等方法来调节单调的视觉，增进视线诱导。

(2) 型组合具有较好的视距条件，能给司机以动的视觉效果，行车条件较好。设计时要注意避免采用较短的凹形竖曲线，尤其在两个凹形竖曲线间注意不要插入短的直坡段；在长直线的末端不宜插入小半径的凹形竖曲线。

（3）型组合视距条件差，线型单调，应注意避免，无法避免时应采用较大的竖曲线半径；若与（2）型组合时，应注意克服“驼峰”、“暗凹”和“浪形”等不良视觉现象出现。

（4）型组合，一般说来只要平曲线半径选择适当，纵坡不太陡，即可获得较好的视觉和心理感受，设计时须注意检查合成坡度是否超限。

（5）、（6）型组合设计是一种常见的又比较复杂的组合形式。如果平纵面线型几何要素的大小适宜，位置适当。平纵面均衡协调，可以获得视觉舒顺、视线诱引良好的立体线型。相反，则会出现一些不良的后果，设计时应引起特别重视。

三、平纵线型组合的设计原则

为使线型组合设计达到以上要求，并得到较好的效果，除了可采用透视图法检查外，根据经验还应做到以下几点：

（1）平纵线型组合设计原则为宜相互对应且平包竖。竖曲线宜包含在平曲线之内，且平曲线应稍长于竖曲线，如图 2-9 所示。当平竖曲线半径较小时，其相互对应程度应较严格；随平竖曲线半径的同时增大，其对应程度可适当放宽；当平竖曲线半径均较大时可不严格对应。

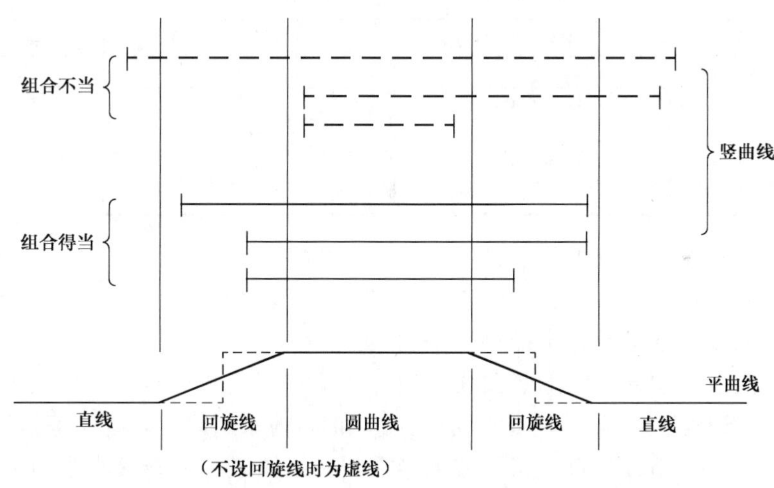

图 2-9　平曲线与竖曲线的组合

这种布置的优点是：当车辆驶入凸形竖曲线的顶点之前，即能清楚地看到平曲线的始端，辨明弯道的走向，不致因判断错误而发生事故。若平、竖曲线的半径都很大，则平、竖曲线的位置可不受上述限制；若做不到竖曲线与平曲线较好的配合，且两者的半径都小于某限度时，宁可把平、竖曲线拉开相当距离，使平曲线位于直坡段上或竖曲线位于直线上。

（2）要保持平曲线与竖曲线大小的均衡。长的平曲线内不宜包含多个短的竖曲线；短的平曲线不宜与短的竖曲线组合。平曲线与竖曲线的大小如果不均衡，会给人以不愉快的感觉，失去了视觉上的均衡性。平曲线和竖曲线其中一方大而平缓，那么另一方就不要形成多而小。一个长的平曲线内有两个以上竖曲线，或一个大的竖曲线含有两个以上平曲线，看上去非常别扭，如图 2-10 所示。

根据经验，平曲线半径如果不大于 1000m，竖曲线的半径大约为平曲线的 10～20 倍，便可达到线型的均衡性。表 2-7 所示为德国的经验值，可供设计时参考。

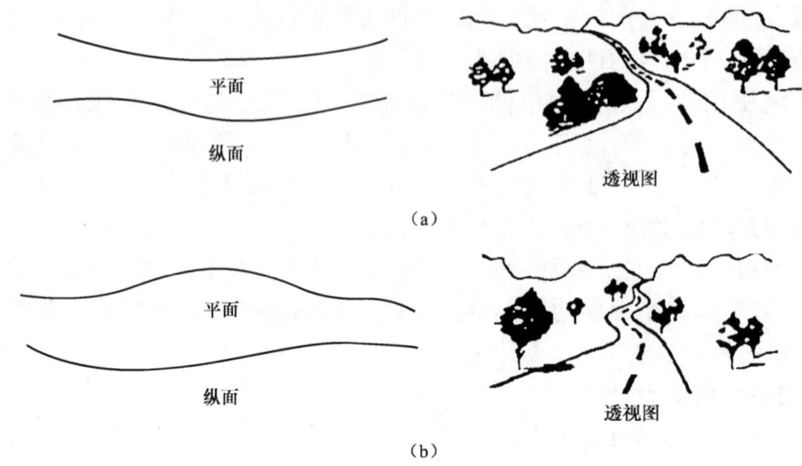

图 2-10 平竖指标不均衡示意图

(a) 平曲线内含有多个竖曲线；(b) 连续的短平曲线

表 2-7 **平、竖曲线半径的均衡**

平曲线半径（m）	竖曲线半径（m）	平曲线半径（m）	竖曲线半径（m）
500	10000	1100	30000
700	12000	1200	40000
800	16000	1500	60000
900	20000	2000	100000
1000	25000		

(3) 长直线不宜与坡陡或半径小且长度短的竖曲线组合。

(4) 半径小的圆曲线起、讫点，不宜接近或设在凸形竖曲线的顶部或凹形竖曲线的底部。

(5) 长的竖曲线内不宜设置半径小的平曲线。

(6) 凸形竖曲线的顶部或凹形竖曲线的底部，不宜同反向平曲线的拐点重合。

(7) 复曲线、S形曲线中的左转圆曲线不设超高时，应采用运行速度对其安全性予以验算。

(8) 避免在长下坡路段、直线路段或大半径圆曲线路段的末端接小半径圆曲线的组合。

(9) 设计速度大于或等于 60km/h 的公路，应注重路线平、纵线型组合设计。设计速度等于或小于 40km/h 的公路，可参照执行。

公路与景观如何配合?

经过人们多年来的摸索与总结，对公路与周围景物的协调配合有了一些较为新颖的理念。

(一) 维护自然的“势”

自然界存在不同“势”的走向和延续。山脉以其固有走势连绵起伏，河流蜿蜒曲折流淌不止，不同的物种群落层峦迭出、绵延无尽。维护自然环境“势”的延续，要求公路线型和结构物的布设应该尽可能避免切割这种势的走向和延续，保持自然景观的完整性，减少对生态环境的破坏以及对地形、地貌的自然性和稳定性的影响。从特定角度来看，公路已不是设计的主体，公路所处的自然和社会环境成为控制设计的主要因素，公路只是其中的一个影响因子。公路建设离不开环境与资源的支持，同时又对环境产生一定负面影响。“不破坏是最大的保护”就是维护自然界“势”的延续这一主题，体现自然性和经济性的和谐统一。

自然性是指，设计中以追求自然、顺应自然为主要目的，不应耗费大量的人力、物力和财力去追求人造景观；人工构造物的设置应尽可能少，能不用混凝土圬工就不用混凝土圬工，能够以植被加以修饰就以植被加以修饰。造型再别致、图案再美丽、色彩再绚丽的人工构造物也不如原始的自然风貌与自然界环境的浑然一体。公路沿线的景观资源赋予了公路丰富的文化内涵，是公路重要的和特殊的审美主题，当这一切在筑路机械的车轮下“消失”时，重建的人造景点和丧失活力的“宏伟工程”将显得毫无生机和灵气。

经济性是指，随着公路建设向山区推进，挡防工程的设置越来越多，其占造价的比重也越来越大，而且若选线不当，即使设置了较多挡防工程，后期仍存在较大地质安全隐患。因此，一方面，采用自然性的设计是以环保工程置换出一般来说对投资和安全影响更大的挡防工程，建设成本很难说一定增加；另一方面，采用自然性的设计即使加大了初期建设成本，但后期减少的管理养护费用、病害处治费用也相当可观，而且减少对自然和社会环境破坏所产生的效益，很难用经济指标来衡量。

“不破坏是最大的保护”要求在设计上最大限度地保护生态环境，在施工中最小程度地破坏和最大限度地恢复生态环境。把工程防护与生态防护结合起来，把设计作为改善环境的促进因素，摒弃先破坏、后恢复的陋习，实现环境保护与公路建设并举、公路发展与自然环境相和谐。

维护“势”的延续，重点要处理好线型与地形、城镇、河流、景区之间的关系。公路线型的布设，尽可能少破坏周围的地形、地貌、天然树木、建筑物等，布线应尽可能避开大型建筑物、城镇、民居、高山、峡谷等，避免高填深挖，设计出与地貌和环境相适应、顺应地形的优美线型。

目前，由于预留横跨通道太多等种种原因，我国已建成和在建的高速公路填土高度始终降不下来，平原区的高速公路宛如一条土堆的“长城”，在自然地形中显著突出，阻隔着人们的视线，破坏了自然地形地物，影响自然景观。

（二）营造“动”感氛围

公路景观以动态景观为主。车辆在公路上行驶和移动，包括地形、地物、不同种群地表植被等在内的公路外部环境都在不断变化，也就是说，公路外部环境的形态、质地和色彩都在不断变化。营造公路“动”感行驶氛围，要求公路自身线型的变化，结构物的形态、质地和色彩的变化，绿化方式的选择等都应充分配合这种外部环境的变化，以自然的、渐进的、连续的手法来实现。

1. 营造“动”感氛围，首先要进行景观筛选

设计者应根据景观因子的性质和要求，明确哪些景观应予以避让和保护，哪些景观可予以改造，哪些景观可予以开发和利用，哪些景观应进行设计和创造。当地形和原有植被形成有吸引力的景观空间时，公路选线应予以保留；当公路必须穿过森林、绿地时，应利用曲线予以避让，避免生硬的直线线型对森林造成切割；应该充分利用沿途有特色的孤树、独立山丘、瀑布、古建筑等独立景观点作为主导建筑；当公路绕避景观区域或独立景点时，宜将景观置于曲线内侧。

2. 营造“动”感氛围，最重要的一点是组织艺术

组织艺术，也就是把各种景观要素艺术地、有层次地组织进来，使之适合于人们平素的

节奏流动变化，从而使人们体验到舒适、愉快的美感。这就要求，把线型选择的重点放到公路所经地区的视觉质量上，使区域景观特征能够充分地展示出来，把最好的景观呈现给使用者；线型布设有利于显示景观、浮现景观等一连串事物的艺术编排，让景观出现的次序不再是随机组合，将无序的因素组织成有情感的、层次清晰的环境，将欣赏景观的人带到最好的景观序列当中。

3. 营造“动”感氛围，路线线型要富于变化

公路线型的变化对于引导乘客的视线起着举足轻重的作用。车辆在公路上行驶，驾驶人和乘客的注意力被前方和路侧的景观所吸引，两侧飞逝变幻的景观使旅途充满着激情，心中涌动着一种不断向前，寻求奇异景观的渴望。“从生理学意义上讲，克服单调就意味着刺激驾驶人和乘客的视神经，把注意力集中在近处或远处的目标，使眼睛上下左右不断移动，扫描整个区域而不是固定注视前方直至无限远的地方”。所以路线线型不断变化的公路通常比笔直的公路更引人入胜。在笔直的公路上前进，乘客的视线始终保持着同一方向，时间一长，就容易造成视觉的疲劳。提供适度比例的平曲线，则能有效地克服这一弱点。每走一步，使得视线的方向发生变化，从而丰富乘客的体验。不仅公路的平曲线能起到改变乘客视线的作用，其竖曲线也具有同样的作用。上坡和下坡这两个不同过程，乘客的视野是完全不同的。在上坡的后半程中，由于乘客处于相对较高的位置，因此视野较为开阔；相反，在下坡的后半程中，乘客有如置身于盆地的底部，视野受到很大的局限。

4. 营造“动”感氛围，还要处理好乘客与景观的位置关系

游人相对于周围景观所处的位置是影响视线、视野的重要因素。当游人视点相对于周围景观较高时，即通常所指的位于山顶等居高临下的位置时，拥有最大的远眺机会，可以领略景观的整体气势，因此是最为理想的欣赏景观点；当游人的视点和周围景观处于相同的高度，也就是通常所指的平视时，乘客一般能够拥有较为开阔的视野，观察到更多的景观细节；最后一种情况就是乘客的视点明显低于周围景观的位置，也就是通常所谓的仰视，这种视点导致乘客的视野非常郁闭，欣赏周围景物存在困难，获得的视觉信息量最为有限。乘客和周围景观这三种相对位置的关系，很大程度上取决于线型和沿线的地形地貌的配合。公路若经过平原，乘客的视线势必是平视的，视野则是开阔的、发散的；若经过的是高山峡谷区，当到达谷底时，视线将变成仰视，视野就会显得狭窄和封闭，当到达山顶时，视线则会变成俯视，视野将显得开阔。虽然这三种截然不同的位置在观赏的难易程度、获取的信息量等方面存在着差异，但如果能在公路规划设计过程中，有效地结合沿线的地形地貌，合理地安排这三种位置关系，则会大大的丰富乘客整个行程中的视觉体验。

5. 营造“动”感氛围，也要注意动静结合

动静结合就是要处理好景观特色带、景观过渡带的关系。公路景观是一种序列性景观，这些景观序列可以划分为景观特色带和景观过渡带。公路景观的特色带（也就是景观同质带）通常是指公路所经过的具有同类景观资源的地理区域，它是进行公路景观研究的一个基本单位，是公路景观设计中体现控制原则的最基本单元，也是“动”感氛围的主要提供者；公路景观过渡带则是指公路景观序列中景观价值较低，特色不够鲜明的区域。公路旅行通常是一个漫长的旅程，乘客不可能每时每刻处于兴奋状态。景观过渡带作为一种调剂，在整个公路景观中起到舒缓和松弛乘客心情的作用。就乘客的视觉感受而言，和景观特色带所带来的刺激和紧张感形成鲜明的对比，景观过渡带是一个休息的过程，如果景观特色带的变换过

于频繁，沿路景观就会因为刺激太多而显得过于目不暇接而造成混乱，导致乘客视觉的过度疲劳。因此，景观过渡带和景观特色带之间以合适的比例相互配合，才能形成有张有弛的景观节奏，创造真正宜人的公路景观。

任务五 纵断面设计

一、纵断面线型设计的一般规定与要求

（一）一般规定

（1）纵面线型应平顺、圆滑、视觉连续，并与地形相适应，与周围环境相协调。

（2）纵坡设计应考虑填挖平衡，并利用挖方就近作为填方，以减轻对自然地面横坡与环境的影响。

（3）相邻纵坡之代数差小时，应采用大的竖曲线半径。

（4）连续设置长、陡纵坡的路段，除上坡方向宜满足通行能力的要求外，还应考虑下坡方向的行驶安全，并应结合前后路段各技术指标设置情况，采用运行速度对连续上坡方向的通行能力与下坡方向的行车安全进行检验。

（5）路线交叉处前后的纵坡应平缓。

（6）位于积雪或冰冻地区的公路（冬季交通可中断的路段除外），应避免采用陡坡。

（二）纵坡值的运用

（1）纵断面线型设计时，宜充分结合沿线地形等条件，采用较为平缓的纵坡，但最小纵坡不宜小于0.3%。对于采用平坡（0%）或小于0.3%的纵坡路段，应作专门的排水设计。

（2）纵坡设计时，宜兼顾考虑平面线型和指标，综合确定坡度的大小、坡长和坡度区间的起终点位置。

（3）各级公路应避免采用最大纵坡值和不同纵坡最大坡长值，只有在为争取高度利用有利地形，或避开工程艰巨地段等不得已时，方可采用。

（三）纵坡设计要求

（1）平原地形的纵坡应均匀、平缓。

（2）丘陵地区的纵坡应避免过分迁就地形而起伏过大。

（3）越岭线的纵坡应力求均匀，不应采用最大值或接近最大值的坡度，更不宜连续采用不同纵坡最大坡长值的陡坡夹短距离缓坡的纵坡线型。

（4）山脊线和山腰线除结合地形不得已时采用较大的纵坡外，在可能条件下应采用平缓的纵坡。

（四）竖曲线设计要求

（1）设计速度大于或等于60km/h的公路，竖曲线设计宜采用长的竖曲线和长直线坡段的组合。有条件时宜采用大于或等于表2-8所列视觉所需要的竖曲线半径值。

表2-8 视觉所需要的最小竖曲线半径值

设计速度（km/h）	竖曲线半径（m）		设计速度（km/h）	竖曲线半径（m）	
	凸形	凹形		凸形	凹形
120	20000	12000	80	12000	8000
100	16000	10000	60	9000	6000

(2) 竖曲线应选用较大的半径。当条件受限制时，宜采用大于或接近于竖曲线最小半径的“一般值”；地形条件特殊时，方可采用竖曲线最小半径的“极限值”。

(3) 同向竖曲线间，特别是同向凹形竖曲线之间，如直线坡段接近或达到最小坡长时，宜合并设置为单曲线或复曲线。

(4) 同一个平曲线内，特别是直线段内，不宜使用反复凸、凹变化的纵面线型；不可避免时，可通过平面线型变化来满足视觉的要求。

(5) 双车道公路在有超车需求的路段，应考虑超车视距要求，采用较大的竖曲线半径。

二、纵断面设计的方法和步骤

路线纵断面设计主要是指纵坡设计和竖曲线设计。由于公路路线是一条空间带状曲线，路线的平面、纵断面和横断面相互影响，因而在纵断面设计之前的选（定）线阶段，设计人员实际上已对纵坡设计的部分内容进行过考虑，在室内进行纵断面设计时，设计人员一般要根据实地选（定）线时的意图，以及桥涵、地质等方面对路线纵断面设计的要求，综合考虑工程技术与工程经济因素，定出路线的纵坡，再选择合适的竖曲线半径，最后才计算出各桩号的设计标高和填挖值。

因为纵断面设计线是由坡度线和竖曲线构成，因此在设计纵断面设计线时，首先应确定设计坡度线，包括变坡点的位置（即里程桩号）、变坡点的高程以及变坡点相邻两侧的纵坡大小。确定纵断面设计坡度线的过程称为拉坡。拉坡是关键的步骤，它涉及行车的安全、经济、舒适、迅速和美观，同时还影响到将来横断面的设计以及整个道路线型协调的问题，因此要综合考虑各种因素才能确定。一般至少要考虑符合技术标准、安全舒适、工程经济、自然条件、平纵组合、高程配合、景观协调和环境保护八个方面的原则，每个方面中又根据情况着重考虑多方面的问题。此处不再赘述。

纵断面设计其方法和步骤可归纳为以下几点。

(一) 拉坡前的准备工作

内业设计人员在熟悉有关设计标准的基础上，首先在纵断面图上点绘出每个中桩的位置、平曲线示意图（弯道起、讫点位置和平曲线半径等），写出每个中桩的地面标高，并绘出地面线。

(二) 标注控制点位置

所谓控制点，是指影响路线纵坡设计的高程控制点，如路线起、讫点的接线标高，越岭垭口、大中桥涵、地质不良地段的最小填土高度和最大挖方深度，沿溪线的洪水位，隧道进、出口，路线交叉点，重要城镇通过点，以及其他路线高程必须通过的控制点位等，都应作为纵断面设计的控制依据。

此外，对于山区公路，还有根据路基填挖平衡要求来选择控制路中心处填挖值的高程点，称之为“经济控制点”，如图 2-11 所示。其含义是：如果纵坡设计线刚好通过该点，则在相应的横断面上将形成填挖面积大致相等的纵坡设计，此时最为经济。

“经济点”通常可用路基断面透明模板在绘有地面线的横断面图上确定出来。图 2-12 所示为这种自制“路基断面透明模板”的样式。

“模板”可用透明描图纸或透明胶片制成。其上按横断面测图的比例绘出路基宽度 B（挖方地段还要包括两侧边沟所占宽度）和各种不同坡度的边坡线。使用时将“模板”扣在有关中桩的横断面上，使两者的中线重合，然后上下移动“模板”，直到能使填、挖面积大致相等时，则停止移动。此时“模板”上的路基顶面与该中桩的地面高之间的差值就是经济填、挖值，再将此差值的大小按比例点绘到纵断面图的相应中桩位置上，即为该断面经济点的位置。

(三) 试坡

试坡主要是在已标出“控制点”和“经济点”的纵断面图上，根据技术标准、选线意图，结合地面起伏情况，本着以“控制点”为依据，照顾多数“经济点”的原则，在这些点位间进行穿插和裁弯取直，试定出若干坡度线。经过对各种可能的坡度线方案进行反复比较，最后选出既符合技术标准，又能满足控制点要求，而且土石方数量较省的设计线作为初定坡度线，再将前后坡度线延长交会，即可定出各变坡点的初步位置。

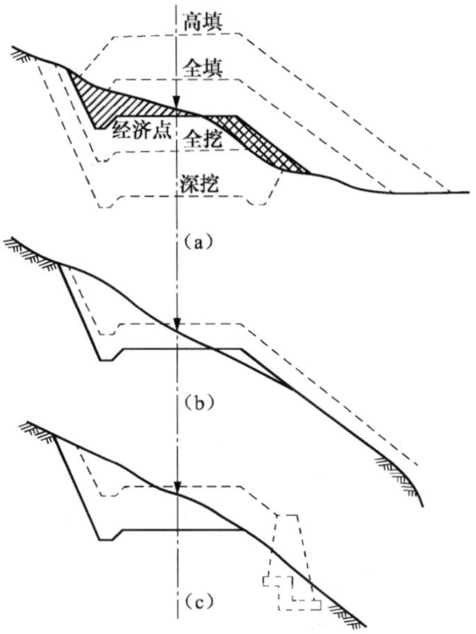

图 2-11　横断面上的经济点

(a) 半填半挖；(b) 多挖少填；(c) 全挖路基

(四) 调整

试定纵坡后，首先将所定的坡度与选定线时考虑的坡度进行比较，两者应基本符合。若有较大差异，则应全面分析，找出原因，然后对照《公路工程技术标准》检查设计的最大纵坡、合成坡度、坡长限制等是否超过规定限值，以及平面线型与纵面线型的配合是否适宜等。若发现有问题，应立即调整。调整时应以少脱离控制点、少变动填挖值为原则，以使调整后的纵坡与试定纵坡变化不太大。

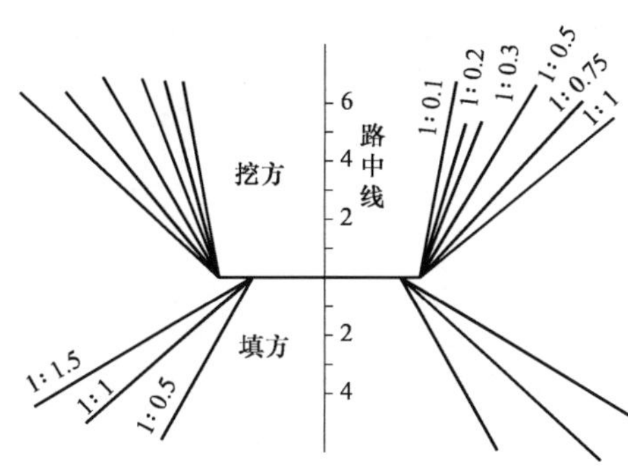

图 2-12　路基断面透明模板

(五) 核对

根据调整后的坡度线，选择有控制意义的重点横断面，如高填深挖、陡峭山坡路基、挡土墙、重要桥涵等断面，在纵断面图上直接读出对应中桩的填（挖）高度，然后按该填（挖）值用“模板”在横断面图上“戴帽子”。检查是否有填挖过大、坡脚落空或挡土墙工程过大等情况。若有问题，应及时调整纵坡。对横坡陡峻地段的核对尤为重要。

(六) 定坡

纵坡设计在经调整核对无误后即可定坡。所谓定坡，就是逐段把坡度线的坡度值、变坡点位置（桩号）和高程确定下来。变坡点一般要调整到 10m 整桩位上，变坡点的高程则是根据坡度、坡长依次计算确定的。

设计纵坡时还应注意以下几点。

(1) 在回头曲线路段，路线纵坡有特殊规定，因此应先定出回头曲线部分的纵坡，然后再从两端接坡。同时应注意在回头曲线地段不宜设竖曲线。

(2) 大、中桥上一般不宜设置竖曲线，桥头两端在不得已设置竖曲线时，其起、终点应设在距桥头 10m 以外，如图 2-13 所示。

(3) 小桥涵允许设在斜坡路段或竖曲线上，但为了保证路线的平顺性，应尽量避免在小桥涵处出现急变的“驼峰式”纵坡，如图 2-14 所示。

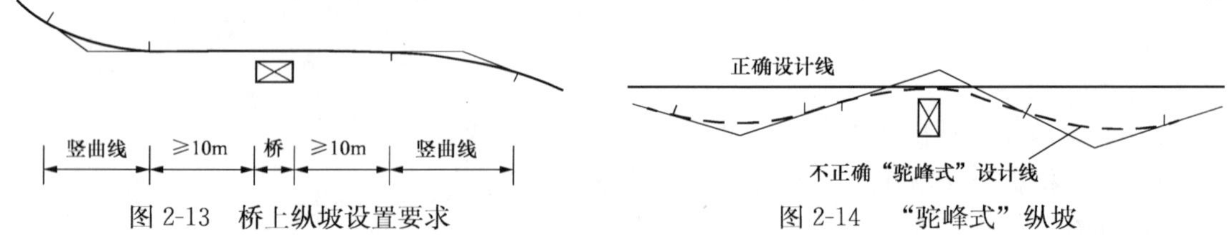

图 2-13 桥上纵坡设置要求

图 2-14 “驼峰式”纵坡

(4) 纵坡设计应注意交叉口处的纵坡衔接。公路与公路平面交叉，一般宜设在水平坡段，水平坡度最小长度应不小于《公路工程技术标准》规定，紧接水平坡段的纵坡应不大于3%，山区工程艰巨地段应不大于 5%。

(七) 竖曲线设计

坡度线确定后，可按竖曲线的设计方法在变坡点出确定竖曲线半径，计算曲线要素。

(八) 高程计算

坡度线上的高程按下式计算

$$\text{坡线高程} = \text{变坡点高程} \pm x \cdot i$$

竖曲线上的高程计算参考竖曲线设计方法。

三、纵断面图的绘制

路线纵断面图可以看成由两部分组成：一是图的上半部，二是图的下半部。上半部主要用来绘制地面线和纵坡设计线，下半部主要用来填写有关数据；自下而上分别包括如下内容：

(1) 直线与平曲线；

(2) 里程及桩号；

(3) 地面标高；

(4) 设计标高；

(5) 填挖高度值；

(6) 坡度/坡长；

(7) 土壤地质说明等。

此外，在纵断面图上应将下列内容在适当的位置绘制出来：

(1) 竖曲线位置及其要素；

(2) 设计排水沟的布置及其长度、坡度、流水方向；

(3) 沿线桥涵及人工构造物的位置、结构类型及孔径；

(4) 与公路、铁路交叉的桩号及路名；

(5) 沿线跨越的河流名称、位置、现有水位及最高洪水位；

(6) 水准点位置、编号和高程；

(7) 断链桩位置、桩号及长短链关系等。

纵断面图实例

见图 2-15。

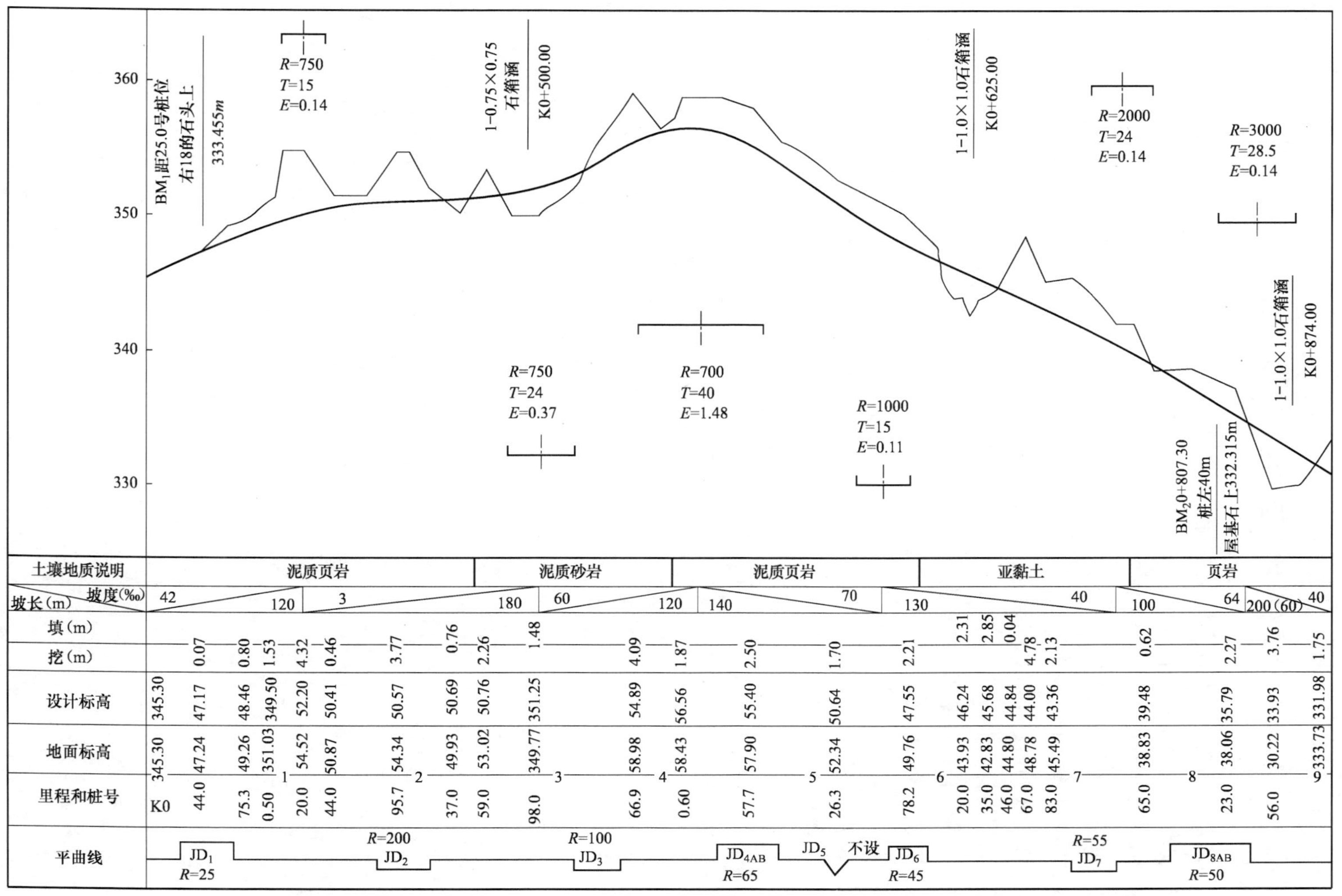

图 2-15　公路路线纵断面图

思 考 题

2-1 何谓纵断面？纵断面图的基本要素是什么？

2-2 如何确定路基设计标高？

2-3 对坡度和坡长设计有何要求？

2-4 如何定义合成坡度？

2-5 如何计算竖曲线要素？

2-6 竖曲线的最小半径如何确定？

2-7 如何设计竖曲线？

2-8 平纵组合设计基本原则是什么？

2-9 纵断面设计的步骤是什么？

学习情境三　横 断 面 设 计

道路横断面是中线上各点的法向切面，其范围包括路面、路基（边坡）、路肩、中央分隔带、人行道以及在用地范围内设置的标志、照明灯柱、防护栅和专门设计的取土坑、弃土堆、边沟、植树等的整个断面。

道路横断面设计，应根据其交通性质、交通量（包括人流量）、行车速度，结合地形、气候、土壤等条件进行道路车行道、中央分隔带、人行道、路肩等的布置，以确定其横向几何尺寸，并进行必要的结构设计以保证它们的强度和稳定性。

任务一　认 识 横 断 面

一、公路路基横断面组成

公路路基顶面两路肩外侧边缘之间的部分称为路幅。等级高、交通量大的公路（如高速公路，一级公路），通常是将上、下行车辆分开。分隔的方式有两种：一种是用分隔带分隔，另一种是将上、下行车道放在不同的平面上加以分隔。前者称作整体式断面，后者称作分离式断面。

高速公路、一级公路的路基标准横断面分为整体式路基和分离式路基两类。整体式路基的标准横断面应由车道、中间带（中央分隔带、左侧路缘带）、路肩（右侧硬路肩、土路肩）等部分组成。分离式路基的标准横断面应由车道、路肩（右侧硬路肩、左侧硬路肩、土路肩）等部分组成。双向十车道及以上车道数的高速公路宜采用内、外幅路基分离的复合式路基横断面形式。内幅宜以过境交通或小型车辆交通为主，外幅以通行区域交通或大型货运车辆为主，且内、外幅两侧均应设置路肩和隔离防护设施。二级公路、三级公路、四级公路应采用整体式路基断面形式。二级公路路基的标准横断面应由车道、路肩（右侧硬路肩、土路肩）等部分组成。三级公路、四级公路路基的标准横断面应由车道、路肩等部分组成。

在穿越城镇路段，路基标准横断面应包括根据需要设置的侧分隔带、非机动车道和人行道等部分。

公路路基横断面形式应根据公路功能、交通量和地形等条件确定。

（1）车道：专为纵向排列、安全舒适的通行车辆为目的而设置的公路带状部分。

（2）路肩：位于行车道外缘至路基边缘，具有一定宽度的带状结构部分。

（3）边坡：为保证路基稳定，在路基两侧做成的具有一定坡度的坡面。

（4）边沟：为汇集和排除路面、路肩及边坡的流水，在路基两侧设置的纵向水沟。

（5）中间带：高速公路及一级公路用于分隔对向车辆的路幅组成部分，通常设于车道中间。

各级公路横断面组成如图 3-1 所示。图 3-2 所示为路基横断面的主要构成。

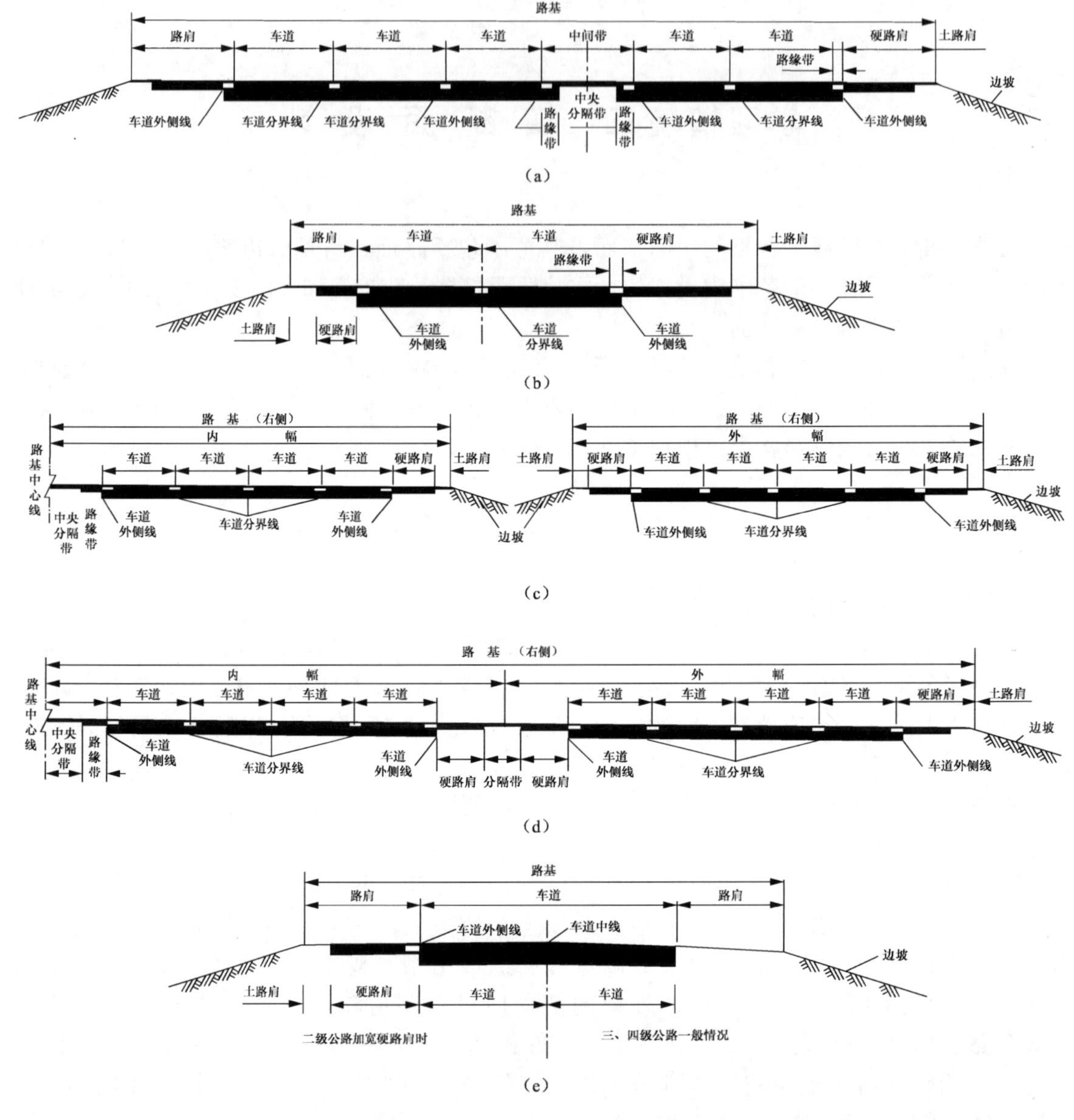

图 3-1 各级公路横断面组成示意图

(a) 高速公路、一级公路整体式横断面形式；(b) 高速公路、一级公路分离式横断面形式；
(c) 高速公路复合式断面形式（内、外幅路基分离式）；(d) 高速公路复合式断面形式（内、外幅路基整体式）；
(c) 二、三、四级公路典型横断面形式

(6) 护坡道：当路堤较高时，为保证边坡稳定，在取土坑与坡脚之间，沿原地面纵向保留的有一定宽度的平台。

(7) 碎落台：在路堑边坡坡脚与边沟外侧边缘之间或边坡上，为防止碎落物落入边沟而设置的有一定宽度的纵向平台。

(8) 截水沟：为拦截山坡上流向路基的水，在路堑坡顶以外设置的水沟。

(9) 爬坡车道：设置在高速公路、一级公路、二级公路的连续上坡路段，供慢速上坡车辆行驶用的车道。

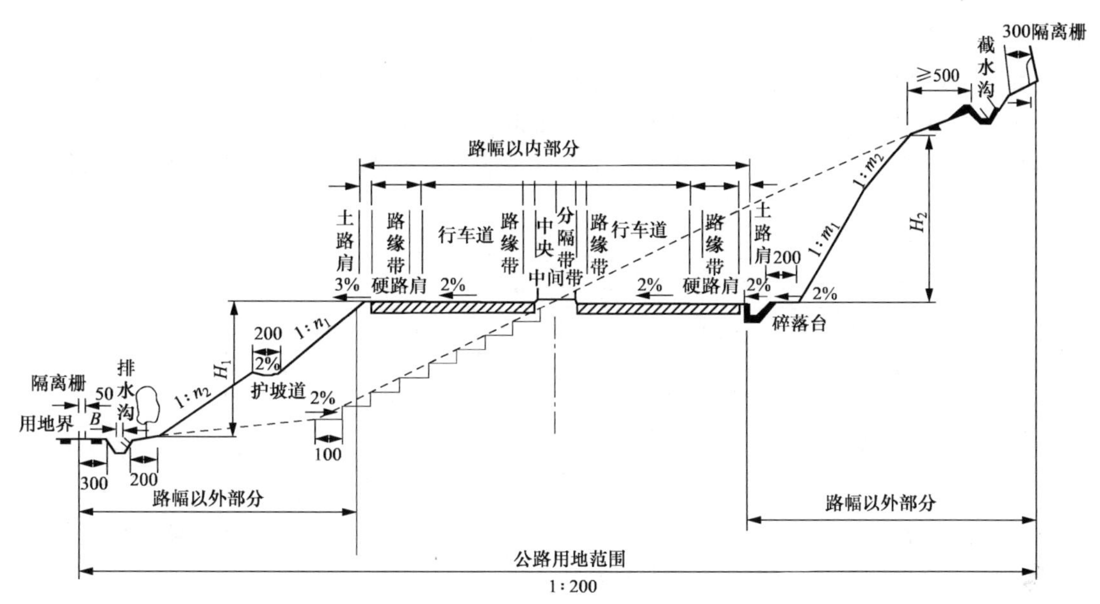

图 3-2 公路横断面主要构成

(10) 加减速车道：在高速公路、一级公路的互通式立体交叉、服务区等与主线相衔接处设置的，供车辆驶入（离）高速车流之前（后）加速（减速）用的车道。

(11) 错车道：在四级公路单车道道路上，当采用 4.5m 的单车道路基时，在适当的可通视的一定距离内，供车辆交错避让用的一段加宽车道。

(12) 紧急停车带：高速公路和作为干线的一级公路右侧硬路肩宽度小于 2.50m 时，应设置紧急停车带，供车辆临时停靠。

紧急停车带宽度应为 3.50m，有效长度不应小于 40m，间距不宜大于 500m，前后设置 100m 和 150m 左右的过渡段。

(13) 避险车道：在连续长、陡下坡路段，为确保行车安全，在适当地点设置的供制动失效车辆驶离车道、强制减速、自救的专用车道。

避险车道应结合交通安全评价，论证是否需要设置以及设置的位置。设置位置应与主线保持适度的驶离角度，并应修建在主线车辆不能安全转弯的主线弯道之前以及坡底人口密集区之前。避险车道宽度不应小于 4.5m。

什么是爬坡车道?

为了在长陡路段上，将大型车、慢速车从主线车流中分离出去，从而提高主线车辆的行驶自由程度，以增加该路段的通行能力而设置的附加车道，称为爬坡车道。

高速公路、一级公路纵坡大于 4%的路段当载重车混入率较大时，为了使小汽车尽量取得所要达到的车速，不影响通行能力，或为了不违反坡长限制规定，路线要做大的迂回或必须高填深挖时，沿上坡方向设爬坡车道作为附加车道是适宜的。在设计中，对需设置爬坡车道的路段，应对设置爬坡车道方案与改善主线纵坡（即降缓纵坡）不设爬坡车道的方案进行技术经济比选，以确定经济、合理的方案。但根本解决问题还在于选线时综合研究以选择纵坡较小而经济的路线。

我国《公路路线设计规范》规定：高速公路、四车道一级公路以及二级公路连续上坡路段，符合下列情况之一者，宜在上坡方向行车道右侧设置爬坡车道。

（1）沿上坡方向载重汽车的行驶速度降低到表 3-1 的容许最低速度以下时，可设置爬坡车道。

表 3-1　　上坡方向容许最低速度

设计速度（km/h）	120	100	80	60	40
容许最低速度（km/h）	60	55	50	40	25

（2）单一坡长超过最大坡长的规定、且上坡路段的设计通行能力小于设计小时交通量时，应设置爬坡车道。

（3）经设置爬坡车道与改善主线纵坡不设爬坡车道技术经济比较论证，设置爬坡车道的效益费用比、行车安全性较优时，应设置爬坡车道。

隧道、大桥、高架构造物及深挖方路段，当因设置爬坡车道使工程费用增加很大时，爬坡车道可以不设；对双向六车道以上的高速公路可不另设爬坡车道，将外侧车道作为爬坡车道使用。爬坡车道的曲线加宽与行车道曲线加宽相同。长而连续的爬坡车道，其右侧应按规定设置紧急停车带。

高速公路、一级公路以及二级公路在连续上坡路段设置爬坡车道时，其宽度不应小于 3.50m，且不大于 4.0m。高速公路、一级公路的爬坡车道应紧靠车道的外侧设置，可利用硬路肩宽度，爬坡车道的外侧应设置路缘带和土路肩。二级公路的爬坡车道应紧靠车道的外侧设置，可利用硬路肩宽度。当需保留原来供非汽车交通行驶的硬路肩时，该部分应移至爬坡车道的外侧。爬坡车道的横断面布置见图 3-3。

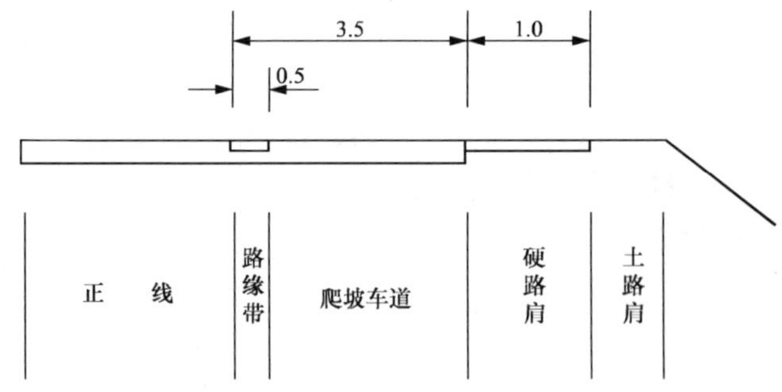

图 3-3　爬坡车道横断面组成（单位：m）

爬坡车道的超高值规定见表 3-2。超高坡度的旋转轴为爬坡车道内侧边缘线。爬坡车道的起点，应设于陡坡路段上载重汽车运行速度降低至表 3-1 中“容许最低速度”处。爬坡车道的终点，应设于载重汽车爬经陡坡路段后恢复至“容许最低速度”处，或陡坡路段后延伸的附加长度的端部。该陡坡路段后延伸的附加长度规定如表 3-3 所示。相邻两爬坡车道相距较近时，宜将两爬坡车道直接相连。爬坡车道起终点处应设置分流、汇流渐变段，其长度规定如表 3-4 所示。

表 3-2　　爬坡车道的超高值

主线的超高坡度（%）	10	9	8	7	6	5	4	3	2
爬坡车道超高坡度（%）	5		4					3	2

表 3-3　　陡坡路段后延伸的附加长度

附加段的纵坡（%）	下坡	平坡	上坡			
			0.5	1.0	1.5	2.0
附加长度（m）	100	150	200	250	300	350

表 3-4　　爬坡车道分流、汇流渐变段长度

公路等级	分流渐变段长度（m）	汇流渐变段长度（m）
高速公路、一级公路	100	150～200
二级公路	50	90

什么是错车道?

错车道是四级公路采用 4.5m 单车道路基时，为错车而在适当距离内设置的加宽车道。

错车道应在不大于 300m 的距离内选择有利地点，并使驾驶员能看到相邻两错车道间驶来的车辆。设置错车道路段的路基宽度不小于双车道的路基宽度，有效长度不小于 20m。为了便于错车车辆的驶入，在错车道的两端应设不小于 10m 的过渡段，如图 3-4 所示。有效长度至少能容纳一辆挂车的长度。

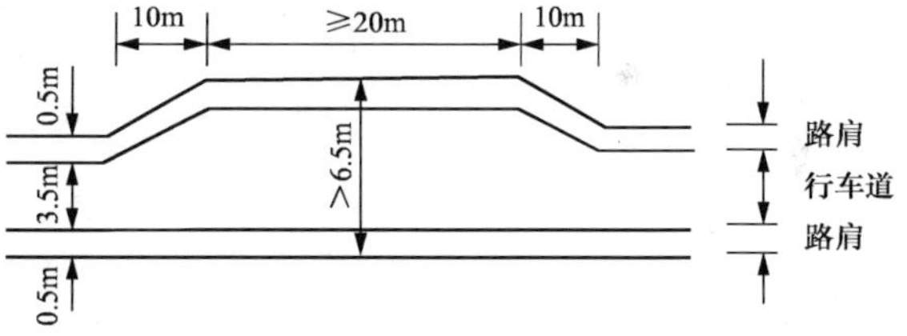

图 3-4　错车道的平面布置

错车道的间距是根据错车时间、视距、交通量等情况而决定的，如果间距过长，错车时间长，通行能力就会下降。我国标准未做硬性规定，只规定要结合地形等情况，在适当距离内，即能看到相邻两个错车道的有利地点设置。

知识延伸

什么是货车下坡专用车道?

当高速公路和一级公路的连续纵坡路段的平均纵坡坡度或坡长超过表 3-5 的规定时，可视为连续长陡纵坡。对连续长陡纵坡路段的通行能力应进行验算分析，进行交通安全性评价，并依据分析和评价结论，优化几何线型设计、完善交通工程和安全设施，提出路段速度控制和通行管理方案。（必要时，应在连续长陡纵坡的起点或中部位置设置货车强制停车区。强制停车区宜与服务区等合并设置。）

表 3-5 连续长陡纵坡界定指标

平均坡度（%）	2.5	3.0	3.5	4.0	4.5	5.0	5.5	6.0
连续坡长（km）	20.0	14.8	9.3	6.8	5.4	4.4	3.8	3.3
相对高差（m）	500	450	330	270	240	220	210	200

双向四车道和六车道高速公路、一级公路的连续长陡下坡路段，符合下列情况时应在行车道外侧平行设置专供大型货车慢速下坡的专用车道：

（1）连续纵坡路段的坡度或坡长超过表 3-5 时。

（2）双向四车道且货车比例较高时（超过 40%）。

（3）路段交通安全性评价认为需要设置时。

货车下坡专用车道的宽度、纵坡、超高等指标均等同于正常行车道。货车下坡专用车道的起点应设置在连续长陡下坡路段的起点位置，终点应设置在连续下坡终点位置之后。起、终点处应设置分流、汇流渐变段，渐变段长度不应小于 150m。

二、车道

公路的最基本元素是车道。车道宽度直接影响道路的通行能力、行车速度、行车安全、工程造价等。车道宽度必须有能满足对向车辆错车、超车或并列行驶以及车辆与路肩之间所必需的余宽。

路面宽度主要决定于车道数和每一车道的宽度，而车道数则依远景年的设计小时交通量和一条车道的设计通行能力而定。即

$$车道数=\frac{远景年单向设计小时交通量}{每一车道的设计通行能力}\times 2$$

《公路工程技术标准》规定的各级公路车道数见表 3-6 所示。高速和一级公路各路段车道数应根据设计交通量、设计通行能力确定，当车道数增加时应按双数、双侧对称增加。

表 3-6 车道数

公路等级	高速、一级公路	二级公路	三级公路	四级公路
车道数	≥4	2	2	2 或 1

车道是指专为纵向排列、安全顺适地通行车辆为目的而设置的公路带状部分。所谓车道宽度是为了保障车辆安全、顺适通行而研究确定的车道几何宽度（值）。

车道宽度是根据设计车辆的最大宽度，加上错车、超车所必需的余宽确定的。车道宽度应该满足设计车辆正常安全行驶的需要。对于双车道公路，车道宽度应满足错车、超车行驶所必需的余宽。对于四车道及以上公路，车道宽度应满足车辆并列行驶所需的宽度。

车道宽度与公路设计速度相关，速度越高则需要的宽度越大（主要是需要的侧向余宽越大）。据调查，世界各国相同设计速度的车道宽度基本是一致的。对于高速公路，日本等少数国家的车道宽度略窄于我国高速公路的宽度（3.75m）。考虑到我国高速公路货运车辆占比高、车型复杂等实际情况，我国高速公路的车道宽度仍采用 3.75m。

我国《公路工程技术标准》规定的不同设计速度下车道宽度列于表 3-7 所示。

表 3-7　**车道宽度**

设计速度（km/h）	120	100	80	60	40	30	20
车道宽度（m）	3.75	3.75	3.75	3.50	3.50	3.25	3.00（单车道时为 3.50）

八车道及以上公路在内侧车道（内侧第 1、2 车道），当设置左侧硬路肩时，内侧车道宽度可采用 3.50m。以通行中小型客运车辆为主且设计速度为 80km/h 及以上的公路，经论证车道宽度可采用 3.5m。四级公路采用单车道时，车道宽度应采用 3.5m。设置慢车道的二级公路，慢车道宽度应采用 3.5m。需要设置非机动车道和人行道的公路，非机动车道和人行道的宽度，宜视实际情况确定。

三、路肩

各级公路都要设置路肩。路肩的作用如下。

（1）由于路肩紧靠在路面的两侧设置，具有保护及支撑路面结构的作用。

（2）供发生故障的车辆临时停放之用，有利于防止交通事故和避免交通紊乱。

（3）作为侧向余宽的一部分，能增进驾驶的安全和舒适感，这对保证设计速度是必要的，尤其在挖方路段，还可以增加弯道视距，减小行车事故。

（4）提供道路养护作业、埋设地下管线的场地。对未设人行道的道路，可供行人及非机动车等使用。

（5）精心养护的路肩，能增加公路的美观。

根据上述路肩之功能，从构造上又可分为硬路肩、土路肩。硬路肩是指进行了铺装的路肩，它可以承受汽车荷载的作用力，在混合交通的公路上便于非机动车、行人通行。在填方路段，为使路肩能汇集路面积水，在路肩边缘应设置缘石。土路肩是指不加铺装的土质路肩，它起保护路面和路基的作用，并提供侧向余宽。

各级公路的路肩宽度应符合表 3-8 的规定。

表 3-8　**路肩宽度**

公路等级（功能）		高速公路			一级公路（干线功能）	
设计速度（km/h）		120	100	80	100	80
右侧硬路肩宽度（m）	一般值	3.00（2.50）	3.00（2.50）	3.00（2.50）	3.00（2.50）	3.00（2.50）
	最小值	1.50	1.50	1.50	1.50	1.50
土路肩宽度（m）	一般值	0.75	0.75	0.75	0.75	0.75
	最小值	0.75	0.75	0.75	0.75	0.75
公路等级（功能）		一级公路（集散功能）和二级公路		三级公路、四级公路		
设计速度（km/h）		80	60	40	30	20
右侧硬路肩宽度（m）	一般值	1.50	0.75	—	—	—
	最小值	0.75	0.25			
土路肩宽度（m）	一般值	0.75	0.75	0.75	0.50	0.25（双车道） 0.50（单车道）
	最小值	0.25	0.25			

注　1. 正常情况下，应采用“一般值”；在设爬坡车道、变速车道及超车道路段，受地形、地物等条件限制路段及多车道公路特大桥，可论证采用“最小值”。

2. 高速公路和作为干线的一级公路以通行小客车为主时，右侧硬路肩宽度可采用括号内数值。

高速公路、一级公路应在右侧硬路肩宽度内设右侧路缘带，其宽度为 0.50m。二级公路的硬路肩可供非汽车交通使用。非汽车交通量较大的路段，亦可采用全铺的方式，以充分利用。二级公路、三级公路、四级公路在路肩上设置的标志、防护设施等不得侵入公路建筑界限，否则应加宽路肩。

高速公路、一级公路采用分离式断面时，应设置左侧硬路肩，其宽度不应小于表 3-9 的规定值。左侧硬路肩宽度包括左侧路缘带宽度。八车道及以上高速公路宜设置左侧硬路肩，其宽度不应小于 2.50m。左侧硬路肩宽度内含左侧路缘带宽度。

表 3-9　　分离式断面高速公路和一级公路左侧路肩宽度

设计速度（km/h）	120	100	80	60
左侧硬路肩宽度（m）	1.25	1.00	0.75	0.75
左侧土路肩宽度（m）	0.75	0.75	0.75	0.50

为便于排水，路肩也需要设置一定的横坡度。《公路路线设计规范》对路肩横坡的设置有如下规定：

直线路段的硬路肩应设置向外倾斜的横坡，其坡度值应与车道横坡值相同。路线纵坡平缓，且设置拦水带时，其横坡值宜采用 3%～4%。

对于曲线路段内、外侧硬路肩横坡的横坡值及其方向：当曲线超高小于或等于 5%时，其横坡值和方向应与相邻车道相同；当曲线超高大于 5%时，其横坡值应不大于 5%，且方向相同。

硬路肩的横坡应随邻近车道的横坡一同过渡，其过渡段的纵向渐变率应控制在小于 1/150 至 1/330 之间。

位于直线路段或曲线路段内侧，且车道或硬路肩的横坡值大于或等于 3%时，土路肩的横坡应与车道或硬路肩横坡值相同；小于 3%时，土路肩的横坡应比车道或硬路肩的横坡值大 1%或 2%。位于曲线路段外侧的土路肩横坡，应采用 3%或 4%的反向横坡值。

大中桥梁、隧道区段的硬路肩横坡值，应与车道相同。

四、中间带

中间带设在两个不同行驶方向车道之间，主要作用是分隔对向车流，防止对向车流互撞，减少事故，保证车速，并可作为设置沿线设施如交通标志、护栏、防眩网和绿化之用。

高速公路、一级公路整体式断面必须设置中间带，中间带由两条左侧路缘带及中央分隔带组成。左侧路缘带宽度不应小于表 3-10 的规定。中央分隔带由防护设施和两侧对应的余宽 C 组成。左侧路缘带和余宽 C 提供了安全行车所必需的侧向余宽，并能引导驾驶员的视线。侧向余宽是公路通行车辆在高速行车时，行车道两侧需要预留的一定的富裕宽度，即车道边线到障碍物之间的距离，如图 3-5 所示。

表 3-10　　左侧路缘带宽度

设计速度（km/h）		120	100	80	60
左侧路缘带宽度（m）	一般值	0.75	0.75	0.50	0.50
	最小值	0.50	0.50	0.50	0.50

注　1. “一般值”为正常情况下的采用值。

2. 设计速度为 120km/h，100km/h 时，受地形、地物限制的路段及或多车道公路内侧仅限小型车辆通行的路段，可论证采用“最小值”。

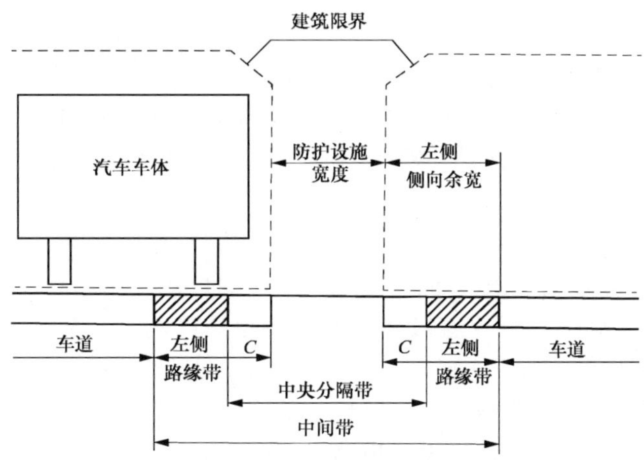

图 3-5 中间带示意图

中央分隔带的宽度应从对向隔离、安全防护的主要功能出发，综合考虑中央分隔带护栏的防护形式和防护能力确定。高速公路和作为干线的一级公路，中央分隔带宽度应根据公路项目中央分隔带功能确定，应着重考虑护栏的防护功能需要，选择可有效防止车辆失控冲过中央分隔带的护栏形式及对应的中央分隔带宽度。作为集散的一级公路，中央分隔带宽度应根据中间隔离设施的宽度确定。这里的中间物理隔离措施是指可不具备安全防护功能、仅具有物理隔离功能的护栏等措施。

高速公路、一级公路的一般路基路段和中、小型桥梁构造物路段，通常应尽量避免因采用不同的中央分隔带宽度引起公路线型和车辆行驶轨迹的频繁变化。对于路基与整体式结构的桥梁路段，在采用不同的中央分隔带（宽度）前后，均应设置必要的过渡段，以保持行车轨迹的连续性。

《公路路线设计规范》对中央分隔带的设置还有如下规定：

（1）中央分隔带形式：中央分隔带宽度大于或等于 3.0m 时宜用凹形；中央分隔带宽度小于 3.0m 时可采用凸形，对于存在风沙和风雪影响的路段，宜采用齐平式。

（2）中央分隔带缘石：中央分隔带宽度大于或等于 3.0m 或存在风沙和风雪影响的路段，宜采用平齐式；中央分隔带宽度小于 3.0m 时可采用平齐式或斜式。高速公路、一级公路中央分隔带不得采用栏式缘石。

（3）中央分隔带表面处理：中央分隔带宽度大于或等于 3.0m 时宜植草皮；中央分隔带宽度小于 3.0m 时可栽灌木或铺面封闭。

五、路拱

为了迅速排除路面上的雨水，路面表面做成中间高两边低的拱形，称为路拱。

路拱的基本形式有抛物线形、直线形和折线形三种。

1. 抛物线形路拱

抛物线形路拱比较圆顺，造型美观，没有路中尖峰，路面中间部分坡度较小，两旁坡度较大，有利于雨水的排除。但抛物线型路拱车行道中间部分横坡过于平缓，行车易集中，使中央部分路面易损坏，并且车行道上各部分横坡度不同，施工较难。为改进这些缺点，就有其他各种形式的抛物线形路拱。

2. 直线形路拱

这种形式的路拱两旁是倾斜直线，在车行道的中心线附近加设竖曲线或缓和曲线，通常用在高级路面宽度超过 20m 的城市道路上。它的优点是汽车轮胎和路面接触较为平均，路面磨耗也较小，缺点是排水效果不及抛物线流畅。它的主要形式有倾斜直线形路拱、圆顶直线形路拱。

3. 折线形路拱

适应于多种车道的城市道路上。优点是用折线形的直线段比用圆顶形的直线段为短，施工时容易摊压得平顺，也可在车行道最多的着力点处选择为转折点，如行车后路面稍有沉陷，雨水亦可排除，较符合设计、施工和养护的要求。缺点是在转折处有尖峰凸出，但可在施工时用压路机碾压平顺。一般适用于道路较宽的黑色路面上。

路拱的形式很多，各有特点。在设计道路横断面时，应根据车行道宽度、横坡度、路面结构类型、排水和交通等要求来选择。

《公路路线设计规范》对路拱横坡的设置有如下要求：高速公路、一级公路整体式路基的路拱，宜采用单向横坡，并向路基外侧倾斜。位于中等强度降雨地区时，路拱坡度宜为 2%；位于降雨强度较大地区时，路拱坡度可适当增大。高速公路、一级公路分离式路基的路拱，宜采用单向横坡，并向路基外侧倾斜，也可采用双向路拱坡度。积雪、冰冻地区，宜采用双向路拱坡度。双向六车道及以上公路，当超高过渡段的路拱坡度过于平缓时，可设置两个路拱，必要时应通过路面排水分析，消除可能的路面积水问题。二级公路、三级公路、四级公路的路拱应采用双向路拱坡度，由路中央向两侧倾斜。路拱坡度应根据路面类型和当地自然条件确定，但不应小于 1.5%。

路拱横坡的确定，应以有利于路面排水顺畅和保证行车安全、平稳为原则。公路路拱横坡度见表 3-11 所示。

表 3-11 公路路拱横坡度

路面类型	路拱横坡度（%）	路面类型	路拱横坡度（%）
水泥混凝土路面、沥青混凝土路面	1.0～2.0	碎、砾石等粒料路面	2.5～3.5
其他黑色路面、整齐石块	1.5～2.5	低级路面	3.0～4.0
半整齐石块、不整齐石块	2.0～3.0		

在具体选用时，应注意在干旱和有积雪、浮冰地区采用低值，多雨地区采用高值。当道路纵坡较大，或路面较宽，或行车速度较高，或交通量和车辆载质量较大，或常有拖挂车行驶时，应采用低值，反之则采用高值。

路肩的横向坡度一般应较路面横向坡度大 1%～2%。

六、路基宽度

公路路基横断面中各组成部分宽度应以满足行车安全要求为前提，根据设计交通量、项目路网功能、各部分所承担功能以及沿线地形等建设和通行条件综合确定。

公路路基宽度为车道宽度与路肩宽度等各组成部分宽度之和。当设有中间带、加（减）速车道、爬坡车道、紧急停车带、错车道等时，应包括这些部分的宽度。

二级公路设计交通量大于 7000 辆小客车/日时，可根据需要设置慢车道。路基宽度中应包括慢车道部分宽度。

穿越城镇规划区域的集散公路，在增加设置侧分隔带、非机动车道（或慢车道）和人行道时，路基总宽度应计入这些部分的宽度。

（1）具集散功能的一级公路可根据需要设置慢车道或部分路段设置慢车道。可利用硬路肩、土路肩的宽度（若宽度不足则另加宽）作为慢车道，并应在车道与慢车道之间设置隔离设施。

（2）具集散功能的二级公路，可根据需要设置慢车道。利用加固后的路肩作为慢车道时，应在车道与慢车道之间采用划线分隔。设置慢车道的二级公路，最高限速不应超过60km/h。

（3）四级公路宜采用双车道的路基宽度。交通量小且工程特别艰巨的路段，可采用单车道路基宽度。

（4）确定路基宽度时，原则上，上、下行方向各部分宽度应对称设置。

任务二　加　宽　设　计

一、平曲线加宽的原因

通过对行车状态的观测与行车轨迹理论分析得知，汽车在弯道行驶时，需要比直线段上更大的行车道宽度。这是因为车辆在曲线上行驶时，每一个车轮都以不同的半径绕圆心运动，汽车前后轮的轨迹不重合，而汽车在直线段上行驶时，前后轮的行驶轨迹是一致的。因此，汽车在曲线上行驶所占路面宽度就比在直线上的大，其增宽值即图 3-6 所示的 e_1。另外，由于曲线行车受横向力系数 μ 的影响，汽车会出现不同程度的摆动（摆动大小与实际行驶速度有关）。因此，为保证行车的安全，曲线段的路面应做适当的加宽。

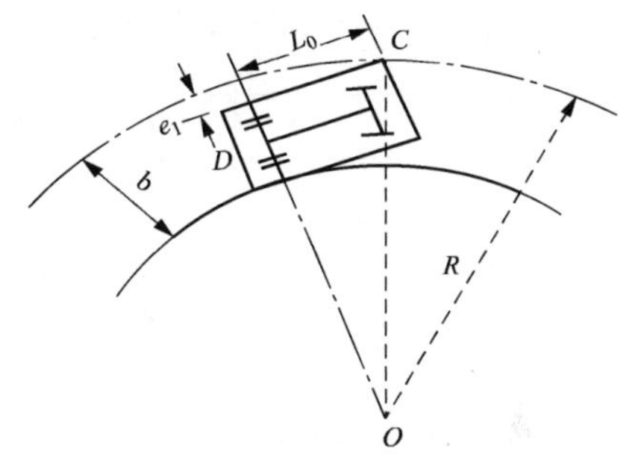

图 3-6　加宽平面图

二、加宽值的计算

当汽车进入圆曲线后，汽车前轮的转向角是保持不变的，因此，汽车的行驶轨迹也是圆曲线，并且各部分的轨迹都与公路中心线平行（均为同心圆）。

在图 3-6 中，R 为平曲线半径，L_0 为汽车后轴至车身前边缘的长度（等于汽车轴距加前悬），B 为车辆宽度，b 为一辆车实际占路面宽度，e_1 为一个车道的加宽值。

由直角三角形 COD 得出下列关系

$$L_0^2 + (R - e_1)^2 = R^2$$

展开得

$$e_1 = R - \sqrt{R^2 - L_0^2}$$

如果为双车道公路，则每个车道都应加宽，因而全部路面的加宽值 e 约为

$$e = 2e_1 = 2(R - \sqrt{R^2 - L_0^2})$$

而

$$R^2 - L_0^2 = (R - e/2)^2 = R^2 - eR + e^2/4$$

$e^2/4$ 与 R 比很小，可略去得

$$e = L_0^2/R$$

由上式可知，加宽值与平曲线半径、设计车辆的轴距有关，轴距越大，加宽值就越大。

加宽值还与车速有关，尚需考虑由于车速而产生的汽车摆动宽度值，根据国外经验，其

值为$\frac{0.1V}{\sqrt{R}}$。因此，平曲线上双车道路面加宽值应按下式计算

$$B_j = \frac{L_0^2}{R} + \frac{0.1V}{\sqrt{R}} \tag{3-1}$$

式中 B_j——双车道路面加宽值，m；

L_0——汽车轴距加前悬，m；

V——设计速度，km/h；

R——圆曲线半径，m。

《公路工程技术标准》规定，平曲线半径等于或小于 250m 时，公路曲线部分的路面根据圆曲线的半径、交通组成等情况应设置相应的加宽。半径大，相应的加宽值就小；同一半径的圆曲线段内加宽值保持不变。

路面加宽值的大小可由式（3-1）计算出来。我国《公路工程技术标准》对各种车辆组成情况下的不同半径的加宽值作了统一规定，见表 3-12。

表 3-12　　双车道路面加宽值

设计车型	圆曲线半径 / 轴距加前悬	250～200	＜200～50	＜150～100	＜100～70	＜70～50	＜50～30	＜30～25	＜25～20	＜20～15
小客车	4.6	0.4	0.5	0.6	0.7	0.9	1.3	1.5	1.8	2.2
载重汽车	8.0	0.6	0.7	1.0	1.3	1.8	2.7	3.2	3.9	5.0
大型客车	9.85	0.7	0.9	1.3	1.8	2.4	3.8	4.5	5.5	7.2
铰接客车	7.5+6.7	0.8	1.0	1.4	1.8	2.5	4.0	4.7	5.8	7.5
铰接列车	5.38+9.05	0.8	1.0	1.5	2.0	2.7	4.2	5.0	6.2	8.2

由两条车道构成的行车道，其路面加宽值规定见表 3-12，单车道路面加宽值按表列数值减半。由三条以上车道构成的行车道，其路面加宽值应另行计算。

圆曲线加宽值应根据公路项目的功能、技术等级和实际交通组成确定。当考虑通行多种设计车型时，应采用同一圆曲线半径各车型对应加宽值的最大值。有特殊车辆通行的专用公路应根据特殊车辆验算确定其加宽值。

平交口转弯车道加宽、互通式立交匝道加宽可参考使用表 3-12。

圆曲线上的路面加宽应设置在圆曲线的内侧；这是因为汽车在曲线上行驶时，后轮轨迹一般位于前轮轨迹内侧。另外在曲线内侧加宽比在外侧加宽的路容美观些，而且内侧加宽工程量也较外侧小。若地形特殊有困难时，也可两侧各加一半。同向双车道时，宜采用平均分配的方式加宽内、外两个车道。双车道公路当采取强制性措施实行分向行驶的路段，其圆曲线半径较小时，内侧车道的加宽值应大于外侧车道的加宽值，设计时应通过计算分别确定。

各级公路的路面加宽后，路基也应相应加宽。

三、加宽过渡段长度的确定

路面在圆曲线段上设置加宽时，其宽度就比直线段上大，在直线与圆曲线连接处路面宽度就出现突变，这既影响路容的美观，又给行车安全带来威胁。因此。为避免路面宽度从直线段上的正常宽度到圆曲线段的加宽断面的突变，在直线和圆曲线之间应设置一段路面宽度的渐变段，这一渐变段称为加宽过渡段。加宽过渡段设置在缓和曲线范围内，如无缓和曲线

或超高过渡段的平曲线，应设置在与曲线相连的直线上，如图 3-7 所示。

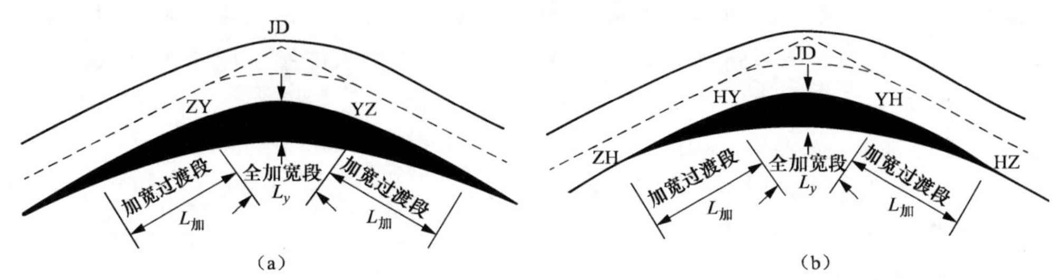

图 3-7　加宽过渡段的位置

为保证缓和效果，该过渡段长度不宜太短，应满足下列要求。

(1) 路线设置缓和曲线或超高过渡段时，加宽过渡段长度采用与缓和曲线或超高过渡段长度相同的值，即加宽过渡段应与缓和曲线或超高过渡段重合，以尽量减少公路几何形状的变更次数。

(2) 不设缓和曲线或超高过渡段时，加宽过渡段长度应按渐变率为 1∶15 且长度不小于 10m 的要求设置，并布置在圆曲线之前的直线段上，即

$$L_j = 15B_j \quad 且 \quad L_j \geqslant 10 \tag{3-2}$$

式中　L_j——加宽过渡段长度，m。

加宽如何过渡?

加宽的过渡有多种方式，下面介绍常用的几种。

1. 按直线比例过渡

二、三、四级公路的加宽过渡段的设置，采用在相应的缓和曲线、超高或加宽过渡段全长范围内按其长度成比例增加的方法。即加宽过渡段上任一点的加宽值 B_{jx}，与该点到加宽过渡段起点的距离 L_x 同加宽过渡段全长 L_j 的比值成正比，如图 3-8 所示，即

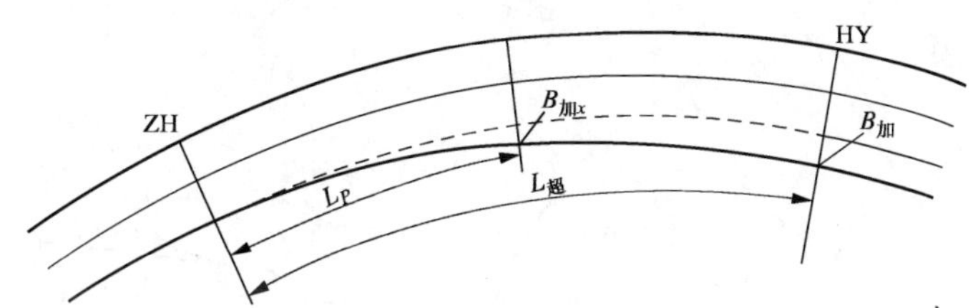

图 3-8　直线比例过渡

$$B_{jx} = \frac{L_x}{L_j}B_j \tag{3-3}$$

式中　B_{jx}——加宽过渡段上任一点的加宽值，m；

B_j——圆曲线加宽值，m；

L_x——加宽过渡段上任一点到过渡段起点的距离，m；

L_j——加宽过渡段长度，m。

2. 高次抛物线过渡方式

高速公路、一级公路以及对路容有要求的二级公路，设置加宽过渡段时，为使路面加宽后的边缘线圆滑、适顺，一般情况下应采用高次抛物线的形式过渡，即采用下式计算加宽过渡段上任一点的加宽值 B_{jx}

$$B_{jx}=(4K^3-3K^4)\times B_j$$

其中
$$K=L_x/L_j \tag{3-4}$$

其他符号意义同前。

3. 二次抛物线过渡方式

对于没有缓和曲线的公路弯道，按直线过渡的加宽过渡段起终点曲率并不连续，为弥补这一缺陷，使过渡段的路面边缘平顺优美，在 HZ 和 YH 点插入二次抛物线。这种方式适用于高等公路或位于大城市近郊的路段，桥梁、高架桥、挡土墙、隧道等构造物处以及设置各种安全防护设施的路段，以及城市交叉口拓宽车道。

任务三　超　高　设　计

一、超高及其作用

在弯道上，当汽车在双向横坡的车道外侧行驶时，车重的水平分力将增大横向侧滑力，所以，当采用的圆曲线半径小于不设超高的最小半径时，为抵消车辆在曲线路段上行驶时所产生的离心力，将曲线段的外侧路面横坡做成与内侧路面同坡度的单坡横断面，这样的设置称为超高。其作用是为了使汽车在平曲线上行驶时能获得一个指向内侧的横向分力，用以克服离心力，以减小横向分力，从而保证汽车行驶的稳定性及乘客的舒适性。超高的形成如图 3-9 所示。

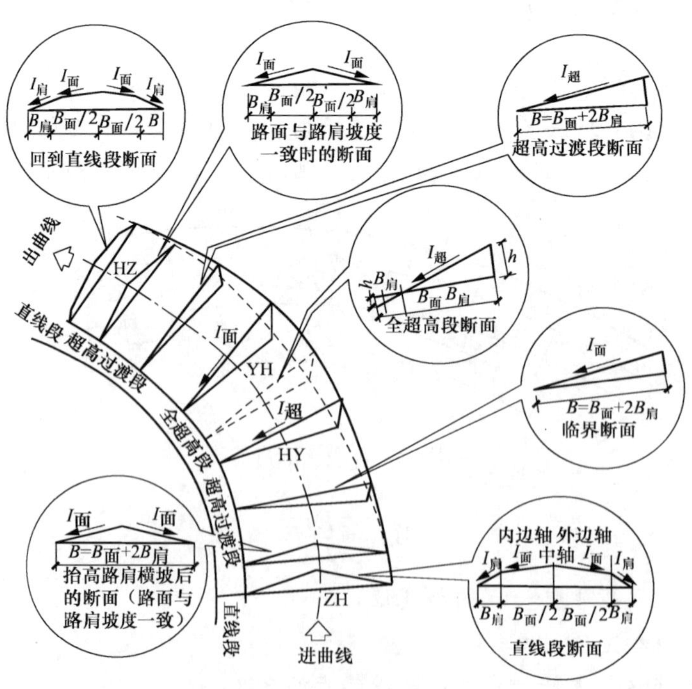

图 3-9　超高形成

《公路路线设计规范》规定，圆曲线半径小于不设超高最小半径时，应在曲线上设置超高。

二、超高横坡度的确定

超高横坡的计算为

$$i_c = \frac{V^2}{127R} - \mu \tag{3-5}$$

式中 V——设计速度，km/h；

R——圆曲线半径，m；

μ——横向力系数。当为极限最小半径时，μ 取 0.15，当为不设超高的最小半径时，μ 取 0.035。

因此，超高横坡度应按设计速度、半径大小，结合路面种类、自然条件和车辆组成等情况综合确定。一般来说，平曲线半径小，超高坡度就应大一些，反之，超高坡度就可小些。而当平曲线半径大于或等于不设超高最小半径时就可以不设超高。在路面有积雪或结冰情况的地区，超高坡度应比一般地区的小一些，以防止出现汽车向内侧滑动的危险。

各级公路圆曲线部分最大可采用的超高值是有所限制的。这是因为当超高横坡度太大时，会导致车辆沿超高横坡向内侧下滑的危险，特别是当路面上有积雪或结冰时，低速行车或停车时就更为危险。因此各级公路的最大超高坡度应符合表 3-13 的规定。

表 3-13　各级公路圆曲线最大超高横坡度

公路等级	高速公路、一级公路	二、三、四级公路
一般地区（%）	8 或 10	8
积雪冰冻地区（%）	6	
城镇区域（%）	4	

注　对于通行中小型客车为主的高速公路和一级公路，最大超高可采用 10%。

当超高横坡度的计算值小于路拱横坡度时，应设置等于路拱坡度的超高横坡。

各级公路位于曲线上的行车道、中间带和路肩，以及爬坡车道、加减速车道等的超高横坡值，均应根据设计速度、圆曲线半径的大小、路面类型、自然条件和车型组成情况确定，必要时应按运行速度予以验算。超高横坡值按表 3-14 的规定选取，也可按式（3-5）计算得出。

三、超高过渡段

从直线段上的路拱双坡断面过渡到圆曲线上具有全超高横坡的单坡断面，要有一个逐渐变化的区段，这一变化段称为超高过渡段。

（一）超高过渡段的过渡形式

超高的过渡方式，应根据地形状况、车道数、中间带宽度、超高度、便于排水、路容美观等因素决定。

1. 无中间带道路的过渡

无中间带的道路行车道，无论是双车道还是单车道，在直线路段的横断面均为以中线为脊向两侧倾斜的路拱。路面要由双向倾斜的路拱形式过渡到具有超高的单向倾斜的超高形式，可分别采用以下三种过渡方式，如图 3-10 所示。

表 3-14　圆曲线半径与超高坡度值

公路等级 / 半径（m） / 超高（%）	高速公路、一级公路								二、三、四级公路									
	V=120（km/h）		V=100（km/h）		V=80（km/h）		V=60（km/h）		V=80（km/h）		V=60（km/h）		V=40（km/h）		V=30（km/h）		V=20（km/h）	
	一般情况	积雪冰冻地区	一般情况	积雪冰冻地区	一般情况	积雪冰冻地区	一般情况	积雪冰冻地区	一般情况	积雪冰冻地区	一般情况	积雪冰冻地区	一般情况	积雪冰冻地区	一般情况	积雪冰冻地区	一般情况	积雪冰冻地区
2	<5500~3240	<5500~1940	<4000~1710	<4000~1550	<2500~1240	<2500~1130	<1500~810	<1500~720	<2500~1210	<2500~1130	<1500~780	<1500~720	<600~390	<600~360	<350~230	<350~210	<150~105	<150~95
3	<3240~2160	<1940~1290	<1710~1220	<1550~1050	<1240~830	<1130~750	<810~570	<720~460	<1210~840	<1130~750	<780~530	<720~460	<390~270	<360~230	<230~150	<210~130	<105~70	<95~60
4	<2160~1620	<1290~970	<1220~950	<1050~760	<830~620	<750~520	<570~430	<460~300	<840~630	<750~520	<530~390	<460~300	<270~200	<230~150	<150~110	<130~80	<70~55	<60~40
5	<1620~1300	<970~780	<950~770	<760~550	<620~500	<520~360	<430~340	<300~190	<630~500	<520~360	<390~300	<300~190	<200~150	<150~90	<110~80	<80~50	<55~40	<40~25
6	<1300~1080	<780~650	<770~650	<550~400	<500~410	<360~250	<340~280	<190~125	<500~410	<360~250	<300~230	<190~125	<150~120	<90~60	<80~60	<50~30	<40~30	<25~15
7	<1080~930		<650~560		<410~350		<280~230		<410~320		<230~170		<120~90		<60~50		<30~20	
8	<930~810		<560~500		<350~310		<230~200		<320~250		<170~125		<90~60		<50~30		<20~15	
9	<810~720		<500~440		<310~280		<200~160											
10	<720~650		<440~400		<280~250		<160~125											

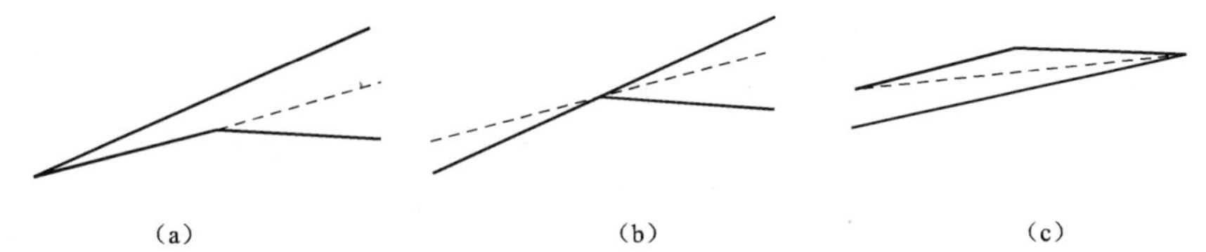

图 3-10 无中间带道路超高的过渡方式

(a) 绕内侧边缘旋转；(b) 绕中线旋转；(c) 绕外侧边缘旋转

(1) 绕内侧车道边缘旋转。在缓和段起点之前将路肩的横坡逐渐变为路拱横坡，再以路中线为旋转轴，逐渐抬高外侧路面与路肩，使之达到与路拱坡度一致的单向横坡后，整个断面再绕未加宽前的内侧车道边缘旋转，直至达到超高横坡度为止。一般新建公路多采用此种方式。

(2) 绕中线旋转。在超高过渡段之前，先将路肩横坡逐渐变为路拱横坡，再以路中线为旋转轴，使外侧车道和内侧车道变为单向的横坡度后，整个断面一同绕中线旋转，使单坡横断面直至达到超高横坡度为止。一般改建公路常采用此种方式。

(3) 绕外侧车道边缘旋转。先将外侧车道绕外边缘旋转，与此同时，内侧车道随中线的降低而相应降坡，待达到单向横坡后，整个断面仍绕外侧车道边缘旋转，直至达到超高横坡为止。此种方法仅在特殊设计时采用（如强调路容美观、路基外缘标高因受条件限制不能抬高等）。

当超高横坡度等于路拱坡度时，将外侧车道绕路中线旋转，直至超高横坡值。

2. 有中间带道路的过渡

(1) 绕中间带的中心线旋转，如图 3-11 (a) 所示。先将外侧行车道绕中间带的中心旋转，待达到与内侧行车道构成单向横坡后，整个断面一同绕中心线旋转，直至超高横坡值。此时，中央分隔带呈倾斜状。中间带宽度小于或等于 4.5m 的公路可选用此方式。

(2) 绕中央分隔带边缘旋转，如图 3-11 (b) 所示。将两侧行车道分别绕中央分隔带边缘旋转，使之各自成为独立的单向超高断面，此时中央分隔带维持原水平状态。各种宽度不同的中间带均可选用此种方式。

(3) 绕各自行车道中线旋转。如图 3-11 (c) 所示。将两侧行车道分别绕各自的中线旋转，使之各自成为独立的单向超高断面。此时中央分隔带边缘分别升高与降低而成为倾斜断面。单向车道数大于四条的公路可采用此种方式。

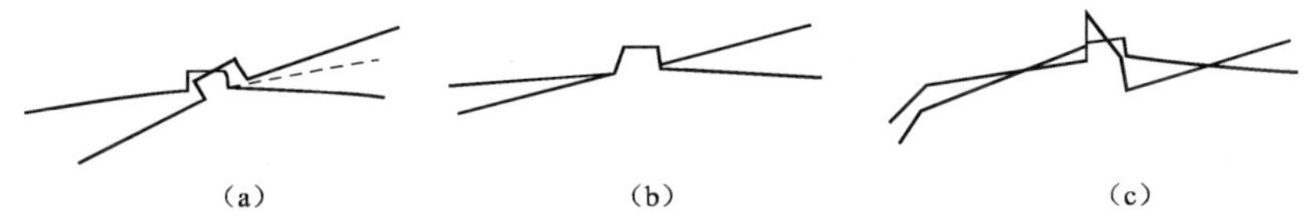

图 3-11 有中间带道路超高的过渡方式

(a) 绕中间带的中心线旋转；(b) 绕中央分隔带边缘旋转；(c) 绕各自行车道中线旋转

对于分离式路基的超高过渡方式，宜按无中间带公路分布予以过渡。

(二) 超高过渡段的长度

设置超高过渡段的主要目的就是使路面从双坡断面逐渐变为单向横坡即超高断面，因此这一过渡段的长度不能太短，否则就起不到过渡作用。但过渡段如果太长，则会给测设施工以及路面排水等方面带来一些问题。为了行车舒适性和排水，对超高过渡段的长度必须加以规定。通常按控制设超高后行车道外边缘的渐变率来计算。

下面就以绕路面内边缘线旋转方式为例，讨论超高过渡段长度的计算方法。

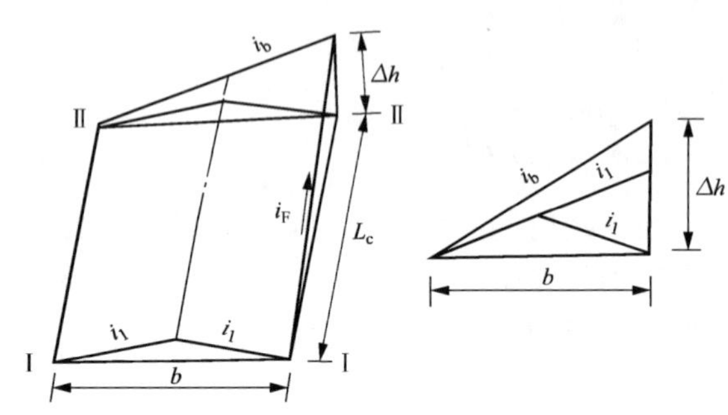

图 3-12 绕路面内边缘旋转的超高

如图 3-12 所示，Ⅰ-Ⅰ断面为超高过渡段起点的双坡断面，路拱横坡为 i_g，Ⅱ-Ⅱ断面为完成超高渐变后的全超高断面（圆曲线超点），超高横坡度为 i_c，那么这两断面之间的距离就是超高过渡段长度 L_c。由图可知，由于超高的设置，路面外侧边缘升高了一个 Δh 值，有

$$\Delta h = b \times i_c$$

路面外边缘较内边缘线的纵坡也增加了一个附加纵坡 i_F，有

$$i_F = \frac{\Delta h}{L_c}$$

这样，超高过渡段的长度 L_c 为

$$L_c = \frac{\Delta h}{i_F} = \frac{b \cdot i_c}{i_F} \tag{3-6}$$

上式即为计算绕路面内边缘线旋转方式的超高过渡段长度计算公式。为保证行车平稳，舒适，通常该附加纵坡 i_F 值不能太大，一般不超过某一规定值，这一规定值称为超高渐变率，用 P 表示，超高渐变率的取值见表 3-15。则超高过渡段长度按下式计算

$$L_c = \frac{B \cdot i_c}{p} \tag{3-7}$$

表 3-15 **超高渐变率**

设计速度(km/h)	超高旋转轴位置		设计速度(km/h)	超高旋转轴位置	
	中轴	边轴		中轴	边轴
120	1/250	1/200	40	1/150	1/100
100	1/225	1/175	30	1/125	1/75
80	1/200	1/150	20	1/100	1/50
60	1/175	1/125			

同理，当绕路面中线旋转时，如图 3-13 所示，有

$$\Delta h = \frac{b}{2}(i_c + i_g)$$

$$L_c = \frac{b(i_c + i_g)}{2i_F}$$

同样，将附加纵坡 i_F 用超高渐变率 P 代替，有

$$L_c = \frac{b(i_c + i_g)}{2P}$$

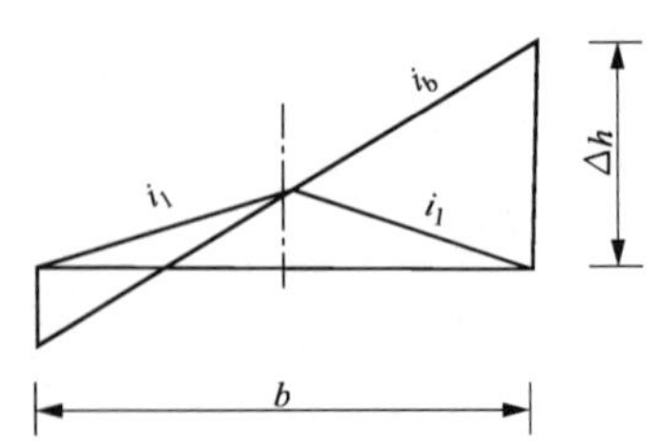

图 3-13 绕路面中线旋转的超高

为简化计算公式，把以上两式合并为一个公式，作为双车道公路的超高过渡段长度计算公式

$$L_c = \frac{B \cdot \Delta i}{p} \tag{3-8}$$

式中　L_c——超高过渡段长度，m。

B——旋转轴至行车道（设路缘带时为路缘带）外侧边缘的宽度，如按绕内边缘线旋转时，$B=b$（行车道宽）；按绕路面中线旋转时，$B=b/2$，m。

Δi——超高横坡与路拱坡度的代数差，%；如按绕内边缘线旋转时，$\Delta i=i_c$；按绕路面中线旋转时，$\Delta i=i_c+i_g$。

p——超高渐变率，即旋转轴线与行车道（设路缘带时为路缘带）外侧边缘线之间相对升降的比率，其值规定如表所示。

在设置超高过渡段时，应注意：

(1) 超高过渡段长度一般应采用5的倍数，并不小于10m；

(2) 当线型设计须采用较长的回旋曲线时，横坡度由2%（或1.5%）过渡到0%路段的超高渐变率不得小于1/330。

(3) 超高的过渡应在回旋线全长范围内进行。但当超高渐变率过小时，为保证排水，超高过渡段可设在缓和曲线的某一区段范围内，其超高渐变率不得小于1/330，全超高断面宜设在缓圆点或圆缓点处。

(4) 六车道及其以上的公路宜增设路拱线。

(5) 对于多车道公路的超高过渡段长度，视车道数将按式（3-6）计算之值乘以下列系数：行车道边缘到旋转轴距离为2车道时，乘以1.5；行车道边缘到旋转轴距离为3车道时，乘以2.0。

(6) 对线型设计要求较高的公路，应在超高过渡段的起、终点插入一段二次抛物线，使之连接圆滑、舒顺。高速公路、一级公路的纵坡较大处，其上、下行车道可采用不同的超高值。

对于四级公路的超高和加宽过渡段，有如下要求。

四级公路可不设缓和曲线而用超高、加宽过渡段代替。当直线同半径小于不设超高最小半径和规定应设置加宽的圆曲线衔接时，应设置超高、加宽过渡段。四级公路超高的过渡应在超高过渡段的全长范围内进行。四级公路的超高、加宽过渡段长度应分别按超高和加宽的有关规定计算，取其较长者，但最短应符合渐变率为1∶15且不小于10m的要求。四级公路的超高、加宽过渡段一般应设在紧接圆曲线起点或终点的直线上。受地形条件或其他特殊情况限制时，允许将超高、加宽过渡段的一部分插入曲线，但插入曲线内的长度不得超过超高、加宽过渡段长度的一半。

对于硬路肩的超高方式，有如下要求。

(1) 硬路肩超高值与相邻车道超高值相同时，其超高过渡段应与车道相同，且采用与车道相同的超高渐变率。

(2) 硬路肩超高值比相邻车道超高值小时，应先将硬路肩横坡过渡到与车道路拱坡度相同，再与车道一起过渡，直至硬路肩达到其最大超高坡值。

四、超高值计算

在公路工程施工中，路面的超高横坡及正常路拱横坡是不便于用坡度值来控制，而是用路中线及路基、路面边缘相对于路基设计高程的相对高差控制的。因此，在设计中为便于施工，应计算出路线上任意位置的路基设计高程与路肩及路中线的高差。所谓超高值就是指设置超高后路中线、路面边缘及路肩边缘对路基设计高程的高差。

超高值的计算如表 3-16、表 3-17 所列公式，超高过渡如图 3-14、图 3-15 所示。表 3-16、表 3-17 中字母意义如下（以下长度单位均为 m）：

表 3-16　绕边线旋转超高值计算公式

超高位置		计算公式		注
		$x \leqslant x_0$	$x > x_0$	
圆曲线上	外缘 h_c	$ai_j+(a+b)i_c$		1. 计算结果均为与设计高之高差。 2. 临界断面距缓和段起点：$x_0=\frac{i_g}{i_c}L_c$ 3. x 距离处的加宽值 $B_{jx}=\frac{x}{L_c}B_j$ 4. x 距离处的超高值 $i_x=\frac{x}{L_c}i_c$
	中线 h'_c	$ai_j+\frac{b}{2}i_c$		
	内缘 h''_c	$ai_j-(a+B_j)i_c$		
过渡段上	外缘 h_{cx}	$(2a+b)i_g\frac{x}{x_0}+a(i_j-i_g)$	$ai_j+(a+b)\frac{x}{L_c}i_c$	
	中线 h'_{cx}	$ai_j+\frac{b}{2}i_g$	$ai_j+\frac{b}{2}\frac{x}{L_c}i_c$	
	内缘 h''_{cx}	$ai_j-(a+B_{jx})i_g$	$ai_j-(a+B_{jx})\frac{x}{L_c}i_c$	

表 3-17　绕中线旋转超高值计算公式

超高位置		计算公式		注
		$x \leqslant x_0$	$x > x_0$	
圆曲线上	外缘 h_c	$a(i_j-i_g)+(a+\frac{b}{2})(i_c+i_g)$		1. 计算结果均为与设计高之高差。 2. 临界断面距缓和段起点 $x_0=\frac{2i_g}{i_g+i_c}L_c$ 3. x 距离处的加宽值 $B_{jx}=\frac{x}{L_c}B_j$ 4. x 距离处的超高值 $i_x=\frac{x}{L_c}i_c$
	中线 h'_c	$ai_j+\frac{b}{2}i_g$		
	内缘 h''_c	$ai_j+\frac{b}{2}i_g-(a+\frac{b}{2}+B_j)i_c$		
过渡段上	外缘 h_{cx}	$(2a+b)i_g\frac{x}{x_0}+a(i_j-i_g)$	$(ai_j+\frac{b}{2}i_g)+(a+\frac{b}{2})i_x$	
	中线 h'_{cx}	$ai_j+\frac{b}{2}i_g$		
	内缘 h''_{cx}	$ai_j-(a+B_{jx})i_g$	$ai_j+\frac{b}{2}i_g-(a+\frac{b}{2}+B_{jx})i_x$	

b——路面宽度；

a——路肩宽度；

i_g——路拱坡度；

i_j——路肩坡度；

i_c——超高横坡度；

i_x——x 距离处的路基超高值；

L_c——超高过渡段长度（或缓和曲线长度）；

l_0——路基坡度由 i_j 变为 i_g 所需的距离，一般可取 1.0m；

x_0——与路拱同坡度的单向超高点至超高过渡段起点的距离；

x——超高过渡段中任一点至起点的距离；

h_c——路肩外缘最大抬高值；

h'_c——路中线最大抬高值；
h''_c——路基内缘最大降低值；
h_{cx}——x 距离处路基外缘抬高值；
h'_{cx}——x 距离处路中线抬高值；
h''_{cx}——x 距离处路基内缘降低值；
B_j——路基加宽值；
B_{jx}——x 距离处路基加宽值。

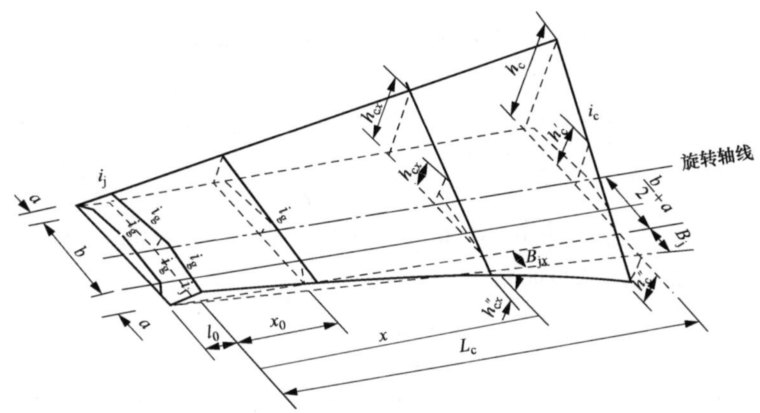

图 3-14　超高过渡（绕内边轴旋转）

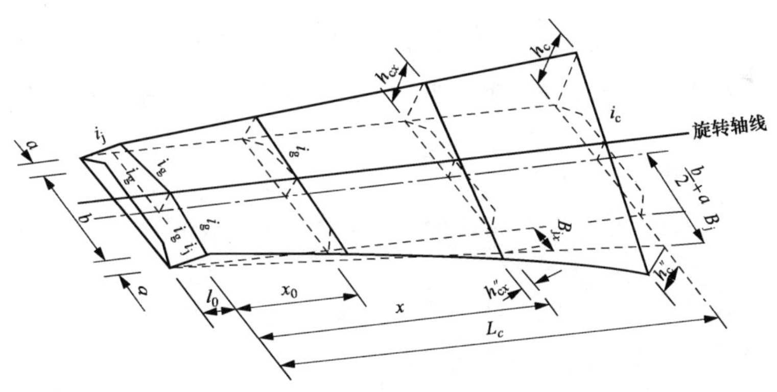

图 3-15　超高过渡（绕中轴旋转）

如何计算超高值?

【例 3-1】　某平原区三级公路，计算行车速度为 40km/h，路基宽 7.0m，路面宽 6.0m，路面横坡度为 3%，路肩横坡 4%，通行车型为小客车和载重汽车。有一半径 125m 的弯道，试计算该弯道圆曲线段，超高过渡段起点以及距离起点 15m 和 30m 的位置的超高值（按一般地区考虑，旋转方式为绕路面内边缘线）。

解　(1) 确定超高过渡段长度 L_c。根据公路等级、自然条件及圆曲线半径查表 3-14 得到可采用的超高横坡度 $i_c=6\%$。

由表3-15查得三级公路的绕路面边缘旋转方式的超高渐变率 $p=1/100$，则由式（3-6）可得

$$L_c = \frac{b \cdot i_c}{p} = \frac{6 \times 6\%}{1/100} = 36(\mathrm{m})$$

（2）确定路面加宽值及加宽过渡段长度。根据公路等级及圆曲线半径查表3-12，路面加宽值 $B_j=1.0\mathrm{m}$，加宽过渡段长度采用超高过渡段的长度，加宽过渡方式按直线比例增加方式。

（3）计算超高值。

① 计算圆曲线段内的超高值。因为路面宽 $b=6.0\mathrm{m}$，路基宽 $B=7.0\mathrm{m}$，因此路肩宽度为 $a=0.5\mathrm{m}$，有

$$h_c = ai_j + (b+a)i_c = 0.5 \times 0.4 + (6+0.5) \times 0.06 = 0.41(\mathrm{m})$$

$$h'_c = ai_j + \frac{b}{2}i_c = 0.5 \times 0.04 + \frac{6}{2} \times 0.06 = 0.2(\mathrm{m})$$

$$h''_c = ai_j - (a+B_j)i_c = 0.5 \times 0.04 - (0.5+1.0) \times 0.06 = -0.07(\mathrm{m})$$

② 计算超高过渡段起点的超高值

$$h'_c = ai_j + \frac{b}{2}i_g = 0.5 \times 0.4 + \frac{6}{2} \times 0.03 = 0.11(\mathrm{m})$$

$$h_c = h''_c = a(i_j - i_g) = 0.5 \times (0.04 - 0.03) = 0.01(\mathrm{m})$$

③ 计算距离缓和曲线起点15m处的超高值。首先应判断该处是处在双坡阶段还是旋转阶段，为此应计算双坡阶段长度。有

$$x_0 = \frac{i_g}{i_c} \times L_c = \frac{0.03}{0.06} \times 36 = 18(\mathrm{m})$$

因为该点距离起点距离为15m，小于18m，所以该点是在双坡阶段，有

$$h_c = (2a+b) \times i_g \times \frac{x}{L_x} + a(i_j - i_g) = (2 \times 0.5 + 6) \times 0.03 \times \frac{15}{18} + 0.5(0.04 - 0.03) = 0.18(\mathrm{m})$$

$$h'_c = \frac{b}{2}i_g + ai_j = \frac{6}{2} \times 0.03 + 0.5 \times 0.04 = 0.11(\mathrm{m})$$

$$h''_c = ai_j - (a+B_{jx})i_g = 0.5 \times 0.04 - (0.5+0.42) \times 0.03 = -0.01(\mathrm{m})$$

其中 $$B_{jx} = \frac{x}{L_c} \times B_j = \frac{15}{36} \times 1.0 = 0.42\ (\mathrm{m})$$

④ 计算距离缓和曲线起点30m处的超高值。因为该点距离起点距离为30m，大于18m，所以该点是在旋转阶段，有

$$i_x = \frac{x}{L_c} \times i_c = \frac{30}{36} \times 0.06 = 0.05$$

$$h_c = ai_j + (a+b)i_x = 0.5 \times 0.04 + (0.5+6) \times 0.05 = 0.35(\mathrm{m})$$

$$h'_c = ai_j + \frac{b}{2}i_x = 0.5 \times 0.04 + \frac{6}{2} \times 0.05 = 0.17(\mathrm{m})$$

$$h''_c = ai_j - (a+B_{jx})i_x = 0.5 \times 0.04 - (0.5+0.83) \times 0.05 = -0.05(\mathrm{m})$$

其中 $$B_{jx} = \frac{x}{L_c} \times B_j = \frac{30}{36} \times 1.0 = 0.83\ (\mathrm{m})$$

任务四　横断面视距保证设计

一、视距

所谓视距就是指在车辆正常行驶中，驾驶员从正常行驶位置能连续看到公路前方行车道范围内路面上一定高度的障碍物，或者看到公路前方交通设施、路面标线的最远距离。这里的距离是指行车道中心线（或视点轨迹线）量得的长度。为了保证行车安全，驾驶员应能看到前方一定距离的公路以及公路上的障碍物或迎面的来车，以便及时刹车或绕过。汽车在这段时间里沿公路路面行驶的必要安全距离，称为行车视距。无论在道路的平面上或纵断面上，都应保证必要的行车视距。在平面上，平曲线部分往往会有视线受阻的情况（如处于挖方路段的曲线段或内侧有障碍物的弯道），如图 3-16（a）所示。另外，路线平面交叉口处也存在视距问题。从纵断面上看，路线在凸形变坡处［如图 3-16（b）所示］及下穿式立体交叉处［如图 3-16（c）所示］都可能有视距不足的情况。由此可知不论是平面上还是纵断面上都有视线不畅的情况，在设计时必须采取适当的措施，使其满足行车要求。本节只研究路线在平面上的视距问题，即平面视距，其他情况将在以后的章节加以介绍。

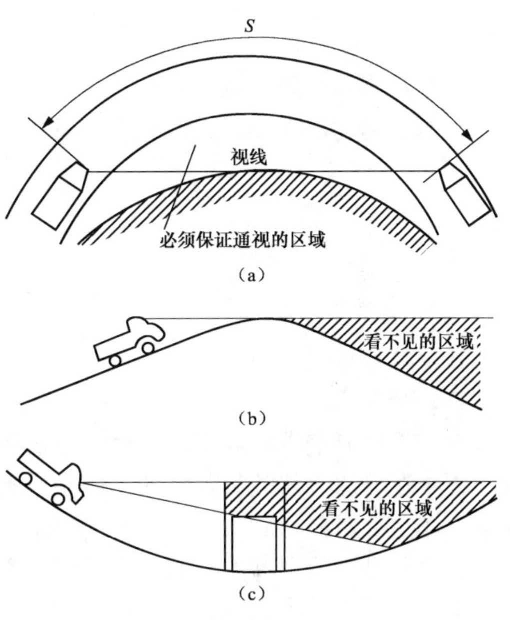

图 3-16　影响行车视距的地点

（a）平面视距；（b）纵断面视距；（c）桥下视距

行车视距根据通视的要求不同，分为停车视距、会车视距和超车视距三种。

二、停车视距

当汽车在单车道或有明显分隔带的双车道公路上行驶时，如前方遇到障碍物或路面破坏处，不可能驶入邻近车道去绕过它时，只有采取制动措施，使汽车在障碍物前完全停住，以保证安全。停车视距是指车辆以一定速度行驶中驾驶员自看到前方障碍物起至到达障碍物前安全停车所需要的最短行驶距离。在停车视距检验时，小客车停车视距采用的驾驶员视点高度为 1.2m，载重货车停车视距采用的驾驶员视点高度为 2.0m，视点前方路面上障碍物顶点高度为 0.10m。

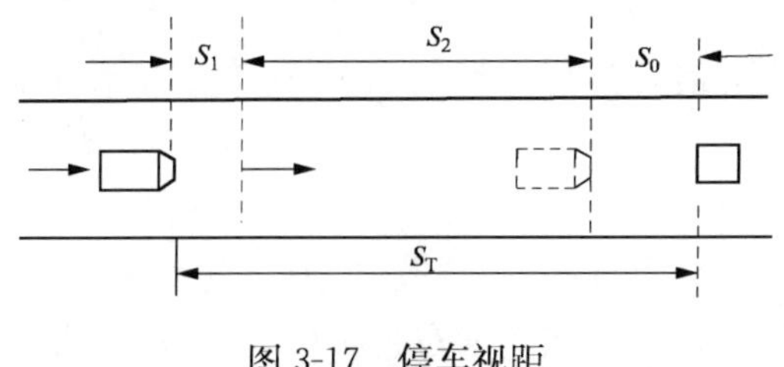

图 3-17　停车视距

停车视距由三部分组成，见图 3-17，即

$$S_T = S_1 + S_Z + S_0$$

式中　S_T——停车视距，m；

S_1——驾驶员反应时间内行驶的距离，m；

S_Z——制动距离，即司机开始制动到完全停止时所行驶的距离，m；

S_0——安全距离，一般可取 5～10m。

从驾驶员发现障碍物开始，经判断采取制动措施，到制动生效的时间 t (s)，称为驾驶员的反应时间。这实际上包括两段时间，即驾驶员的反应判断时间和制动生效时间。前者一般与驾驶员的机敏程度和障碍物的颜色、大小有关，后者是指从开始制动到闸瓦完全抱死车轮，车轮处于滑动状态时的时间。目前美国和日本规定判断时间采用 1.5s，制动生效时间为 1.0s，则反应时间共计为 2.5s。我国采用 1.2s，则汽车在这一时间内所行驶的距离为

$$S_1 = vt = \frac{V}{3.6} \times 1.2 = \frac{V}{3} \tag{3-9}$$

汽车从制动生效到完全停止，这段时间所行驶的距离叫制动距离，它取决于车辆的制动性能、行驶速度的大小，其值可根据下式计算，即

$$S_Z = \frac{KV_1^2}{254(\varphi + \psi)} \tag{3-10}$$

综上所述，停车视距 S_T 为

$$S_T = S_1 + S_Z + S_0 = \frac{V}{3} + \frac{KV^2}{254(\varphi + \psi)} + S_0 \tag{3-11}$$

式中符号意义同前。

三、会车视距

对于不设分隔带的双车道公路，车辆在行驶中，驾驶员趋向于沿路面中心行驶，一旦发现前方来车，双方驾驶员各自把车辆驶回到自己的车道上，使两车安全交会。会车视距是指在同一车道上对向行驶的车辆，为避免发生迎面相撞，自车辆在行驶过程中发现对向来车起，至驾驶员采取合理的减速操作后两车安全停止、不发生相撞所需的最短行驶距离。

会车视距也是由三部分组成，如图 3-18 所示：①双方驾驶员反应时间内汽车所行驶的距离 $2S_1$；②双方汽车的制动距离 $S_{Z1}+S_{Z2}$；③安全距离 S_0。

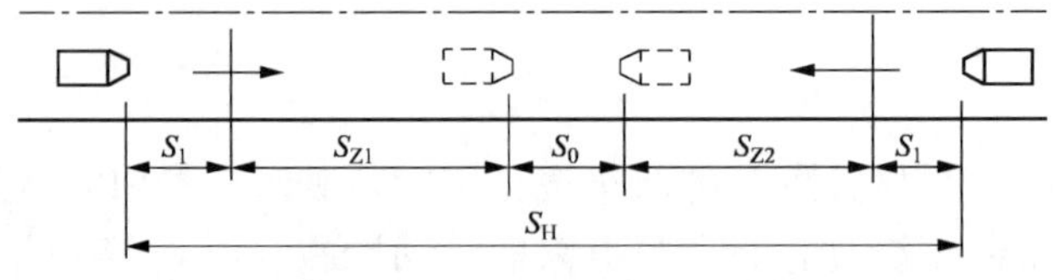

图 3-18　会车视距

由上面分析可知，会车视距几乎为停车视距的两倍，为简化计算，《公路工程技术标准》规定，会车视距等于 2 倍停车视距。

四、超车视距

在交通稠密并有混合交通的双车道公路上，经常会出现高速车超越低速车的情况。超车视距是指在需要临时占用对向车道完成超车的公路上，后车超越前车过程中，自开始驶离原车道起，至可见对向车并能超车后安全驶回原车道所需的最短行驶距离。《公路工程技术标准》规定：双车道公路应间隔设置满足超车视距的路段。

超车视距全程可分为四个阶段，如图 3-19 所示。

(1) 加速行驶距离 S_1。当高速车赶上低速车时，首先应尾随在低速车后行驶一段距离，

经判断认为有超车可能时，加速行驶移向对向车道，在进入该车道之前行驶的距离为 S_1

$$S_1 = \frac{V_0}{3.6}t_1 + \frac{1}{2}at_1^2 \qquad (3\text{-}12)$$

式中 V_0——被超汽车的速度，一般较设计速度低 10～20km/h；

t_1——加速时间，一般取 $t_1=2.9\sim4.5$s；

a——平均加速度，m/s²。

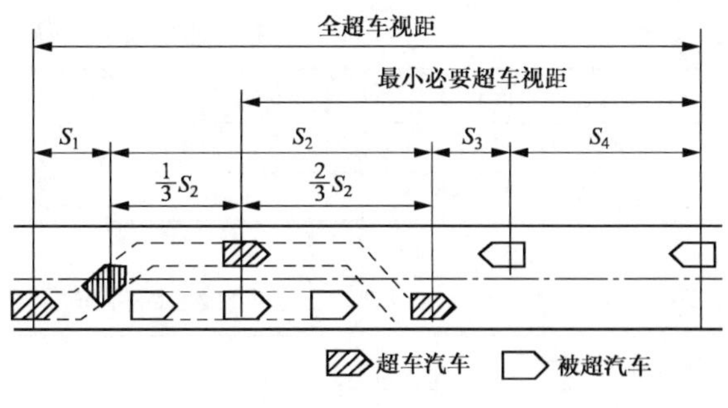

图 3-19 超车视距

(2) 超车汽车在对向车道上行驶的距离 S_2

$$S_2 = \frac{V}{3.6}t_2 \qquad (3\text{-}13)$$

式中 V——超车汽车的速度，一般采用设计速度，km/h；

t_2——在对向车道上行驶的时间，一般取 $t_2=9.3\sim10.4$s；

(3) 超车汽车从开始加速到超车完成的时间内，对向车道汽车的行驶距离 S_4

$$S_4 = \frac{V}{3.6}(t_1 + t_2) \qquad (3\text{-}14)$$

式中符号意义同上。

(4) 超车完成时，超车汽车与对向汽车之间的安全距离 S_3

$$S_3 = 15 \sim 100\text{m}$$

以上四个距离之和就是全超车视距 S_C，即

$$S_C = S_1 + S_2 + S_3 + S_4 \qquad (3\text{-}15)$$

但由上式确定的超车视距较长，不太容易满足。实际上只要考虑超车汽车从完全进入对向车道到超车完毕时所行驶的时间就已经很安全了。因为当汽车在对向车道上追上被超汽车后，一旦发现对向有来车而其距离不足时，该车还可以回到原来的车道上。一般汽车从对向车道赶上前车的时间为 $t_2/3$，那么从这时开始到超车完成的时间则为 $2t_2/3$，即其行驶距离为 $2S_2/3$，而对向车道汽车的行驶时间也为 $2t_2/3$，即

$$S_4' = \frac{V}{3.6} \times \frac{2}{3}t_2$$

于是，最小必要超车视距 S_{Cmin} 为

$$S_{Cmin} = \frac{2}{3}S_2 + S_3 + S_4' \qquad (3\text{-}16)$$

五、视距的标准

《公路工程技术标准》规定：高速公路、一级公路的视距采用停车视距，高速公路、一级公路在一般路段，每条车道的停车视距不应小于表 3-18 的要求。积雪冰冻地区的停车视距宜适当加长。

二、三、四级公路的视距采用会车视距，二、三、四级公路的停车视距、会车视距、超车视距不应小于表 3-19 的要求。受地形条件或其他特殊情况限制而采取分道行驶的路段，可采用停车视距。

表 3-18 高速公路、一级公路停车视距

设计速度（km/h）	120	100	80	60
停车视距（m）	210	160	110	75
货车停车视距（m）	245	180	125	85

表 3-19 二、三、四级公路停车视距、会车视距、超车视距

设计速度（km/h）	80	60	40	30	20
停车视距（m）	110	75	40	30	20
会车视距（m）	220	150	80	60	40
超车视距（m）	550	350	200	150	100
货车停车视距（m）	125	85	50	35	20

二、三、四级公路等应采用双车道的公路，应设置满足超车视距的路段，具有干线功能的二级公路宜在 3min 的行驶时间里，提供一次满足超车视距的超车路段。其他双车道公路可根据情况设置。

高速公路、一级公路以及大型车比例较高的二、三级公路，应采用货车停车视距对相关路段进行检验，各级公路的货车停车视距，如表 3-18、表 3-19 所示。货车停车视距在下坡路段，应随坡度大小进行修正，其修正值如表 3-20 所示。

表 3-20 下坡路段货车停车视距修正

设计速度（km/h）		120	100	80	60	40	30	20
纵坡坡度（%）	0	245	180	125	85	50	35	20
	3	265	190	130	89	50	35	20
	4	273	195	132	91	50	35	20
	5		200	136	93	50	35	20
	6			139	95	50	35	20
	7				97	50	35	20
	8						35	20
	9							20

在公路各类出入口区域，由于驾驶员需要及时辨识出入口位置、适时选择转换车道、进行加减速驶入或驶出等操作，存在交通流交织和冲突等现象。因此，《公路工程技术标准》规定：各级公路的互通式立交、服务区、停车区、客运汽车停靠站等各类出、入口路段应满足识别视距的要求。所谓识别视距是指：车辆以一定速度行驶中，驾驶员自看清前方分流、合流、交叉、渠化、交织等各种行车条件变化时的导流设施、标志、标线，做出制动减速、变换车道等操作，至变化点前使车辆达到必要的行驶状态所需要的最短行驶距离。不同设计速度的识别视距规定如表 3-21 所示。

表 3-21 不同设计速度对应的识别视距

设计速度（km/h）	120	100	80	60
识别视距（m）	350（460）	290（380）	230（300）	170（240）

注 括号中为行车环境复杂，路侧出入口提示信息较多时应采取的视距值。

六、平面视距的保证

汽车在弯道上行驶时，弯道内侧行车视线有可能被树木、建筑物、路堑边坡或其他障碍物遮挡。因此，在路线设计时必须检查平曲线上的视距是否能得到保证，如有遮挡时，则必须采取措施如消除障碍视线的障碍物，如图 3-28 所示。图中阴影部分是阻碍司机视线的范围，范围以内的障碍物都应加以清除。

平曲线上的视距检查有两种方法：最大横净距法和视距包络图法。现分别加以介绍。

（一）最大横净距法

如图 3-20（b）所示双车道公路一平曲线段，虚线为驾驶员的眼睛位置沿曲线移动形成的轨迹线，称为驾驶员视点轨迹线。设 A、B 为驾驶员视点轨迹线上的两点，其间的轨迹线长度等于行车视距 S，则 AB 连线称为视距线，即驾驶员视点轨迹线上长度等于视距的任意两点的连线称为视距线。在视距线与视点轨迹线间不应有任何障碍物，否则就会妨碍视线。所谓横净距就是指驾驶员的视点轨迹线到视距线的最大距离，也就是说离开视点轨迹线距离为横净距值的范围内应该是无障碍物的。在曲线段内不同位置的横净距是不相等的，所有横净距中的最大值称为最大横净距。它一般出现在曲线顶点处或顶点附近的一段范围内。

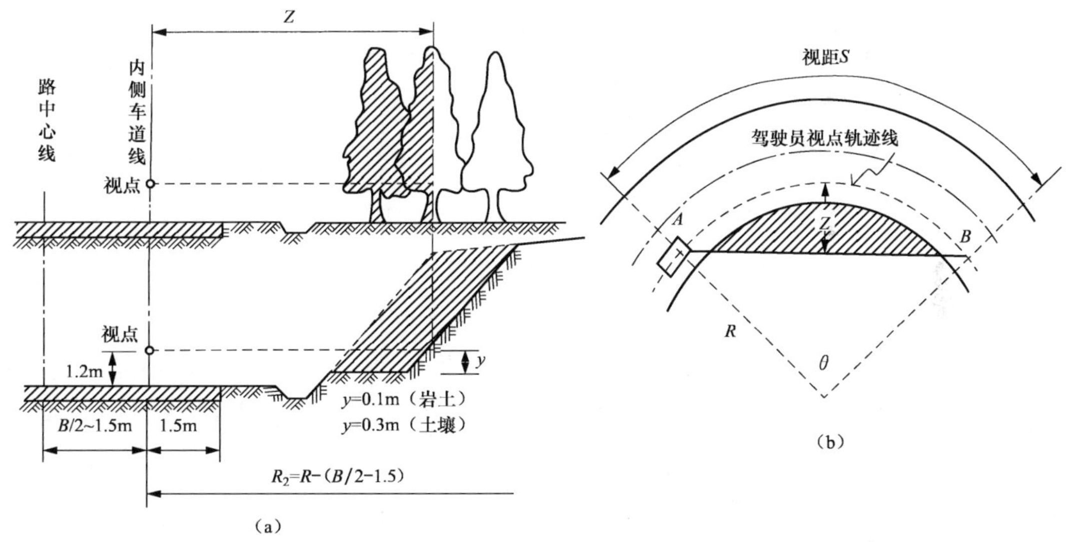

图 3-20 横净距法

（a）横净距立面图；（b）横净距平面图

驾驶员的视点位置如图 3-20（a）所示。

横向：距路面内边缘（未加宽前）1.5m，或距路面中心线 $b/2-1.5$m（b 为路面宽度）；

竖向：视线高为 1.2m。

检查一个平曲线是否满足行车视距要求，是通过检查任一障碍物到驾驶员的视点位置（或视点轨迹线）的距离 h_0 是否大于该处要求的横净距 z（一般都采用该平曲线的最大横净距值）来进行的。

若 $h_0 \geqslant z$，则该障碍物不影响视线；若 $h_0 < z$，则该障碍物阻挡视线，必须予以清除或采取其他补救措施。

如何计算最大横净距?

由于驾驶员视点轨迹线是与公路中线平行的曲线(半径小于中线半径),因此最大横净距 h 可根据轨迹线的线型及行车视距长度通过计算得到,计算公式见表 3-22。

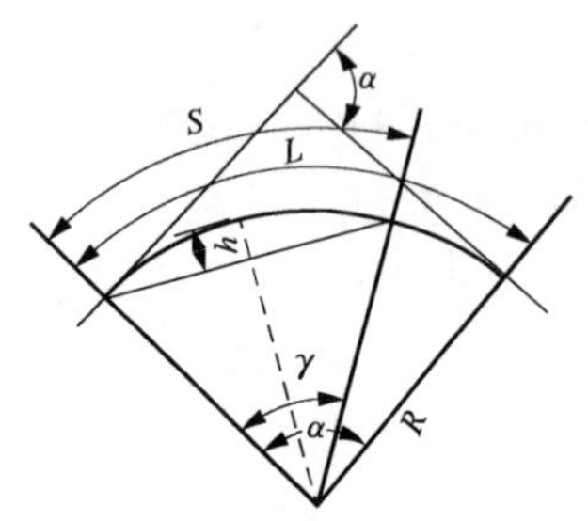

图 3-21 不设回旋线时横净距计算图 $L>S$

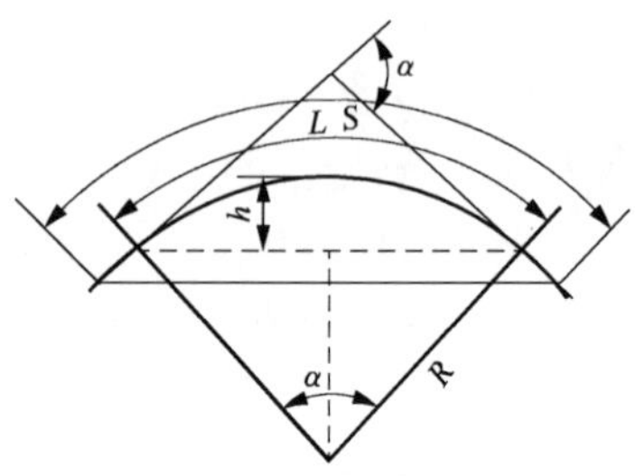

图 3-22 不设回旋线时横净距计算图 $L<S$

表 3-22 最大横净距计算公式

不设回旋线	$L>S$ [见图 3-21] $h=R_s\left(1-\cos\frac{\gamma}{2}\right)$	$\gamma=\frac{180S}{\pi R_s}$
	$L<S$ [见图 3-22] $h=R_s\left(1-\cos\frac{\gamma}{2}\right)+\frac{1}{2}(S-L_s)\sin\frac{\alpha}{2}$	$L_s=\frac{\pi}{180}\alpha R_s$
设回旋线	$L'>S$ [见图 3-21] $h=R_s\left(1-\cos\frac{\gamma}{2}\right)$	$\gamma=\frac{180S}{\pi R_s}$
	$L>S>L'$ [见图 3-23] $h=R_s\left(1-\cos\frac{\alpha-2\beta}{2}\right)+\frac{1}{2}(l-l')\sin\left(\frac{\alpha}{2}-\delta\right)$	$\delta=\arctan\left\{\frac{1}{6R_s}\left[1+\frac{l'}{l}+\left(\frac{l'}{l}\right)^2\right]\right\}$ $l'=\frac{1}{2}(L_s-S)$
	$L<S$ [见图 3-24] $h=R_s\left(1-\cos\frac{\alpha-2\beta}{2}\right)+l\sin\left(\frac{\alpha}{2}-\delta\right)+\frac{S-L_s}{2}\sin\frac{\alpha}{2}$	$\delta=\arctan\frac{1}{6R_s}$

表中 h——最大横净距,m;

S——视距,m;

L——平曲线长度,m;

L'——圆曲线长度,m;

l——回旋线长度,m;

R_s——曲线内侧行驶轨迹的半径,m,其值为未加宽前路面内缘的半径加上 1.5m;

L_s——曲线内侧行驶轨迹的长度,m;

α——公路转角,°;

γ——视距线所对的圆心角，°；

β——回旋转角，°。

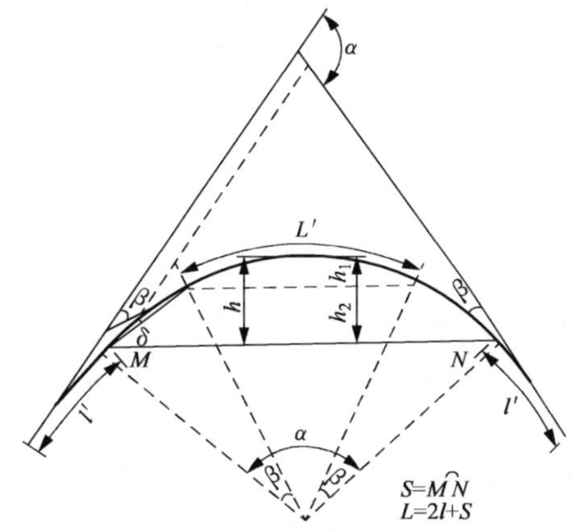

图 3-23　设回旋线时横净距计算图 $L>S>L'$

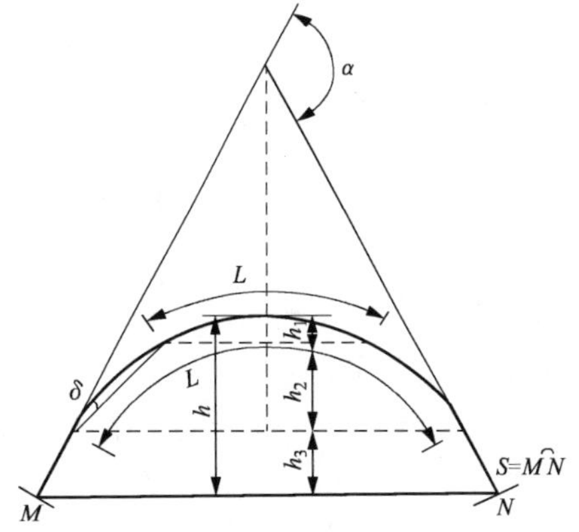

图 3-24　设回旋线时横净距计算图 $L<S$

（二）视距包络图法

前述的方法是用计算出的最大横净距，来确定影响视线的障碍物范围。现在介绍一种图解法确定清除障碍物的边界的方法，即视距包络图法。所谓视距包络图就是在驾驶员视点轨迹线上每隔一定间隔绘出的一系列的视距线相交出的外边缘线，如图 3-25 所示。

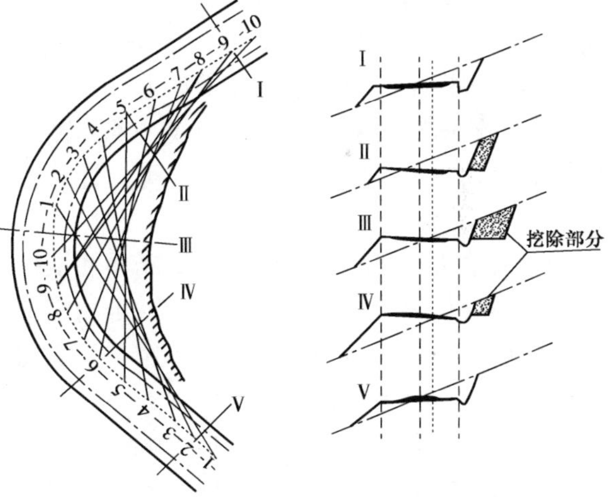

图 3-25　平曲线上的视距清除包络线

视距包络图的作图方法如下：

（1）按一定比例尺绘出弯道平面图，图上绘出路基、路面边缘线及路中心线，并根据路面宽度绘出驾驶员视点轨迹线（由路中线内移 $b/2-1.5$m）。

（2）在视点轨迹线上按一定距离进行量距分点。一般从平曲线起点前的适当距离（如视距的一半长度）开始，分点间距最好是要求的视距的 n 等分（如 $n=10$），即用 S/n 的间距用分规对视点轨迹线分点，并用 0，1，…，n 的数字连续编号，使相同两个号码间的轨迹线长度等于视距 S，直到平曲线结束后一定距离（也可取视距的一半）为止。

（3）分别用直线连接编号相同的两点，即得到一系列视距线，这些视距线相互交叉，形成一条外切边缘轮廓线，即为视距包络线，或称视距包络图。

由图 3-25 可以看出，在视距包络线与视点轨迹线之间的任何物体（高度超过 1.2m）都会影响公路的通视条件，而位于包络线内侧的物体则不会阻挡驾驶员的视线。因此，视距包络图能够更加直观地反映出弯道处的视距问题。

根据中线上各桩位置，在横断面方向上便可量出视点轨迹线到视距包络线之间的距离 Z，该值就是本断面所需的横净距值。由图 3-25 可以看出，在曲线顶点处的横净距值是最大的，其他各点随离开顶点的距离的增大，其横净距逐渐减小。因此，前面介绍的采用最大横净距检查弯道的视距实际上是偏于安全的。一般来说检查孤立障碍物采用最大横净距法较为方便，而检查连续障碍物（如路堑边坡等）时，则采用视距包络图法更为合理。

任务五　设计横断面

横断面设计俗称“戴帽子”，它的主要任务是根据公路等级，结合当地自然条件，综合考虑交通安全、路基稳定、公路排水、节省用地和工程经济等的要求，确定公路横断面的组成部分及其几何尺寸。一般横断面图的比例尺为 1∶2000。

一般情况下，横断面设计是在横断面测量所得的各桩号地面横断面图上，按纵断面设计确定的填挖高度，和平面设计确定的超高、加宽值，结合当地的地形、地质等具体情况，根据《公路工程技术标准》规定的路基宽度、边坡坡度等，参照路基典型横断面图式，逐桩绘出其路基横断设计图。对采用护坡、挡土墙等结构物的路段，应绘出其相应结构物并标注其起讫桩号、圬工种类及其断面尺寸；对桥涵处的横断面，亦应予注明。

横断面设计时应收集的资料有：平曲线的始终点桩号、转角方向及其内各桩号的超高、加宽值；各桩号的填挖高；路基宽度；路基边坡坡度；边沟的形式和断面尺寸；视距不良路段所设视距台的位置和断面尺寸；其他资料，如地质、土质、水文资料及特殊限制情况等。

一般路基横断面图的绘制步骤如下：

（1）点绘横断面地面线。地面线是现场测绘的，若是纸上定线，则从大比例尺的地形图上内插获得。在计算机辅助设计中，可向计算机输入横断面各变化点相对于中桩的坐标，由计算机自动绘制。

（2）根据路线和路基资料，将横断面的填挖值及有关资料（如路基宽度、加宽值、超高坡度、缓和段长度、平曲线半径等）抄于相应桩号的断面上。

（3）根据现场调查的土壤地质资料，示出土石界线，确定边坡坡度以及边沟的形状与尺寸。

（4）绘横断面的设计线，俗称“戴帽子”。

设计线应包括路基、边沟、截水沟、加固及防护工程、护坡道、碎落台、视距台等。在弯道上的断面还应示出超高、加宽。一般直线段的断面可不示出路拱坡度。

直线段　如是路堤，在中线地面桩点上按填土高度作水平线，按路基宽度之半截得左右两侧路基边缘点，再按所需边坡坡度绘出边坡线，与地面线的相交点即坡脚点，再按需要来绘出所需边沟断面；如是路堑，用路堤相同方法按挖方深度绘得路基边缘后，按需要绘出边沟断面，再以边沟沟底外缘作边坡线，与地面线相交点即坡顶；如是半填半挖路基，则分别按路堤、路堑绘得填、挖部分即得。

圆曲线段　如无超高、加宽时，横断面图的绘制与直线段的相同；有加宽、无超高时，在需加宽的一侧，按加宽值求得该侧的路基边缘点外，其余与直线段的绘制相同；有超高、无加宽时，在超高旋转轴位置上，按超高横坡绘得路基顶面线，再按路基宽度求得两侧路基边缘点，此后的步骤与上述的相同；如同时有超高和加宽时，先按有超高的绘得路基顶面线，再按加宽要求绘得路基边缘点，其后步骤如前述的相同。

缓和曲线段　按各桩号的超高、加宽值，用上述方法即可绘得。

（5）计算横断面的填挖面积。

横断面设计成果有哪些？

路基横断面设计的主要成果是“两图两表”，即路基横断面设计图，路基标准横断面图，路基设计表与路基土石方计算表。

1. 路基横断面设计图

路基横断面设计图（见图 3-26）是路基每一个中桩的法向剖面图，它反映每个桩位处横断面的尺寸及结构，是路基施工及横断面面积计算的依据，图中应给出地面线与设计线，并标注桩号、施工高度与断面面积。相同的边坡坡度可只在一个断面上标注，挡墙等圬工构造物可只绘出形状不标注尺寸，边沟也只需绘出形状。横断面设计图应按从下到上，从左到右的方式进行布置，一般采用 1∶200 的比例。

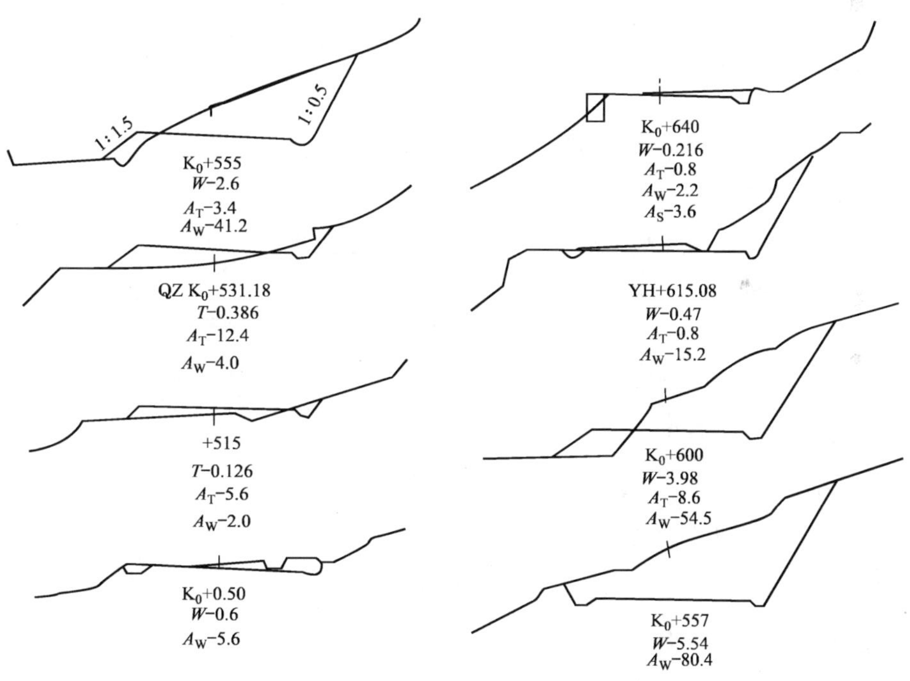

图 3-26　路基横断面设计图

2. 路基标准横断面图

路基标准横断面图是路基横断面设计图中所出现的所有路基形式的汇总。它示出了所有设计线（包括边坡、边沟、挡墙、护肩等）的形状、比例及尺寸，用以指导施工。这样路基横断面设计图就不必对每一个断面都进行详细的标注（其中很多断面的比例、尺寸都是相同的），避免了工作的重复与繁琐；也使横断面设计图比较简洁。常见典型的路基如图 3-27 所示。

3. 路基设计表

路基设计表是综合路线平面设计、纵断面设计和横断面设计的成果汇编而成，它基本上

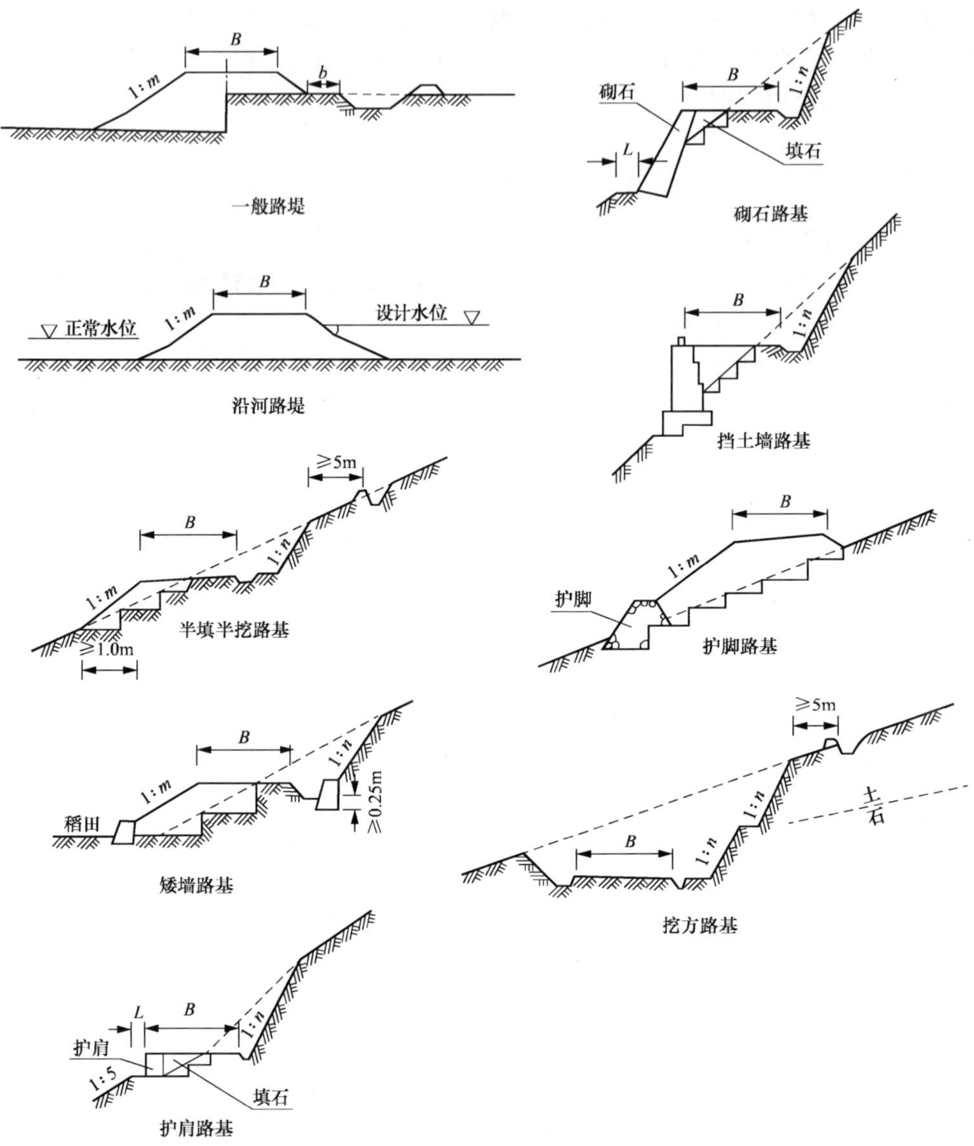

图 3-27 路基标准横断面图

可代替平面、纵断面和横断面设计图，在施工现场使用方便，见表 3-23 所示。

第 6 栏（设计标高）是指未设置超高、加宽前路基边缘的标高，如为改建公路可为中线标高。第 11 栏至第 13 栏（路基边缘及中桩与设计标高之差）中，若无超高、加宽时，路基边缘高程即设计标高，中桩与设计标高之差即设路肩横坡和路拱横坡后的高差；若有超高、加宽时，因设置超高、加宽而产生高差，应分别进行计算。第 14 栏即第 7 栏与第 12 栏之差，第 15 栏即第 8 栏与第 12 栏之差。

4. 路基土石方计算表

路基土石方是公路工程的一项主要工程量，所以在公路设计和路线方案比较中，路基土石方数量的多少是评价公路测设质量的主要技术经济指标之一，也是编制公路施工组织计划和工程概预算的主要依据。其表格形式参见表 3-24。

表 3-23

某公路某段路基设计表

桩号	平曲线	变坡点高程桩号及纵坡坡度、坡长	竖曲线	地面标高	设计高	填挖高度（m）		路基宽（m）		路边及中桩与设计高之高差（m）			施工时中桩（m）		边坡 1∶m		护坡道				边沟						坡脚坡口至中桩距离		备注
						填	挖	左	右	左	中桩	右	填	挖	左	右	护坡道宽		坡度 1∶m		坡度（%）		形状	底宽（m）	沟深（m）	内坡	左	右	
																	左	右	左	右	左	右							
1	2	3	4	5	6	7	8	9	10	11	12	13	14	15	16	17	18	19	20	21	22	23	24	25	26	27	28	29	30
K2+100.00		K_2+100 $i=-0.65\%$ $L=400$		160.76	159.92		0.84	7.50	7.50	0.00	0.15	0.00		0.69															
+120.00				161.56	159.75		1.81	7.50	7.50	0.00	0.15	0.00		1.66															
+140.00				164.03	159.59		4.44	7.50	7.50	0.00	0.15	0.00		4.29															
+160.00				164.23	159.43		4.80	7.50	7.50	0.00	0.15	0.00		4.65															
+180.00				162.15	159.28		2.87	7.50	7.50	0.00	0.15	0.00		2.72															
+200.00				163.17	159.14		4.03	7.50	7.50	0.00	0.15	0.00		3.88															
+220.00			+243.5	163.20	159.00		4.20	7.50	7.50	0.00	0.15	0.00		4.05															
+240.00				163.87	158.87		5.00	7.50	7.50	0.00	0.15	0.00		4.85															
+260.00				165.69	158.74		6.95	7.50	7.50	0.00	0.15	0.00		6.80															
+280.00				166.31	158.61		7.70	7.50	7.50	0.00	0.15	0.00		7.55															
+300.00				166.36	158.48		7.88	7.50	7.50	0.00	0.15	0.00		7.73															
ZH+315.89				166.30	158.37		7.93	7.50	7.50	0.00	0.15	0.00		7.78															
+340.00				166.06	158.22		7.84	7.50	7.71	0.59	0.29	−0.04		7.55															
HY+360.89				166.06	158.08		7.98	7.50	7.90	1.11	0.51	−0.12		7.47															
+380.00				166.20	157.96		8.24	7.50	7.90	1.11	0.51	−0.12		7.73															
+400.00			+404.6	166.01	157.83		8.18	7.50	7.90	1.11	0.51	−0.12		7.67															
+420.00	JD_5 右 78°53′21″ $R=200$ $L_{S1}=45$ $L_{S2}=45$ $T_1=187.38$ $T_2=187.38$ $L=320.375$ $E=59.533$			165.95	157.70		8.25	7.50	7.90	1.11	0.51	−0.12		7.74															
+440.00				165.61	157.60		8.01	7.50	7.90	1.11	0.51	−0.12		7.50															
+460.00				165.63	157.52		8.11	7.50	7.90	1.11	0.51	−0.12		7.60															
QZ+476.08		157.175	凹 $R=18000$ $T=95.4$ $E=0.25$	166.02	157.47		8.55	7.50	7.90	1.11	0.51	−0.12		8.04															
+500.00		K_2+500 $i=0.41\%$ $L=400$		166.05	157.43		8.62	7.50	7.90	1.11	0.51	−0.12		8.11															
+520.00				166.02	157.41		8.61	7.50	7.90	1.11	0.51	−0.12		8.10															
+540.00				165.43	157.42		8.01	7.50	7.90	1.11	0.51	−0.12		7.50															
+560.00				165.89	157.46		8.43	7.50	7.90	1.11	0.51	−0.12		7.92															
+580.00				163.21	157.51		5.70	7.50	7.90	1.11	0.51	−0.12		5.19															
YH+591.27				164.13	157.55		6.58	7.50	7.90	1.11	0.51	−0.12		6.07															
+600.00			+595.4	163.60	157.59		6.01	7.50	7.82	0.89	0.42	−0.09		5.59															
+620.00				162.86	157.67		5.19	7.50	7.64	0.40	0.20	−0.02		4.99															
GQ+636.27				161.35	157.73		3.62	7.50	7.50	0.00	0.15	0.00		3.47															

表 3-24 路基土石方数量计算表

桩号	横断面面积（或为半面积）(m²)			平均面积 (m²)			距离 (m)	挖方分类及数量（m）													填方数量 (m³)		利用方数量（m³）及运距（单位）							借方数量 (m³) 及运距（单位）		废方数量 (m³) 及运距（单位）		总运量 (m³·单位)	
	挖	填		挖	填			总数量	土						石								本桩利用		填缺		挖余		远运利用纵向调配示意						
									松土		普通土		硬土		软石		次坚石		坚石																
		土	石		土	石			%	数量	%	数量	%	数量	%	数量	%	数量	%	数量	土	石	土	石	土	石	土	石		土	石	土	石	土	石
1	2	3	4	5	6	7	8	9	10	11	12	13	14	15	16	17	18	19	20	21	22	23	24	25	26	27	28	29	30	31	32	33	34	35	36
K_{14}+000	60.0			71.1			17	1209				242		121				604		242							363	846	土: 363 石: 500 调至上公里				346/③		1038
+017	82.2										20 ↓		10 ↓						20 ↓										土: 202 石: (87)						
				84.3		5.0 *2.0	8	674				135		67				337		135		40 *16		56			202	416					329/③		987
+025	86.4		10.0 *0.4																																
				43.2	39.0	5.0 *2.0	12	518				103		52				259		104	468	60 *24	(279) 155	84	34										
+037		78.0																																	
					73.8		4														295				295				石: (40)						
+041		69.6															50 ↓																		
				39.2	34.8		9	353						71				176		106	313		71 (242)					40	土: 113 石: 8						
+050	78.4																																		
				56.4			10	564						113				282		169							113	451	土: 145 石: (44) 538				443/②		886
+060	34.4																																		
				60.6			12	727						145				364		218							145	582	土: 89 石: (22) 336						
+072	86.8																																		
				55.9			8	447						89				224		134							89	358							
+080	25.0																																		
				12.5	12.3	27.3	6	75						15				37		23	74	164	15	60	59	104									8
+086		24.6	54.6																										②						
					26.3	55.3	8														210	442			210	442									226
+094		28.0	56.0																																
					24.0	56.0	6														144	336			144	336									33
+100		20.0	56.0										20 ↓						30 ↓										①						
					22.0	50.0	8														176	400			176	400								35	206
+108		24.0	44.0																										②						
				12.0	12.0	22.0 *1.0	6	72						14				36		22	72	132 *6	14	58	58	80									
+114	24.0		*2.0																										土: 70 石: 265						
				35.0		*1.5	10	350						70				175		105		*15		15			70	265							
+124	46.0		*1.0																										土: 35 石: (129) 215						
				31.0	4.0	*0.5	16	496						99				248		149	64	*8	64	8			35	339					45		
+140	16.0	8.0																																	
				29.0	7.0		20	580						116				290		174	140		116 (24)					440					440		
+160	42.0	6.0																																	
				52.0	3.0		20	1040						208				520		312	60		60				148	832	石: (215)			148	832		
+180	62.0																																		
				38.0	10.5		10	380						76				190		114	105		76 (29)					275					60		
+190	14.0	21.0																																	
				7.0	28.5		10	70						14				35		21	285		14 (56)		215										
+200		36.0																																	
小计							200	7555				480		1270				3777		2028	2405	1574 *68	585 (630)	281	1191	1362	1165	4894	土: 654 石: 1362 (537)			148	2495	35	3384

注 *表示砌石；（）表示以石代土；第34栏中分子表示数量，分母表示运距；①②表示平均超运运距单。

5. 其他成果

对于特殊情况下的路基（如高填深挖路基、侵河路基、不良地质地段路基等）应单独设计，并绘制特殊路基设计图。图中应示出地质、各种防护工程设施及构造物布置大样图。比例尺用 1∶100～1∶500，必要时加绘比例尺为 1∶200～1∶2000 的平面图及水平比例 1∶200～1∶2000，垂直比例 1∶20～1∶200 的纵断面图。对于高等级公路还应绘制超高方式图，详细示出超高方式、布置及主要尺寸。设有中间带的公路还应绘出中间带设计图，图中应示出缘石大样，中央分隔带开口设计图等。

任务六 路基土石方计算与调配

路基土石方工程是公路工程的主体工程之一，在公路工程量中占有很大比重。土石方工程数量又是公路方案评价和比选的主要技术经济指标之一。

土石方计算与调配的主要任务是，计算路基土石方工程数量，合理进行土石方调配，并计算土石方的运量。为编制公路概（预）算、公路施工组织、施工计量支付提供依据。

由于自然地面起伏多变，填挖体积不可能是一个简单的几何体，若依实际地面起伏变化情况来进行土石方数量的计算，不仅烦杂，而且实用意义不大。因此，在公路的测设过程中，土石方的计算通常采用近似方法计算精度按工程的要求而定。一般情况下，横断面的面积以平方米为单位，取小数后一位，土石方的体积以立方米为单位，取至整数。

一、横断面面积计算

路基填挖的断面积是指断面图中地面线与路基设计线所围成的面积，一般常用的计算方法如下。

1. 积距法

积距法的原理是把断面面积垂直分割成宽度相等的若干条块，由于每一条块的宽度相等，所以在计算面积时，只需量取每一条块的平均高度，然后乘以宽度，即可得出每一条块的面积，如图 3-28 所示。

$A_1 = b \times h_1 \quad A_2 = b \times h_2 \quad A_3 = b \times h_3 \cdots A_i = b \times h_i$

总面积 $A = h_1 \cdot b + h_2 \cdot b + \cdots + h_n \cdot b = b\sum h_i$ (3-17)

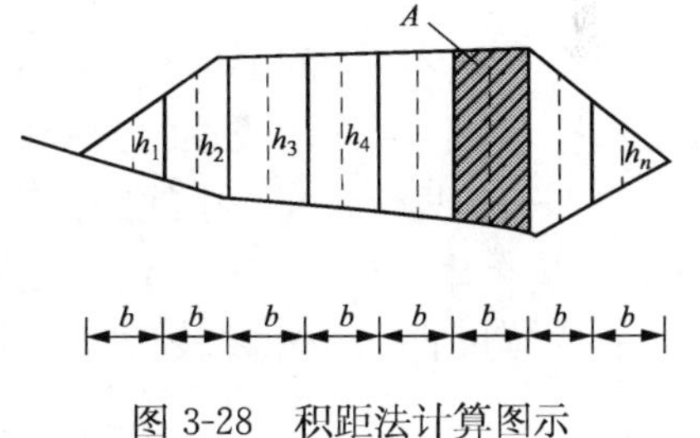

图 3-28 积距法计算图示

式中 A——横断面面积，m²；

b——横断面所分成的三角形或梯形条块的宽度，通常用 1m 或 2m；

h_i——横断面所分成的三角形或梯形条块的平均高度，m。

由此可见，积距法求面积就是在实际操作中转化为量取 h_i 的累加值，这种操作可以用分规按顺序连续量取每一条块的平均高度 h_i，分规最后的累计高就是 $\sum h_i$，将条块宽度乘以累计高度 $\sum h_i$，即为填或挖的面积。积距法也可以用厘米格纸拆成窄条作为量尺，每量一次 h_i 在窄条上画好标记，从开始到最后标记的累计距离就是 $\sum h_i$，然后乘以条块宽度 b，即为所求面积。

2. 坐标法

如图 3-29 所示建立坐标系，给定多边形各顶点的坐标，由解析几何可得多边形面积的

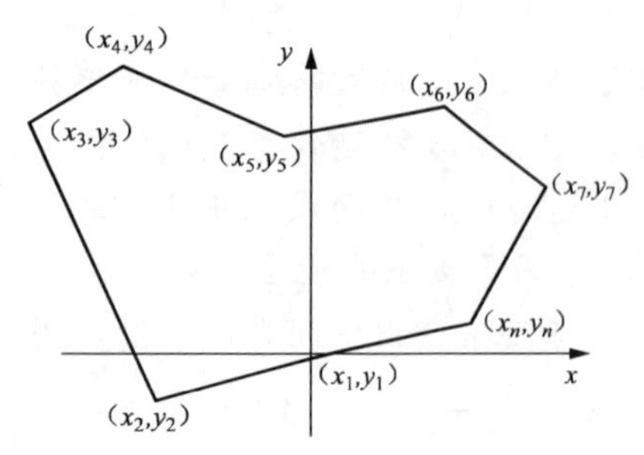

图 3-29 坐标系

计算公式为

$$A=\frac{1}{2}\sum(x_iy_{i+1}-y_ix_{i+1}) \tag{3-18}$$

式中 x，y——设计线和地面线围成面积的各顶点的坐标，m。

坐标法精度较高，方法较繁，适用计算机计算。

3. 几何图形法

当横断面的地面线较规则且横断面面积较大，可将路基横断面分为几个规则的几何图形，分别计算各图形面积后相加得到总面积。

4. 混合法

在一个较大的横断面中，几何图形法和积距法共用，以加快计算速度。

在横断面面积计算中应注意以下几个问题：

(1) 填方和挖方的面积应分别计算。

(2) 填方或挖方中的土石也应分别计算，因为其工程造价不同。

(3) 有些情况下横断面上的某一部分面积可能既是挖方面积，又要算做填方面积，例如，遇淤泥既要挖除，又要回填其他材料。

二、填挖方体积计算

1. 平均断面法

假定两相邻断面组成一棱柱体，如图 3-30 所示，两断面即为棱柱体的上底下底，中线距离（两桩号里程差）即为棱柱的高，其体积为

$$V=\frac{A_1+A_2}{2}\cdot L \tag{3-19}$$

式中 V——两断面间的体积，m^3；

A_1、A_2——横断面填或挖的面积，m^2；

L——两断面间的中线距离，m。

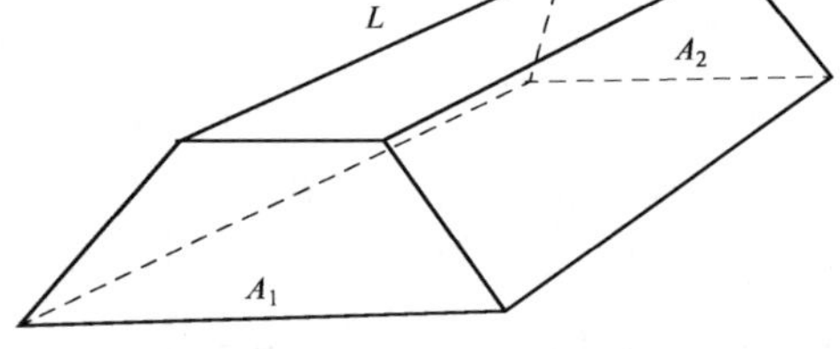

图 3-30 土石方计算示意图

2. 棱台体积法

两个横断面面积相差较大时，用棱台体积公式计算误差相对较小，其公式如下

$$V=\frac{1}{3}(A_1+A_2)L\left(1+\sqrt{\frac{m}{1+m}}\right) \tag{3-20}$$

$m=A_1/A_2$；其中 $A_2>A_1$。

从两式比较可知

当 $A_1=A_2$ 时：

平均断面法 $V=\frac{A_1+A_2}{2}\cdot L=A_1L$

棱台体积法 $V=A_1L$

当 $A_2=0$ 时：

平均断面法 $V=\frac{1}{2}A_1L$

棱台体积法 $V=\frac{1}{3}A_1L$

由比较可见，只有当相邻断面 A_1、A_2 相差不大时，平均断面法才较准确；当相邻断面 A_1、A_2 相差较大时，则按棱台体积法计算更为准确。尽管如此，为简化计算，目前一般仍采用平均断面法计算填挖方体积。

三、路基土石方的调配

在路基的施工过程中，就某一断面的土石方而言，会发生三种情况：①挖去多余的土，形成路基，或者本桩有填有挖，利用了本桩的土后，还有多余，需要调走（挖余）；②借其他地方的土，形成路基，或者本桩有填有挖，利用了本桩的土后，还不够，需要借土（填缺）；③本桩有填有挖，利用本桩的土填挖平衡（本桩利用）。

针对这些情况，“挖余”有两种处理方法：调至其他断面利用或弃土废方。“填缺”也有两种解决办法：从其他断面调土或从路外借土。土方调配就是要解决这些问题。

（一）调配计算中的几个问题

1. 免费运距、平均运距、经济运距

根据公路工程概算定额和预算定额，土方作业包括挖、装、运、卸等工序，在某一特定距离内，只按土石方数计价而不另计算运费，这一特定距离称免费运距。显然，施工作业方法不同，其免费运距也不同，如人工作业时，人工运输的免费运距为 20m，轻轨运输的免费运距为 50m；机械作业时，推土机的免费运距为 20m，铲运机的免费运距为 100m。各种作业方法的免费运距，可由《公路工程概算定额》和《公路工程预算定额》中查得。

土方调配时，从挖方体积重心到填方体积重心的距离，称平均运距。在路线工程中为简化计算，平均运距通常按挖方断面间距的中心至填方断面间距的中心的距离计。在土方调配时，若平均运距小于或等于免费运距时，可不另计运费；若平均运距大于免费运距时，超出的运距称超运运距，超运运距的运土，应另加计运费。超运运距按运输方式不同，有不同的计算单位，如人工运输以每超运 10m 为一超运单位，轻轨运输以每超运 50m 为单位，推土机以每超运 10m 为单位，铲运机以每超运 50m 为单位。各种运输方式的超运距单位，可从《公路工程概算定额》和《公路工程预算定额》中查得。

填方用土的来源，一是从路堑挖方纵向调运，一是就近路外借土。一般情况下，纵向调运路堑挖方来填筑较近的路堤是比较经济的，但如果调运的距离较长，以致运费（即上述超运运距的另加运费）超过了在路堤附近借土所需费用时，这种以挖作填就不如在附近借土经济。因此，采取“调”或“借”，有个距离限度问题，这个按费用经济计算的纵向调运的最大限度距离，称经济运距，可按下式计算。

$$L_{经} = \frac{B}{T} + L_{免} \tag{3-21}$$

式中　$L_{经}$——经济运距，km；

B——借方单价，元/m³；

T——超运运费单价，元/m³·km；

$L_{免}$——免费运距，km。

当调运的距离小于或等于经济运距时，采用纵向调运将路堑挖方调来填筑路堤是经济的，若调运距离超过经济运距时，则应考虑就近借土。

《公路工程概算定额》中规定：土石方的运距，第一个 20m（系指人工运输，若为轻轨运输则为 50m）为免费运距，如不足 20m 者亦按 20m 计，此后每增加 10m（若为轻轨运输则为 50m）为一超运距单位，尾数不满 5m 者不计，满 5m 者按 10m 计。

2. 运量

土石方运量即平均运距与调配土石方数量的乘积。土石方调配时，超运运距的运土才另加计运费，故运量应按平均超运运距计。

工程定额将人工运输的平均超运运距按每 10m 为一运输单位，称之为“级”，10m 为一级，在路基土石方数量计算表中（见表 3-24）记作①，20m 为二级，记作②，其余类推。于是得

$$W = Q \cdot n \tag{3-22}$$

式中 W——运量，m^3·级；

Q——调配土石方数量，m^3；

n——平均超运运距单位，（级），其值见式（3-23）。

$$n = \frac{L - L_{免}}{N} \tag{3-23}$$

式中 L——平均运距，m；

$L_{免}$——免费运距，m；

N——超运运距单位，m。

3. 计价土石方数量

在土石方计算与调配中，所有挖方均应予计价，但填方则应按土的来源决定是否计价，如是路外就近借土就应计价，如是移“挖”作“填”的纵向调配利用方，则不应再计价，否则形成双重计价（即路堑挖方和路堤填方两次计价）。即计价土石方数量为

$$V_{计} = V_{挖} + V_{借} \tag{3-24}$$

式中 $V_{计}$——计价土石方数量，m^3；

$V_{挖}$——挖方数量，m^3；

$V_{借}$——借方数量，m^3。

（二）土石方调配的一般要求

（1）土石方调配应先在本桩位内移挖作填（即横向调配），以减少总的运量。

（2）综合考虑不同的施工方法、运输条件、地形情况等因素，选用合理的经济运距。一般情况下，由于施工安排、运输条件等不能合乎理想，故采用的经济运距要较公式计算的小一些。

应该指出，在取土或弃土受限制的路段，虽然远距离运输费用高而不经济，但由于少占耕地、少影响农业生产等，这对整体来说也未必是不经济的。换言之，纵向调配必须考虑经济运距，但经济运距不是唯一的指标，还要综合考虑弃方或借方的占地、赔偿青苗损失和对农业生产等的影响问题。

（3）废方要作妥善处理。一般应使废方不占或少占耕地，在可能条件下应将弃土平整为可耕地；防止乱堆乱弃，或堵塞河流、损害农田，也不应因废方堆积而引起积雪、积砂等病害。

填方如需路外借土，应根据借方数量，结合附近的地形、地质及农田排灌等的情况，综合考虑借土还田、整地造田的可能性后，进行调配。

（4）调配土石方时应考虑桥涵位置，一般不作跨沟调运；也应考虑地形情况，一般不宜

往上坡方向调运。

（5）不同性质的土石方应分别调配，以做到分层填筑。可以以石代土，但不能以土代石。

（6）回头曲线部分应先作上下线调配。

（7）土石方工程集中的路段，因开挖、运输的施工作业方案与一般路段有所不同，可单独进行调配。

（三）调配方法

土石方调配方法有许多种，公路测设中多用土石方计算表调配法，即在路基土石方数量计算表上作土石方调配，具有方法简捷、调配清晰、精度符合要求的优点，并且可以利用计算机自动调配。其调配的步骤如下（见表 3-24）。

（1）在路基土石方数量计算表中的"挖方"、"填方"栏的计算复核无误后，将桥涵位置、陡坡、大沟等标注于表旁，供调配时参考。

（2）计算并填写表中"本桩利用"、"填缺"、"挖余"各栏。当以石作填土时，石方数应填入"土"中，并以符号区别之，如表 3-24 所示。然后按填挖方分别进行闭合核算，其核算式为

$$填方 = 本桩利用 + 填缺$$

$$挖方 = 本桩利用 + 挖余$$

（3）根据"填缺"、"挖余"的分布情况，可以大致看出调运的方向及数量，并按此进行初试调配。调配时应先按施工方法、运输方式来选定经济运距，并以此确定最大调运距离。调配的计价运距（即平均超运运距），即所调运的挖方段断面中心到填方断面中心的距离减去免费运距。经调配后，如有填方不足，不足部分按借方计；如有未调用的挖方，按废方计。

（4）复核初试调配并符合上述要求后，在表中"纵向调配示意"栏上，用箭头线表示调配方向，并标注调运土、石方数量及平均超运运距"级数"，见表 3-24。

（5）调配完成后，应分页进行闭合核算，核算式为

$$借方 = 填缺 - 远运利用$$

$$废方 = 挖余 - 远运利用$$

（6）本公里调配完毕，应进行本公里合计，总闭合核算除上述外，尚有（跨公里调入方）＋挖方＋借方＝（跨公里调出方）＋填方＋废方。

（7）土石方调配一般在本公里内进行，必要时也可跨公里调配，但需将调配的方向及数量分别注明，以免混淆。

（8）每公里土石方数量计算与调配完成后，须汇总列入（路基每公里土石方数量表），并进行全线总计与核算。至此完成全部土石方计算与调配工作。全线总的调运量复核

$$挖方 + 借方 = 填方 + 废方$$

思考题

3-1　如何确定路基横断面？各组成部分宽度又如何确定？

3-2　路基横断面组成包括哪些？

3-3　路肩和中间带的作用是什么？

3-4 路拱的形式有哪些？各有什么特点？如何确定路拱横坡？

3-5 如何确定道路加宽值？加宽如何过渡？

3-6 超高横坡度如何确定？

3-7 超高过渡段有哪些过渡方式？适用条件是什么？

3-8 超高过渡段长度如何确定？

3-9 超高值如何计算？

3-10 视距如何分类？视距的保证方法有哪些？

3-11 横断面设计的步骤是什么？

3-12 土石方调配的步骤是什么？

3-13 名词解释：免费运距、平均运距、经济运距、计价土石方、运量、护坡道、碎落台、截水沟、爬坡车道、错车道、路拱、超高过渡段、超高、超高值、行车视距。

3-14 土石方调配的全线复核公式是什么？

学习情境四　选 线 和 定 线

任务一　概　　述

选线是公路线型设计的重要环节。选线的质量直接关系到整条公路的质量、工程造价及公路今后使用的适用性、安全性、可靠性和寿命。另外，在两点之间，可能的线路很多。地面因素又复杂多变，加之路线本身平、纵、横三方面的相互影响和制约以及路线位置对公路构造物和其他公路设施影响很大等因素，使得选线工作变得十分复杂。因此，选线是一项具有很强技术性、综合性和政策性的工作。

一、选线的目的与任务

道路选线的目的，就是根据道路的性质、任务、等级和标准，结合地形、地质、地物及其沿线条件，综合平、纵、横三方面因素，在实地或纸上选定道路中线的平面位置。

道路选线的主要任务是：确定道路的走向和总体布局；具体确定道路的交点位置并选定道路的曲线要素，通过纸上或实地选线，把路线的平面位置确定下来。

二、选线方法

1. 实地选线

实地选线是由选线人员根据设计任务书的要求，在现场实地进行勘察测量，经过反复比较，直接选定路线的方法。这是我国传统的选线方法。

其特点是方法简便，切合实际，实地容易掌握地质、地形、地物情况，做出的方案比较可靠，定线时一般不需要大比例尺地形图。但是，这种方法野外工作量很大，体力劳动强度大，野外测设工作受气候季节的影响大。同时，由于实地视野的限制，地形、地貌、地物的局限性很大，使路线的整体布局有一定的片面性和局限性。实地选线适用于一般等级较低、方案比较明确的公路。

2. 纸上选线

是在已经测得的地形图上进行路线布局、方案比选，从而在纸上确定路线，将此路线再放到实地的选线方法。

其特点是野外工作量较小，定线不受自然因素干扰，能在室内纵观全局，结合地形、地物、地质条件，综合平衡平、纵、横三方面因素，所选定的路线更为合理。但是纸上定线必须要有大比例尺地形图，地形图的测设需花费较大的工作量和具备一定设备。纸上选线的地形图若用航空摄影成图可大大缩短成图时间。

纸上选线的一般步骤是：

（1）实地敷设导线；

（2）实测地形图（可用人工或航测法）；

（3）纸上选定路线；

（4）实地放线。

随着航测技术的发展，纸上选线方法开始广泛运用，特别是对于高等级公路和地形、地物及路线方案十分复杂的公路更为适用。

3. 自动化选线

随着航测技术和电子计算机技术的发展，一种将航测和电算方法相结合的自动化选线方法已研制成功。

自动化选线的基本作法是：先用航测方法测得航测图片，再根据地形信息建立数字地形模型（即数字化的地形资料），把选线设计的要求转化为数学模型，将设计数据输入计算机，则计算机按照一定的程序进行自动选线、分析比较、优化，最后通过自动绘图仪和打印机将全部设计图表输出。

自动化选线采用电子计算机和自动绘图仪代替人工去做大量、繁重的计算、绘图、分析比较工作，这样能使选线方案更为合理、省工省时，是今后公路选线的发展方向。

三、选线步骤

一条道路路线的选定是经过由浅入深、由轮廓到局部、由总体到具体、由面到带进而到线的过程来实现的，一般要经过以下三个步骤。

（一）全面布局

全面布局是解决路线基本走向的全局性工作。就是在起讫点及中间必须通过的据点间寻找可能通行的“路线带”，并确定一些大的控制点，连接起来即形成路线的基本走向。例如，在起讫点及据点间可能沿某条河，越某座岭；可能走这一岸，也可能走另一岸。这些都属于路线的布局问题。

路线布局，是关系到公路“命运”的根本问题。总体布局如果不当，即使局部路线选得再好，技术指标确定得再恰当，仍然是一条质量很差的路线。因此，在选线中，首先应着眼于总体布局工作，解决好基本走向问题。全面布局是通过路线视察，经过方案比较来解决的。

（二）逐段安排

这是在路线基本走向已经确定的基础上，进一步加密控制点，解决路线局部方案的工作。即是在大控制点间，结合地形、地质、水文、气候等条件，逐段定出小控制点。例如，翻越同一山岭垭口后是从左侧展线下山，还是从右侧展线下山，沿一条河是仅走一岸还是多次跨河两岸布线等等都是属于局部方案问题。逐段安排路线是通过踏勘测量或详测前的察看路线来解决的。

（三）具体定线

这是在逐段安排的小控制点间，根据技术标准结合自然条件，综合考虑平、纵、横三方面因素，反复穿线插点，具体定出路线位置的工作。这一步更深入、更细致、更具体。具体定线由详测时的选线组来完成。

不同的设计阶段，选线工作内容应各有所侧重，后一阶段是前一阶段的继续与深化，随着勘察、设计工作的深入，应复查并优化前一阶段的路线方案，使路线线位更臻完善。

四、选线的一般原则

（一）路线的基本走向必须与道路的主客观条件相适应

限制和影响道路基本走向的因素很多，但归纳起来可有主观、客观条件两类。主观条件是指设计任务书（或其他文件）规定的路线总方向、等级及其在道路网中的地位和作用。客观条件是指道路所经地区原有交通的布局（如铁路、公路、航道、航空、管道等）、城镇、工矿企业、资源状况、土地开发利用和规划的情况以及地形、地质、气象、水文等自然条件。上述主观条件是道路选线的基本依据，而客观条件则是道路选线必须考虑的因素。选线人员要从各种可能的方案中选择出一条最优的路线方案，就要充分考虑上述条件对道路的影响，使之相适应。

（二）正确掌握和运用技术标准

在工程数量增加不大时，应尽量采用较高的技术标准。不要轻易采用较低指标或极限指标，也不应不顾工程数量增加，片面追求高指标。路线布设，应在保证行车安全、舒适、快捷的前提下，做到工程数量小、造价低、运营费用少、效益好，并有利于施工和养护。

（三）选线时要处理好道路与农业的关系

注意与农业基本建设的配合，做到少占田地，并应尽量不占高产田、经济作物田，避免穿过经济林园（如橡胶、茶林、果园等），并注意与修路造田、农田水利灌溉、土地规划等相结合。

（四）选线应重视水文、地质问题

不良地质和地貌对道路的稳定影响极大，选线时应对工程地质和水文地质进行深入勘测调查，弄清它们对道路的影响。

对于滑坡、崩塌、岩堆、泥石流、岩溶、泥沼等严重地质不良地段和沙漠、多年冻土等特殊地区的路线，应慎重处理，一般情况下应尽量绕避，必须穿过时，应选择合适的位置，缩小穿越范围，并采取必要的工程措施。

（五）重视环境保护工作

加强环保工作，重视生态平衡，为人类创造良好的生活环境，是我国的基本国策。在选线时应综合考虑由道路修建、汽车交通运行所引起的环境保护问题。主要应注意以下几点。

(1) 通过名胜、风景、古迹地区的道路，应注意保护原有自然状态，并注意与周围环境、景观相协调，严禁损坏重要历史文物。

(2) 路线对自然景观与资源可能产生的影响。

(3) 占地、拆迁房屋对环境带来的影响。

(4) 路线布局对城镇布局、行政区划、农业耕作区、水利排灌体系等现有设施造成分割而引起的影响。

(5) 噪音以及对大气、水源、农田污染所造成的影响。

(6) 充分考虑对破坏自然景观、资源和污染环境的防治措施及其实施的可能性。

（六）选线应综合考虑路线控制点

路线起、终点，必须连接的城镇、工矿企业，以及特定的特大桥、特长隧道等的位置，应为路线基本走向的控制点。大桥、长隧道、互通式立体交叉、铁路交叉等的位置，应为路线走向控制点，原则上应服从路线基本走向。中、小桥涵，中、短隧道，以及一般构造物的位置应服从路线走向。

任务二　平原地区公路选线

一、基本特征

（一）自然特征

平原主要是指一般平原、山间盆地、高原等地形平坦地区，其地形特征是地面起伏不大，一般自然坡度都在 3 度以下。其地形、地物特征是：除泥沼、盐渍土，河谷漫滩、草原、戈壁、沙漠等外，一般多为耕地，且分布有较多的各种建筑设施，居民点较密，交通网系较密。在农业区农田水系渠网纵横交错；在城镇区则建筑、电讯管网密布；在天然河网或湖区，还密布有湖泊、水塘和河岔。

从地质和水文条件来看，平原区一般不良地质现象较少，但有时会遇到软土和沼泽地段。另外，平原区地面平坦，往往排水较困难，地面积水较多，地下水位较高；平原区河流较宽阔，比降平缓，泥沙淤积，河床低浅，洪水泛滥较宽。

（二）路线特征

平原地区地形对路线的约束限制不大，路线平、纵、横三方面的几何条件很容易达到标准，路线布置主要考虑地物障碍问题，其路线特征是：平面线型顺直，以直线为主体线型，弯道转角一般较小，平曲线半径较大，在纵面上，坡度平缓，以低路堤为主。路线布设除考虑地物障碍外，一般没有太大困难。

二、布线要点

综合平原区自然和路线特征，布线时应着重考虑以下几点：

（一）以平面为主安排路线

选线时，首先在起、讫点间把经过的城镇、厂矿、农场及风景文物点作为大的控制点，在控制点间通过实地视察进一步根据地形条件和水文条件选择中间控制点，除一般较大的建筑群、水电设施、跨河桥位、洪水泛滥线范围以外以及其他必须绕过的障碍物外均可作为中间控制点。在中间控制点之间，无充分理由一般不设转角点。在安排平面线型时，既要使路线短捷顺直，又要注意避免过长的直线，可能条件下多采用转角小、半径大的长缓平曲线线型。纵面线型应综合考虑桥涵、通道，交叉等结构物的要求，合理确定路基设计高度。注意避免纵坡起伏过于频繁，但也不应过于平缓，而造成排水不良。

（二）正确处理路线与农业的关系

处理好公路与农田规划、农业灌溉、水利设施的关系，是平原区选线的重要问题。主要注意以下几点：

(1) 占用田地要与路线的作用、对支农运输的效果、工程数量及造价、运营费用等方面因素全面分析比较确定。既不能片面求直占用大量良田，也不能片面不占某块田，使路线绕行，造成行车条件差。如图 4-1 所示公路通过某河附近时，如按虚线方案走田中间穿过，路线短，线型好，但多占好田，填筑路基取土困难；如将路线移向坡脚（实线），里程虽略有增长，但避开了大片高产田，而且沿坡脚布线，路基可为半填半挖，既节省了土方，又避免了填方借土的远运。

(2) 注意处理好路线与农田水利的关系。线路布置要尽可能与农业灌溉系统配合，除特殊情况外，一般不要破坏灌溉系统。布线要注意尽量与干渠平行，减少路线与渠道相交，最好把路线布置在渠道的非灌溉区一侧或渠道的尾部。

当路线与渠道方向基本一致时，应考虑沿渠道布线，注意堤路结合、桥闸结合，以减少占田和便利灌溉。图 4-2 所示为豫东平原某公路的一段，利用人工运河河堤与路堤结合，且使路线布设在南岸河堤上，跨越支渠少，减少了桥涵数量及农田的占用数，线路又很平直。如果因路基占用水塘，影响农田给水，可考虑将水塘另一边拓宽取土筑路，扩大水塘使之得到补偿。

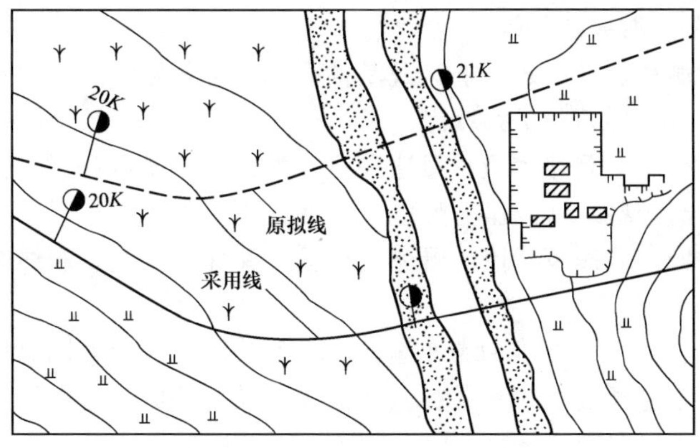

图 4-1　穿越农田方案比较

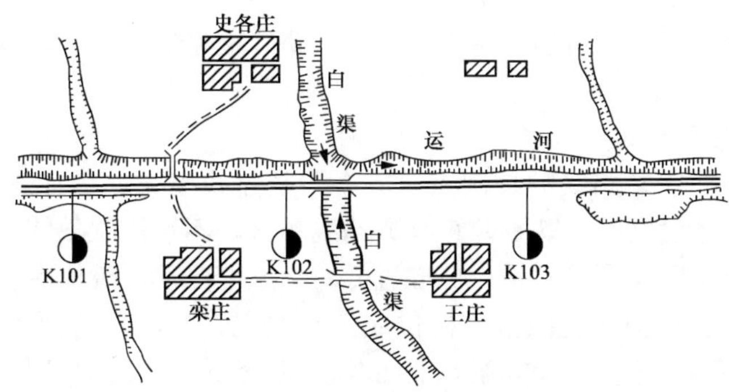

图 4-2　河堤与路堤结合的条件

（3）注意筑路与造田、护田结合。可能条件下，布线要有利于造田、护田。路线通过河曲地带，当水文条件许可时，可考虑路线直穿，裁弯取直，改河造田，缩短路线里程（或减少桥涵数量），如图 4-3 所示的布线方式。

当路线靠近河边低洼村庄或从农田通过时，可考虑靠河岸布线，围滩造田、护村，如图 4-4 所示为某公路采用沿河布置路线，借石填筑路堤，使一百多亩河滩地变为良田，并保护了村庄。

（4）路线布置要尽可能考虑为农业服务。布线时要注意与农村公路和机耕道的连接以及与土地规划相结合。较多地靠近一些居民点，并考虑地方交通工具的行驶，以方便群众，支援农业。

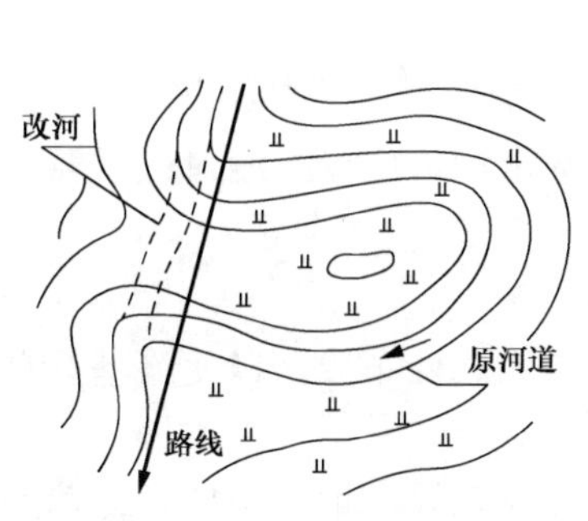

图 4-3　河曲地带改河造田

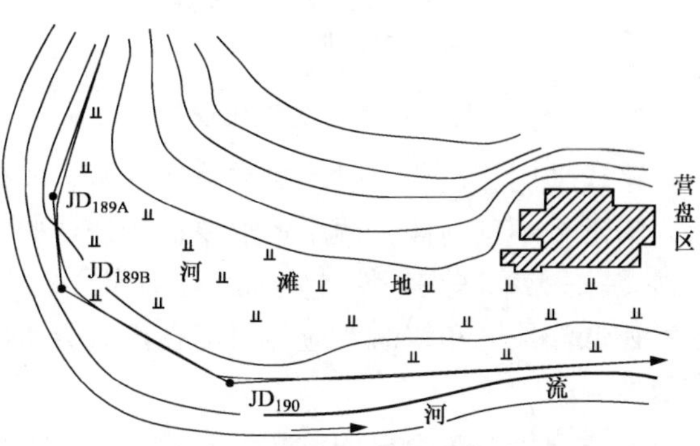

图 4-4　围滩筑路造田实例

（三）处理好公路与城镇的关系

平原区有较多的城镇、村庄、工业区及其他公用设施，路线布置应正确处理好服务与干扰、穿越与绕避、拆迁与保留的关系问题。

(1) 国防与高等级干线公路，应尽量避免直穿城镇、工矿区和居民密集区，以减少相互干扰。但考虑到公路对这些地区的服务性能，路线又不宜相离太远，必要时还应考虑支线联系。做到靠城而不进城，利民不扰民，既方便运输，又保证安全，布线时注意与地区规划相结合。

(2) 一般沟通县、区、村直接为农业运输服务的公路，经地方同意可穿越城镇，但要注意有足够的视距和行车道宽度（应考虑行人的需要）及必要的交通设施，以保证行人和行车的安全。

(3) 路线布设应尽量避开重要的电力、电讯及其他重要的管线设施。当必须靠近或交叉时，应遵守有关净空和安全距离的规定，尽量少拆或不拆各种电力、电讯和建筑设施。

(4) 注意与铁路、航道、机场、港口、已有公路等交通运输配合，以发挥交通运输的综合效益。

（四）处理好路线和桥位的关系

(1) 大、中桥位往往是路线的控制点，应在服从路线总方向的原则下，路、桥综合考虑，选择有利桥位，布设路线。既要防止只顾路线顺直，不管桥位条件，使桥跨困难，又要防止片面强调桥位，使路线绕线过长，标准过低。一般情况下，桥位中线应尽可能与洪水主流流向正交，桥梁和引道都在直线上。桥位应选在水文、地质及跨河条件较好的河段。如图 4-5所示为某路跨河的三个桥位方案，Ⅱ方案为正交桥位，跨河条件好，但路线线型弯曲，不利行车；Ⅲ方案路线顺直，但桥位正处于河曲地段，对桥梁不利；综合比较Ⅰ方案，桥位虽略呈斜交，桥长稍大于Ⅱ方案，但路线比较顺适，为可取的方案。

(2) 小桥涵位置原则上应服从路线走向，但遇到斜交过大（夹角小于 45°时）或河沟过于弯曲时，可考虑采取改沟或改移路线的办法，调整交角，布线时应通过比选确定，如图 4-6所示。

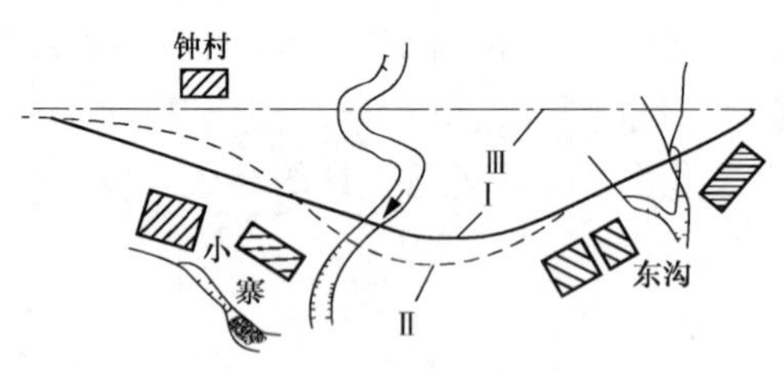

图 4-5 桥位方案比较

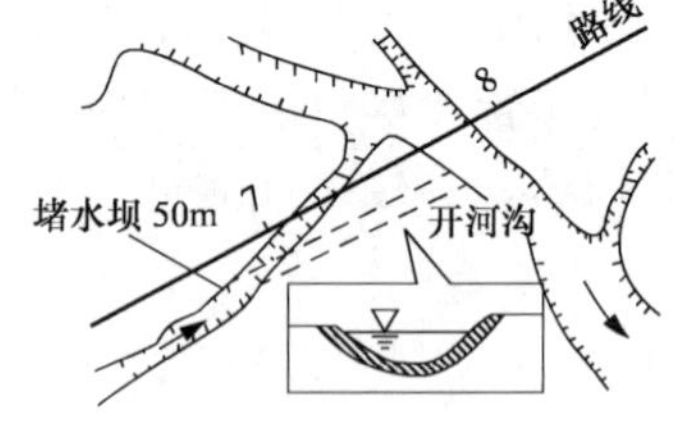

图 4-6 局部改移河沟

(3) 路线采用渡口跨河时，应在路线基本走向确定后选定渡口位置，渡口位置要注意避开浅滩、暗礁等不良河段，两岸地形要适于修建码头。

（五）注意土壤水文条件，确保路基稳定

(1) 在低洼地区布线时，应尽可能在接近分水岭的地势较高处布线，以使路基具有较好的水文条件。

(2) 路线通过排水不良的低洼地带，布线时要注意保证路基最小填土高度，低填及个别挖方地段要注意排水处理。

(3) 路线要避免穿过较大湖塘、水库、泥沼地带，不得已时应选择最窄、最浅和基底坡面较平缓的地方通过，并采取保证路基稳定的措施。

(4) 沿河布线时，应注意洪水泛滥对路线的影响，一般应布线于洪水泛滥线以外，必须通过泛滥区时，桥梁、路基应有足够的高度，以免洪水淹没，并应对路基边坡进行防护加固，避免冲毁。

任务三 山岭区公路选线方法

一、基本特征

(一) 自然特征

山岭地区包括分水岭、起伏较大的山、陡峻的山坡，一般地面自然坡度 20°以上。其主要自然特征如下。

1. 山高谷深，地形复杂，山脉水系分明

由于山区高差大，加之陡峻的山坡和曲折幽深的河谷，形成了错综复杂的地形，这就使得公路路线弯急、坡陡、线型很差，给工程带来困难。但另一方面清晰的山脉水系也给山区公路走向提供了依据。因此，在选线中摸清山脉水系的走向和变化规律，对于正确确定路线的基本走向，选择大的控制点是十分重要的。

2. 石多、土薄、地质复杂

由于山区的地质层理和地壳性质在短距离内变化很大，地质构造复杂，加之气候、水文及其他大气候因素变化急剧，引起强烈的风化、侵蚀和分割作用，不良地质现象（如岩堆、滑坡、碎落、泥石流等）较多。这些直接影响着路线的位置和路基的稳定。因此，在山区选线工作中，认真做好地质调查，掌握区域地貌和地质情况，摸清不良地质现象的规律，处理好路线与地质的关系，并在选线设计中采取必要的防护措施，对于确保路线质量和路基稳定具有十分重要的意义。另外，山区石多、土薄给公路建设提供了丰富的石料料场。

3. 水文条件复杂

山区河流曲折迂回，河岸陡峻，比降大、水流急，一般多处于河流的发源地和上游河段。雨季暴雨集中，洪水历时短暂，猛涨猛落，流速快，流量大，冲刷和破坏力很大，这样复杂的水文条件，要求在选线中正确处理好路线和河流的关系，选择好桥位并对路基和排水构造物采取必要的加固措施，确保路基稳定。

4. 变化的山区地形和地貌，引起多变的气候

一般山区气温较低，冬季多冰雪（特别是海拔较高的山区），一年四季和昼夜温差很大，山高雾大，空气较稀薄，气压较低。这些气象特征对于汽车行驶的效率、安全和通行性能都有很大的影响，这些在选线时应充分考虑。

(二) 路线特征

由于自然条件复杂，地形变化很大，使得路线在平、纵、横三方面受到很大限制，因而技术指标一般多采用低限。在所有自然因素中，高差急变是主导因素，因此，在路线布设时，一般多以纵面线型为主安排路线，其次是横面和平面。在选线时要注意分析平、纵、横三方面因素，结合影响路线的主要自然因素，综合考虑，求得协调合理。山区按地形布线可有沿溪线、越岭线、山脊线等，如图 4-7 所示。

1. 沿溪线路线特征

沿溪线是指公路沿一条河谷方向布设路线，如图 4-7 中的 AB 路段，其基本特征是路线总的走向与等高线一致。

沿溪线主要有利条件如下。

（1）路线走向明确。由于沿溪线路线遵循河流（或溪谷）方向布线，因此除个别冗长河曲外，一般无重大路线方案问题。如图 4-8 所示为路线走向沿河流方向布置情况。

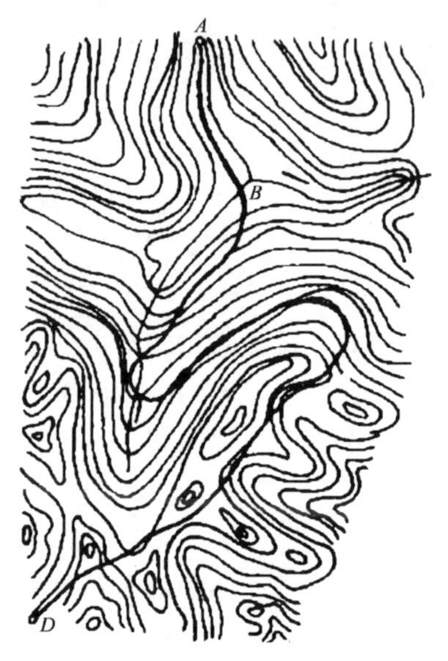

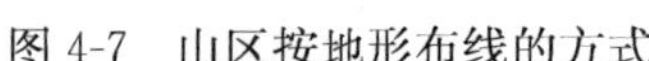
图 4-7 山区按地形布线的方式

图 4-8 沿溪线

（2）线型较好。除个别悬崖陡壁的峡谷地段和河曲地带外，一般的开阔河谷均可有台地利用，因而路线线型标准较易达到，线型较好。同时，由于河床纵坡一般都较路线纵坡为小（个别纵坡陡峻、跌水河段除外），因而路线纵坡不受限制，很少有展线的情况，平面受纵面线型的约束较小。

（3）施工、养护、运营条件较好。沿溪线海拔低，气候条件较好，对施工、养护、运营有利，特别在高寒地区更为有利。另外，沿溪线傍山临河，一般砂、石、木材都比较丰富，取水方便，为施工、养护提供了就地取材的条件。

（4）服务性能好。山区城镇和居民点大多傍山近水，沿河分布，特别是在河口三角地区，更为人口密集的地方。路线走沿溪方案，能更好地为沿线居民点服务，发挥公路的社会效益。

（5）傍山隐蔽，利于国防。沿溪线线位低，比山脊线和越岭线的隐蔽性好，战时不易破坏。

沿溪线也有一些不利的条件，有时不利因素突出时，往往成为否定沿溪线方案的理由，其主要不利条件如下。

（1）受洪水威胁较大。洪水是沿溪线的主要障碍，沿溪线的线位高低、工程造价、防护工程量等直接受洪水的影响。处理好路与水的关系是沿溪线的重要问题。

（2）布线活动范围小。由于河谷限制（特别是峡谷河段），路线线位左右摆动的余地很小。当路线遇到河岸条件差时（如悬崖陡壁、不良地质地段等），绕过比较困难，如果冒险直穿，不是遗留后患就是防护工程很大，增加工程造价。

(3) 陡岩河段，工程艰巨。在路线通过陡岩河段时，工程艰巨，难点很多，给公路测设和施工带来很大困难。同时，由于工程量集中，工作面狭窄，使工期加长，对于一些任务较紧的国防公路，往往因此而不得不放弃良好的沿溪线方案。

(4) 桥涵及防护工程较多。沿溪线线位低，往往要跨过较多的支沟，使桥涵工程增加。同时为了防御洪水的侵袭和破坏，防护工程必然很多。这些都较大地增加了工程造价。

(5) 路线布置与耕地的矛盾较大。河谷两岸台地虽是布线的良好场地，但在山区这些地方多是农田耕作地，对于耕地困难的山区，这些良田尤为宝贵。因而，在这些路段与占地的矛盾比较突出。

(6) 河谷工程地质情况复杂。通常河谷两岸多处于路基病害如滑坡、岩堆、坍塌、泥石流的下部，路线通过容易破坏山体平衡，带来后患。另外，在寒冷地区的峡谷段，日照少，常有积雪、雪崩和流冰现象。这些都给公路的设计、施工、养护、运营带来困难。

2. 越岭线路线特征

越岭线是指公路走向与河谷及分水岭方向横交所布设的路线，如图 4-7 所示的 *BC* 段，路线连续升坡，由一个河谷进入另一个河谷的布线方式。

越岭线的主要有利条件如下。

(1) 布线不受河谷限制，活动余地大。越岭线无河谷限制，布线时可能的方案较多，布线时遇不良地质、艰巨工程及重要地物限制时，要避让比较容易，布线灵活性大。

(2) 不受洪水威胁和影响。由于无洪水问题，一般路基较稳定，桥涵及防护工程较沿溪线少。

(3) 当采用隧道方案时，路线短捷且隐蔽，有利于运营和国防。

越岭线主要有下列不利条件。

(1) 里程较长、线型差、指标低。由于路线受高差限制，升坡展线需使路线增长，纵面线型较差。特别在地形复杂时（如“鸡爪”地形、陡峻迂回的山坡等），常使路线弯急坡陡，工程数量也很大。

(2) 施工、养护、运营条件差，服务性差。越岭线线位高，远离河谷，施工用水、砂石材料的运输等都不方便。回头展线地段，上下重叠施工较困难。

(3) 路线隐蔽性差，不利于国防。

3. 山脊线路线特征

山脊线是指公路沿分水岭方向所布设的路线，如图 4-7 所示的 *CD* 段。实际上一般连续而又平顺的山脊往往很少，所以较长的山脊线一般很少见，一般多与山坡线结合。作为越岭线垭口两侧路线的过渡段。若采用部分山脊线，则必须有适宜的山脊，一般应服从路线走向。分水线平顺直缓，起伏不大，岭肥厚，垭口间山坡的地形、地质情况较好的山脊是较好的布线条件。

山脊线的有利条件如下。

(1) 当山脊条件好时，山脊线一般里程短，土石方工程量小。

(2) 水文、地质条件好，路基病害少、稳定，地面排水条件好。

(3) 山脊线河谷少且小，桥涵人工构造物少。

山脊线的不利条件如下。

（1）线位高，远离居民点，服务性能差。

（2）山势高、海拔高、空气稀薄、冬季云雾、积雪、结冰较大，对行车和养护都不利。

（3）远离河谷，砂石材料及施工用水运输不便。

二、布线要点

（一）沿溪线布线要点

路线布设的首要任务就是利用有利条件，防止和避让不利条件。沿溪线布局的决定因素是水的问题。由于路线自始至终都要与河流打交道，因此，解决好路线与水的关系是沿溪线布局的关键。路线与河流基本关系主要是指平面关系和纵面关系，平面关系主要是解决择岸问题，而纵面关系则主要是解决线位的高低问题。

1. 河岸选择

择岸，主要是解决路线是否跨河（即一岸布线还是两岸布线）和选择走哪一岸两个问题。

（1）跨河问题。任何一条沿溪线公路，除了起终两点在同一岸、相距很近且工程又不大时，不考虑跨河外，一般情况下都有是否跨河两岸设线的问题。对于较大的河流，如果不是中间控制点的需要，一般因跨河桥梁工程过大而不宜跨河。但是，对于中小河谷，由于跨河较易，应充分利用两岸有利地形，往返跨河时有发生。

路线往返跨河主要有以下几种原因。

1）中间主要控制点的需要，当路线起讫点在河岸两侧，至少必须跨河一次。有时，起讫点虽在河流同一岸，控制点在对岸（见图 4-9），这时，可有两种布线方式：一种是两次跨河方案，如图中虚线；另一种是一次跨河方案，如图中实线，用支线与中间控制点连接。一般情况，后一方案可省一座桥，且干线直达快速，路线短捷，是应优先考虑的方案。

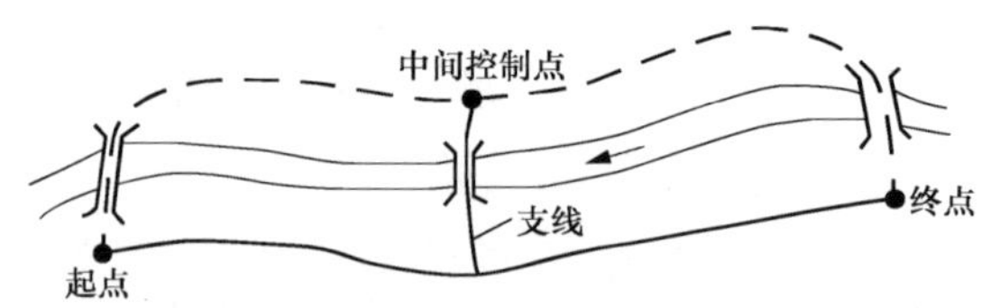

图 4-9　连接中间点的跨河方案

2）由于避让严重不良地质地段的需要，对于严重地质病害无法穿越或处理时，可考虑跨河绕避方案。

3）由于避让艰巨工程跨河。在峡谷带，河谷两岸地形的好坏变化常是交替出现，为了利用有利地形，避开艰巨石方工程，常采用两岸交替布线。

4）避让其他地物障碍，如铁路、农田、大型水利工程，重要建筑设施等。

5）由于线型标准的需要。这种情况一般是公路等级较高，河沟较小时出现。

（2）择岸。沿溪线考虑跨河是与择岸同时进行的。两岸情况不尽相同，各有利弊，选择时应综合比较确定。主要综合考虑以下几方面因素。

1）两岸地形、地质、水文条件。

2）积雪和冰冻的影响。主要是积雪地区，阳坡和阴坡、迎风面和背风面的气候条件差异很大，在不影响路线总体布局的前提下，一般走阳坡面和迎风面比较有利，可减少积雪和流冰对公路的危害，但在冰冻地区，则走阴坡面比较有利。

3）城镇、工矿和居民点的分布情况。

4）两岸施工、养护以及路线等级标准和投资情况。

2. 线位高低的确定

线位高低是路线纵面线型布局的问题。路线沿岸走多高，首先应考虑洪水的威胁。不管是高线位还是低线位，均应在设计洪水位以上一定安全高度。因此，在选线中应认真做好洪水位调查工作，以确保路线必需的最低线位高度。

（1）低线位：是指路基高出设计洪水位不多，路基上侧临水很近的布线方案。其主要优点是：一般情况有台地可以利用；地形较好，平面线较顺适，纵面切割不大，容易达到标准；路线低，填方边坡低，土石方数量少，边坡较稳定，路线活动余地稍大，跨河利用有利条件和避让不利条件较容易，养护、施工用水、取材较方便，从国防来看，路基破坏后因线位低抢修也很快。

低线位的主要缺点是：线位低，受洪水威胁大，通常防护工程较多，低线位多在沟口附近跨越支沟，桥涵孔径较大，基础工程也较困难；路线与农田矛盾较大，处理废方比较困难。

（2）高线位：指路线高出洪水位较多，完全不受洪水威胁的布线方案。其路线特征与山坡线相近。其主要优点是：无洪水影响，防护工程较少，废方处理问题不突出。当采用台口路基时，路基比较稳定。

高线位的主要缺点是：路基多用台口路基，挖方大，废方较多，由于线位高，路线势必随山形走势绕进绕出，特别是鸡爪地形地段，线型差，土石方大，跨支沟的桥涵构造物较多，工程费用较高，路基边坡常出现“缺口”，因而挡土墙和加固工程较多，线位高需要跨河时比较困难；施工、养护取料、用水也不如低线位方便。

综上所述，高线位一般害多利少，在洪水允许的条件下，无特殊问题时，一般以低线位为主，结合路线具体条件，局部路段采用高线位。

3. 桥位选择

按路线与河流的关系，有跨支流和跨主流两类桥位。跨支流的桥位选择，一般属于局部方案问题，而跨主河的桥位选择多属于路线布局的问题。跨主河的桥位往往是确定路线走向的控制点，它与河岸选择相互依存，互相影响，进行河岸选择的同时要认真研究好跨河桥位的选择。当路线由于地形、地质原因需要换岸布线时，如果桥位选择不好，勉强跨河，不是造成桥头线型差，就是增大桥梁工程。因此在选择河岸的同时，要研究处理好桥位及桥头路线的布设问题。

路线跨越主河，由于路线与河流接近平行，桥头布线一般比较困难，因此，在选择桥位时除应考虑桥位本身水文、地质条件外，还要注意桥头路线的舒顺，处理好桥位与路线的关系。常见有以下几种情况：

（1）在“S”形河段腰部跨河，以争取桥轴线与河流成较大交角。如图 4-10 所示，本例是个中小桥，采用斜桥方案，则更有利于路桥配合。

（2）在河湾处选择有利位置跨越，但要注意水流对桥的影响，采取保护措施，如图 4-11 所示。

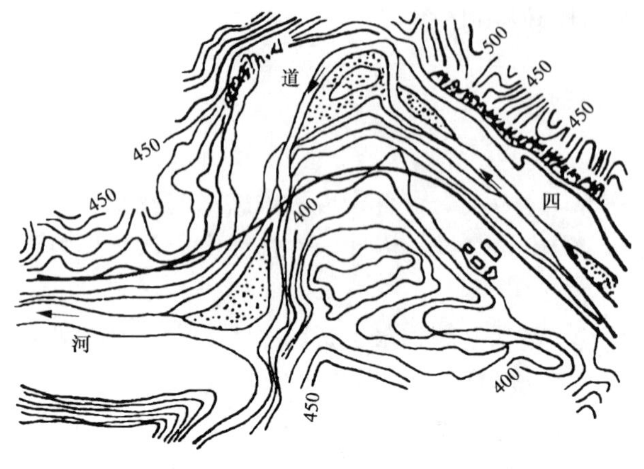

图 4-10　利用 S 弯跨河

图 4-11　利用河弯跨河

（3）在与路线接近平行的顺直河段上跨河，桥头引道难以舒顺。如图 4-12 所示桥位应尽量避免。当必须在这种河段跨越时，中、小桥可考虑设置斜桥以改善桥头线型；如为大桥，当不宜设斜桥时，宜把桥头路线做成构形或布置一段弯引桥，或两者兼用。总之，桥头曲线要争取较大半径，以利行车。

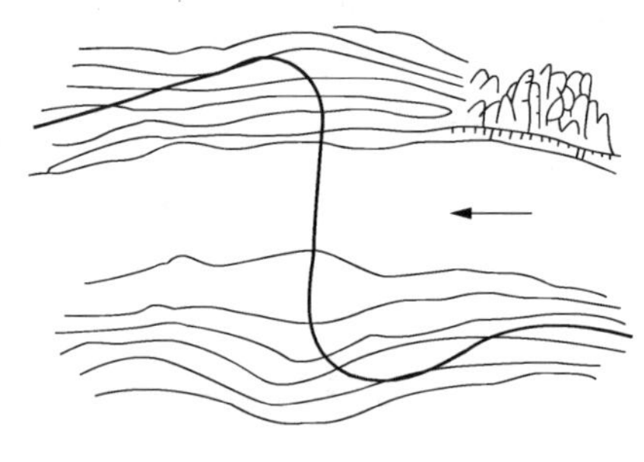

图 4-12　不利桥位

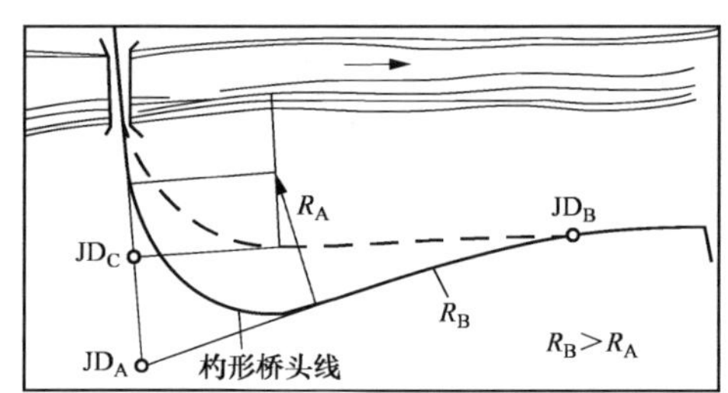

图 4-13　大半径桥头线型

（二）越岭线布线要点

克服高差是越岭线的关键。因此，在布线时，应以纵面为主导安排路线，结合平面线型和路基的横向布置进行。

越岭线布线要点有垭口选择、过岭标高和展线布局三个问题。

1. 垭口选择

垭口是分水岭山脊上的凹形地带（又叫鞍部），由于标高低，常常是越岭线的重要控制点。

垭口选择应在符合路线总方向的前提下，综合各方面因素，从可能通过的垭口中根据其标高、位置、两侧地形、地质条件及气候条件反复比较确定。

（1）垭口的高低。垭口海拔的高低及其与山下控制点的高差，直接影响路线展线长度、工程数量大小和营运条件。在展线条件相同时，垭口降低的高度 Δh 和缩短的里程 Δl 有如下的关系

$$\Delta l = 2\Delta h \frac{1}{i_p}$$

式中　i_p——展线的平均坡度，一般取 5%～5.5%。

由上式可知，若垭口低 50m，可缩短里程 2km（采用 5%）。在地形困难的山区，减少 2km 公路节省的造价是可观的，同时，运营费用也得以减少。

另外，在高山地区，低垭口对于行车和养护都是有利的。有时为了获得较好的行车和养护条件，即使路线较偏，也可能绕线从低垭口通过。

（2）垭口的位置。选择垭口不仅要低，而且垭口的位置要符合路线的基本走向，即路线通过垭口时不需要无效延长路线就能和前后控制点相接，如图 4-14 所示 A、B 控制点间有 C、D 两个垭口，从平面位置看，C 垭口在 AB 直线上，D 垭口偏离直线较远，但从符合路线基本走向来看，穿 D 垭口比穿 C 垭口反而展线短些，平面线型还要好些，因此，D 垭口比 C 垭口更合乎路线走向。

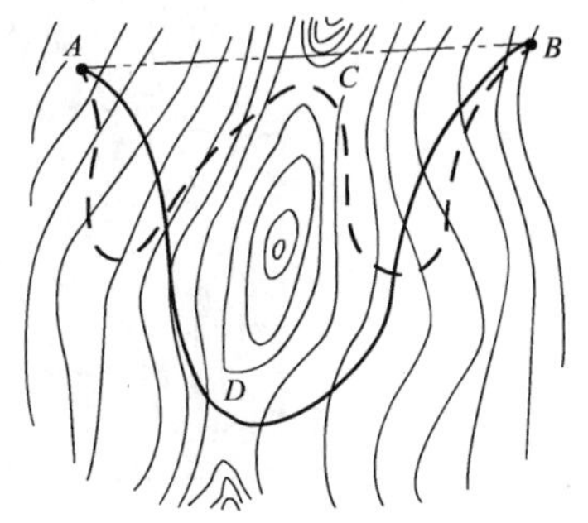

图 4-14　垭口位置选择

（3）垭口两侧地形和地质条件。山坡线是越岭线的重要组成部分，而山坡坡面的曲折与陡缓、地质的好坏等情况，直接关系到路线的标准和工程数量的大小。因此，垭口的选择要与侧坡展线条件结合考虑。选择时，遇有地质稳定及地形平缓有利于展线的侧坡，即使垭口位置略偏或垭口较高，也应进行方案比较，不要轻易放弃。

（4）垭口的地质条件。垭口的地质病害往往会在运营的过程中形成通过的“盲肠”，选择垭口时要重视垭口的地质问题，对地质条件很差的垭口，用局部移动路线或采取工程措施的办法亦不能解决，应予放弃。

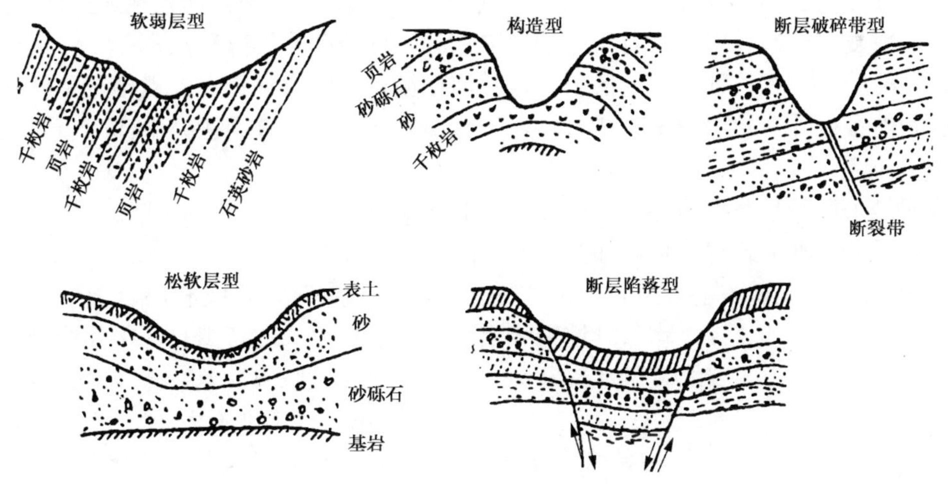

图 4-15　垭口地质条件

2. 过岭标高的选择

过岭标高是越岭线布局的重要控制因素。不同的控制标高，不仅影响工程大小、路线长短、线型标准，而且直接关系到垭口两端的展线布局，如图 4-16 所示。由于选用了不同的挖深出现了三个展线方案，甲方案浅挖 9m，需设两个回头弯道，乙方案挖深 13m，只需设一个回头弯道；丙方案挖深 20m，不设回头弯道，顺山势展线。丙方案线型好，路线最短，有利于行车，在地质条件许可时是较好的方案。

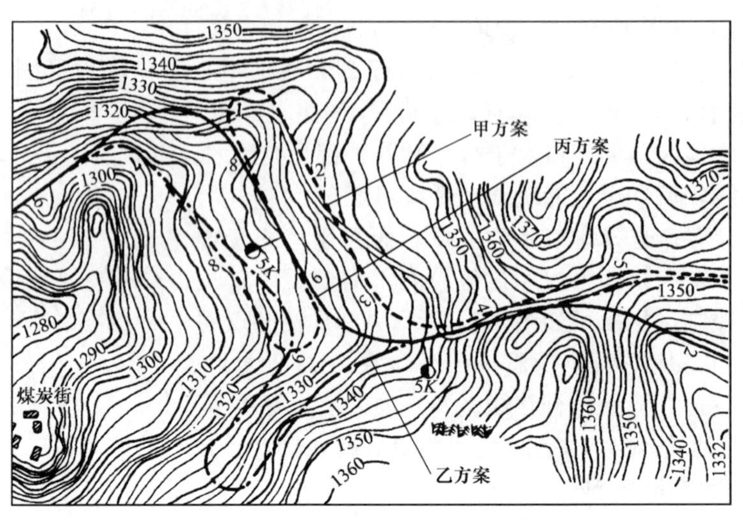

图 4-16 垭口采用不同挖深的展线布局方案

（1）决定过岭标高的因素如下：

1）垭口及两侧的地形。当过岭地段山坡平缓，垭口又宽厚时，一般宜多展线，用浅挖或低填方式。

2）垭口的地质条件。这是决定垭口能否深挖的决定因素，考虑不周，今后会形成坍塌堵车。造成后患的垭口通常是地质构造薄弱，常有不良地质现象的山脊凹陷地带，选线时要特别注意。

3）结合施工及国防考虑。深挖垭口，工程集中、废方大、施工面狭窄，因而工期较长，同时，战时修复也较慢。因此，对于工期紧迫和国防性公路，不宜采用深挖。

（2）过岭的方式有三种：浅挖低填垭口、深挖垭口、隧道穿过。一般情况下（除宽厚垭口或地质条件很差外）常用深挖方式过岭，当挖深在 20m 以上时则应与隧道方案进行比较。

3. 展线布局

展线就是采用延长路线的办法，逐渐升坡克服高差。

（1）展线的基本形式有三种，如图 4-17 所示。

1）自然展线，见图中Ⅰ方案，当山坡平缓、地质稳定时，路线利用有利地形以小于或等于平均纵坡（5%～5.5%）均匀升坡展线至垭口。这种方式的特点是：平面线型较好，里程短，纵坡均匀。但由于路线较早地离开河谷，对沿河居民服务性差，路线避让艰巨工程和不良地质的自由度不大。

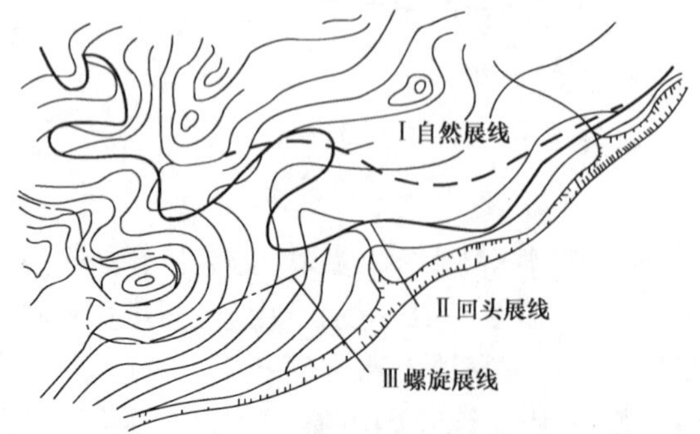

图 4-17 越岭展线形式

2）回头展线，见图中Ⅱ方案。路线沿溪至岭脚，然后利用平缓山坡用回头曲线展线升坡至垭口。其特点是：平曲线半径小，同一坡面上下线重叠，对施工，行车和养护都不利。但能在短距离内克服较大的高差，并且回头曲线布线灵活，利用有利地形避让艰巨工程和地质不良地段比较容易。图 4-18 所示为利用有利地形布局回头展线的实例。

图 4-18　回头展线

3）螺旋展线。这种展线实际就是一种路线转角大于 360 度的回头展线形式。其特点是：路线利用有利的山包或山谷，在很短的平面距离内就能克服较大的高差；它虽比回头曲线有较好的线型，避免了路线的重叠，但因需要桥或隧道，将使工程造价增大。

螺旋展线可有上线桥跨和下线隧道两种方式，分别见图 4-19 和图 4-20。

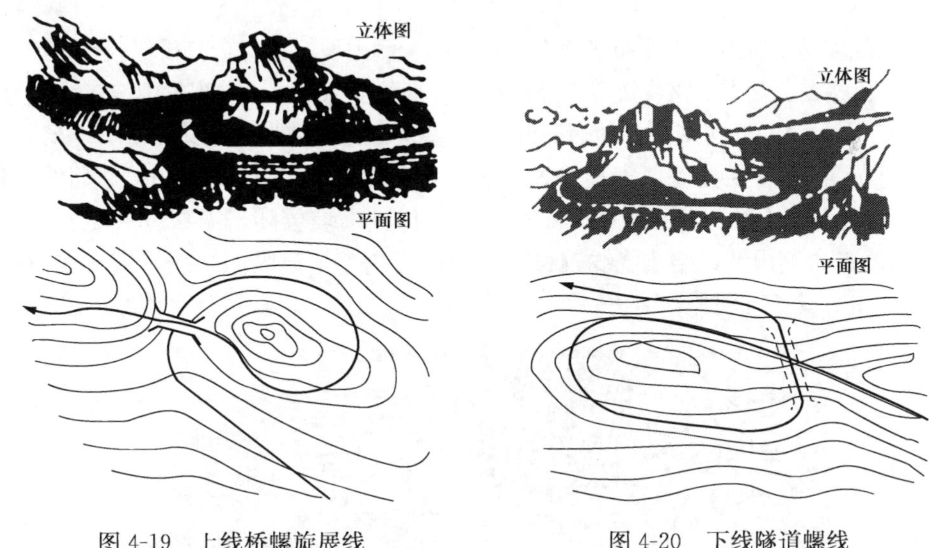

图 4-19　上线桥螺旋展线　　图 4-20　下线隧道螺线

以上三种展线形式中，一般应首先考虑采用自然展线，不得已时采用回头展线，当地形十分困难，又有适宜的山谷或山包时，为在短距离内克服较大的高差，可考虑螺旋展线，但需做方案比较确定。

（2）展线布局的步骤。首先，拟定路线大致走法。在调查或踏勘阶段确定的主要控制点间，进行广泛勘察，调查地形及地质情况，以带角手水准粗略勘定坡度作为指引，注意利用有利地形、地质，拟定路线可能的大致走法。然后，试坡布线。试坡的目的是进一步落实初步拟定的路线走法的可能性，发现和加密中间控制点，发现局部比较方案，拟定路线布局。试坡由已定的控制点开始。越岭线通常先固定垭口，由上而下，视野开阔，便于争取有利地形。因此，一般多由垭口向下试坡。试坡选用的平均坡度，应根据《公路工程技术标准》的规定，地形曲折，小半径曲线多的地段，可略低于规定值。在试坡过程中，遇到必须避让的地物、工程艰巨及地质不良地段，以及拟用作回头的地点，要把路线最适宜通过的位置，暂时作为一个中间控制点。接着，分析落实控制点，决定路线布局。经试坡确定的控制点，有固定和活动之分：一种是位置和高程都不能改变的如工程特别艰巨地点、某些受限制很严的回头地点，第二种是必须利用的但高程可以活动的如垭口、重要桥位等；第三种是位置和高程都可有活动余地的如侧沟跨越地点、宽阔平缓山坡的回头地点等。第一种情况较少，第二、三种居多。落实时先调整那些活动范围小的，把高程和位置确定下来，然后再研究活动范围大的，以达到既不增大工程数量，又使线型合理的目的。最后，进行详细放坡试定路线。

（三）山脊线布线要点

由于分水线的引导，山脊线大的走向基本明确。布线主要解决以下三个问题。

1. 控制垭口选择

在山脊上，连绵布置着很多垭口，每一组控制垭口代表着一个方案。因此，选择控制垭口是山脊布线的关键，一般当分水岭顺直，起伏不大时，几乎每个垭口均可暂作控制点。如地形复杂，山脊起伏较大且较频繁，各垭口高低悬殊时，则低垭口即为路线控制点，而突出的高垭口可以舍去。在有支脉的情况下，相距不远的并排垭口，则选择前后与路线联系较好的、路线较短的垭口为控制点。选择垭口时，还应与两侧布线条件结合起来考虑。

2. 侧坡选择

分水岭的侧坡是山脊线的主要布线地带，选择哪一侧山坡，要综合分析比较确定。一般情况下，坡面平缓、整齐、顺直、路线短捷、地质稳定、横隔支脉较少、向阳的山坡布线较为理想。

如图 4-21 所示 A、D 两垭口为前后路线走向基本确定的控制点，其间有 B、E、C 三个垭口，由此可有Ⅰ、Ⅱ、Ⅲ三种走法。经比较，显然 C 垭口比 B、E 垭口高 35m，使Ⅲ线起伏较大，不予考虑。Ⅰ线走左侧山坡，路线短捷，平面顺直，但其横坡较陡，需穿过一陡岩和跨越一较深的山谷。Ⅱ线走右侧山坡，路线绕线较长，平面线型稍差，但纵面平缓，横坡也较平缓，工程量较小。Ⅰ、Ⅱ两线各有利弊，需进一步放坡试线，结合其他因素综合比较确定。

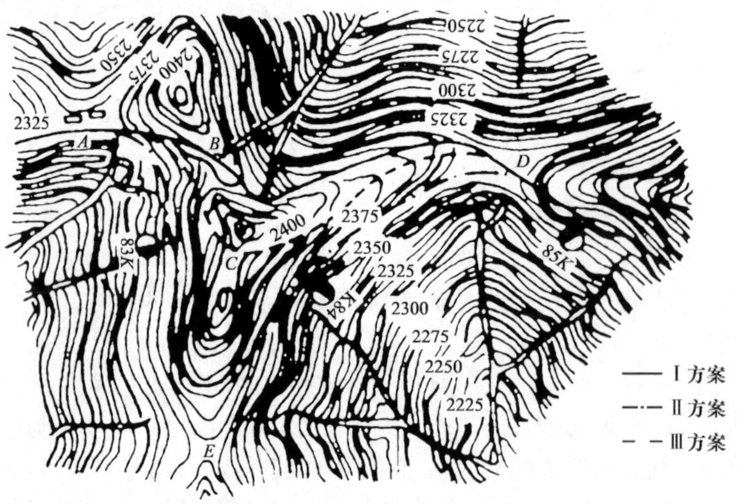

图 4-21 山脊线侧坡选择

3. 试坡布线

山脊线有时因两垭口控制点间高差较大，需要展线；有时为避免路线过于迂回要采用起伏纵坡，以缩短里程。因此常常需要试坡布线。常见有三种情况。

(1) 垭口间平均纵坡不超过规定。一般情况如中间无太大的障碍，应以均匀坡度沿侧坡布线。若中间遇障碍，则可以加设中间控制点，调整坡度，向两端垭口按均匀坡度布线。如图 4-21 中的Ⅰ方案就是以中间支脉垭口 B 为中间控制点向两端试坡布线。

(2) 垭口间有支脉相隔。这时，应在支脉上选择合适的垭口作为中间控制点。如图 4-21 中支脉上的 C、E 两垭口，而 C 垭口因过高而舍弃。为了进一步比较Ⅰ、Ⅱ两线，从低垭口 D 以 5%～5.5%的坡度向垭口 E 试坡，定出 E 控制点，其工程量小，施工较易，当交通量不大时宜采用。

(3) 垭口间平均纵坡超过规定时。这种情况需进行展线，山脊展线的布线是十分灵活的，选线时，应分成地形、地质条件，采用填挖、旱桥、隧道等工程措施来提高低垭口，降低高垭口。也可利用侧坡、山脊有利地形作回头展线或螺旋展线，其具体作法见本节越岭线。

任务四 丘陵区公路选线

一、基本特征

(一) 自然特征

丘陵是介于平原和山岭区之间的地形，包括微丘和重丘两类地形。

微丘是指起伏不大的丘陵。地面自然坡度在 20°以下，相对高差在 100m 以内、设线一般不受地形限制。

重丘是指连绵起伏的山丘。具有较深的沟谷和较高的分水岭，地面自然坡度在 20°以上。路线平、纵面部分受地形的限制。

丘陵地区的地形特征是：山势平缓起伏。山形迂回曲折，山丘连绵，岗坳交错，高差不太大，横坡不太陡，山脉和水系不如山岭区明显，具有多变的地形、地貌特征。

丘陵区变化的地形，使地物情况变化也较大。一般丘陵区农业都比较发达，土地种植面积广，种类繁多，低地为水稻田，坡地多为旱地或经济林，小型水利设施也较多。居民点、建筑群、风景、文物点及其他设施在平坦地区时有出现。这些地点是布线应考虑的控制点。

(二) 路线特征

丘陵复杂多变的地面形态，决定了通过丘陵地区的路线的基本特征是：平面以平曲线为主体，纵面线型起伏而构成与地形相适应的空间线型，如图 4-22 所示。丘陵地区线型的主要特点如下：

(1) 局部方案多，布线的可能情况多样；

(2) 路线平面、纵面、横断面关系密切，相互之间的约束和影响很大；

(3) 丘陵地区线型指标一般较好、但线型指标运用时变化幅度较大，既不像平原区一般多用高限指标，也不像山岭区多用接近低限指标。

图 4-22 丘陵地区公路

二、布线要点

丘陵区选线主要是解决平、纵、横三方面与错综复杂的地形之间的矛盾。结合地形合理选用指标，使平面适当曲折，纵面略有起伏，横面稳定经济，达到平、纵、横三方面与地形协调一致是丘陵区选线的根本任务。

根据经验，丘陵地区布线，一般按三类地形地带分段布线，其要点如下。

1. 平坦地带——走直线

在平坦地带，一般按平原区以方向为主导的方式布线。如无地物、地质障碍或应趋就的风景、文物、城镇居民点，一般应按直线布线。如有障碍等，则应加设中间控制点以小转折、长缓的曲线为主。

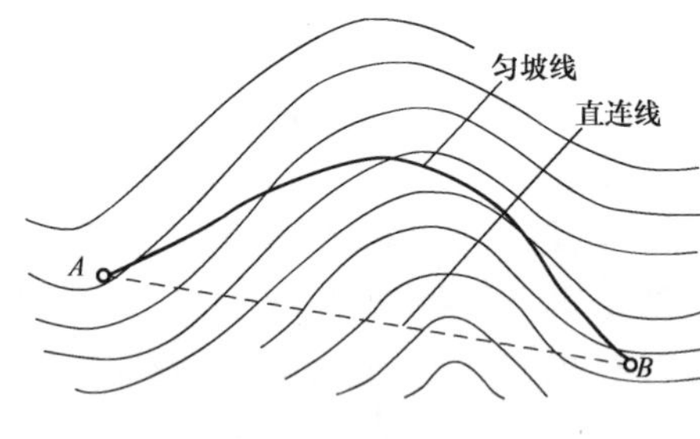

图 4-23 匀坡线示意图

2. 斜坡地带——走匀坡线

“匀坡线”是指两点之间沿自然地形，以均匀坡度确定的地面点的连线，如图 4-23 所示。匀坡线是通过多次试坡求得的。当两控制点之间无障碍等因素影响时，可直接按匀坡线布设，若有障碍等，则在障碍处加设中间控制点，分段按匀坡线控制。

3. 起伏地带——走中间

起伏地带实际可视为斜坡地带（上坡和下坡地带）的组合，只不过是地面横坡较缓，匀坡线很迂回。所谓“走中间”就是路线在匀坡线和直线之间选择平面顺适、纵面均衡的合理路线。

路线两控制点间要通过起伏地带，意味着路线要穿过交替的丘梁塌谷，其中间可能有一组或多组起伏地带。对于多组起伏，只需在中间梁顶（或谷底）加设中间控制点即可。因此，下面着重研究两已知控制点间包括一组起伏地带的情况。如图 4-24 所示，A、B 为两相邻梁顶，中间为一坳谷，构成一组起伏地带。如果路线由 A 至 B 硬拉直线，路线虽然最短，但纵面起伏大，线型差，势必出现高填深挖，增大工程量，如果沿匀坡线走，则纵面坡度平缓、均匀，但路线又增长很多，平面线型又差，也不理想。可见，“硬拉直线”和“弯曲求匀”的极端作法都是不正确的。

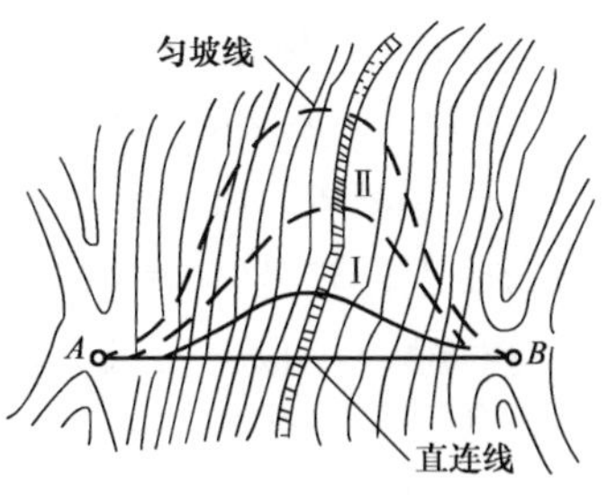

图 4-24 起伏地带路线方案

如果路线布设于匀坡与直线之间，如图 4-24 中的Ⅰ方案或Ⅱ方案。比直线的起伏小，比匀坡线的距离短，而使用质量有所提高，工程造价有所降低，是较合理的布线方案。至于路线在直线及匀坡线之间的具体位置要根据公路等级，结合地形作具体分析，使平、纵、横协调来确定。

对于起伏较小地带，要在坡度和缓的前提下，再考虑平面和横面的关系。一般是低等级公路为减少工程造价，平面上可迂回长一些，即离直线稍远些；较高等级公路则宁可多做些工程，尽可能缩短距离，路线位置可离直线近一些。

对于较大的起伏地带，因高差大且两侧高差常不相同，高差大的一侧的坡度常常是布线的决定因素。一般以高差大的一侧为主，结合梁顶的挖深或谷底的填高来确定路线的平面位置。

总之，丘陵地区选线时，可通过方案较多，地面因素也多，方案之间差异有时不太明显，这就要求选线人员要加强踏勘调查，用分段布线，逐步渐近的办法，详细分析比较，最后选定一条合理的路线。

任务五 纸 上 定 线

一、定线的基本任务和方法

道路定线的基本任务是在选线布局完成后，按照既定的技术标准和选线布局阶段选定的“路线带”（或叫定线走廊）的范围内，结合地形、地质条件，综合考虑平、纵、横三方面的合理安排，具体定出路线中线的确切位置。要求在平面上定出路线的交点、转点和平曲线半径；在纵面上定出坡点及设计坡度；在横面上定出中心填挖尺寸及边坡坡率。

定线是道路设计过程中很关键的一步。它不仅要解决工程、经济方面的问题，而且对如何使道路与周围环境相配合，以及道路本身线型的美观等问题都要在定线过程中给予充分的考虑。

道路定线除受地形、地质及地物等有形的因素制约外，还受技术标准、国家政策、社会影响、美学（构成优美线型的所有规则）以及其他因素的制约，这就要求设计人员必须具有广博的知识和熟练的定线技巧。最好的设计者也不可能一次试线就能选出最好的线位，复杂条件下的定线可能需要好几个设计方案供定线组全体人员研究比选。因为每一个方案都将是众多相互制约因素的一种折中方案，理想的路线只能通过比较的方法找出。

影响定线的因素很多，涉及的知识面也很广，因而应当吸收桥梁、水文、地质等专业人员参加，也应听取有园林建筑知识的设计人员的意见，发挥各种专业人员的才能和智慧，使定线成为各专业组协作的共同目标。

道路定线质量还在很大程度上取决于采用的定线方法，常用的有实地定线和纸上定线两种方法。技术标准高，地形、地物复杂的路线必须使用“纸上定线”，然后把纸上路线敷设在地面上；而“实地定线”省去了纸上定线这一步，所以只适用于标准较低的路线。

二、纸上定线

纸上定线是利用已有的等高线地形图，或在初步测量阶段选择一条宽阔的地带，测绘出精度较高的大比例尺地形图（一般用1∶500～1∶2000），根据不同等级公路所规定的技术标准，结合地形情况，在图上敷出路线的中线。以此“试定的中线”与地形图上各等高线交叉处标定的高程，绘出纵断面的地面图，通过纵断面上坡度和土方平衡的分析，可反转来调整地形图上所定的公路中线。

这种修改可根据要求分段反复进行，当定线者认为已基本定出最佳的路线方案时，才能认为定线工作已告完成。

纸上定线的工作步骤如下。

（一）定导向线

（1）在地形图上根据路线的起始点和中间控制点，拟定路线走法的各种可能方案，经过分析比较，作好路线的整体布局。

（2）纸上放坡，标出坡度线，如图4-25所示，设A，D两点为越岭线山上和山下的两控制点。先用所选用的平均纵坡$i_{平均}$（5.0%～5.5%，视相对高差而定），按$l=h/i_{平均}$算出克服两等高线的高差所需的平距。

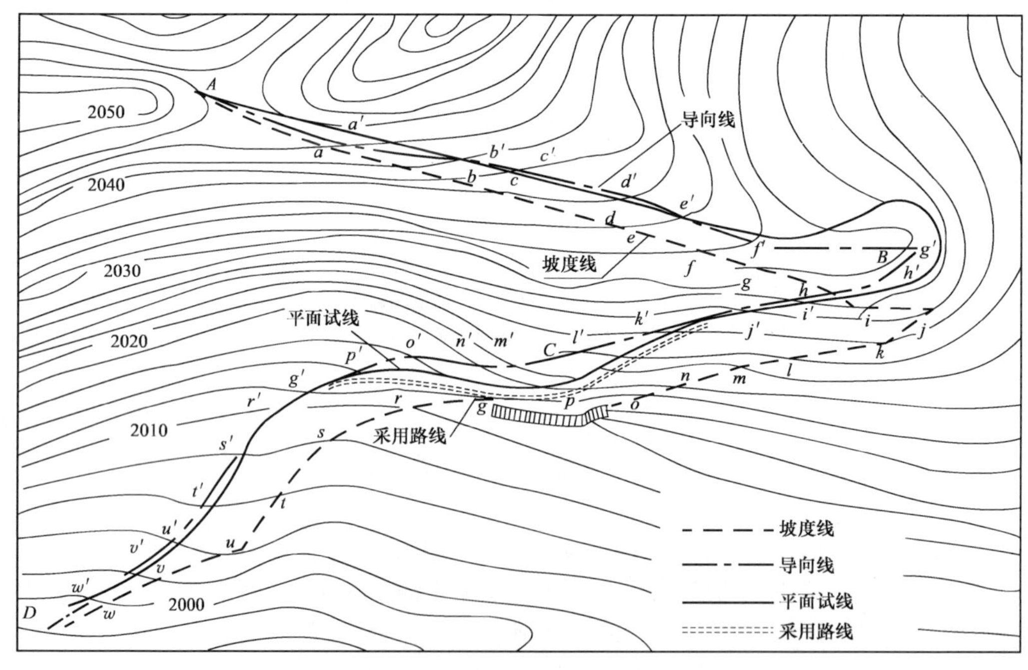

图4-25 纸上放坡实例

如图已知相邻两等高线的高差$h=2\text{m}$，$i_{平均}$采用5%，则$l=2/0.05=40\text{m}$，即用5%的坡度克服2m高差所需的平距应为40m。然后将两脚规开度到平距40m（比例尺与图同）。如图4-26所示，沿路线走向转动两脚规依次在等高线上截点前进，见图上的1，2，3各点。按此法从A点到D点（见图4-25）依次放坡。如放到D点时位置和标高均接近D点，说明按此方案布线坡度可行。如所放坡度高程达不到D点，则根据图上等高线可看出所余高差值的大小，于是采取加大平均坡度或延长路线的办法来克服此高差；相反则采用减小平均坡度或缩短路线的办法解决。连结这些点所构成的折线叫坡度线，如图4-25所示的A，a，b，c，d，D各点的连线。

（3）用上法做出的坡度线，由于涉及等高线稀密变化的影响而成为一系列短折线，如把折线转折处都布置成交点，显然不能满足平面线型的要求。同时可以看出，这条折线对利用地形、避让地物和艰巨工程并不都是经济合理的。如 C 点处路线刚好从陡崖中间通过，如将 DC 段的坡度由 5.0%调整到 5.2%，则可从岩上开阔地带通过；B 点处路线如在坡度转折线 j 点处回头，由于该处地表横坡陡，回头线工程量很大，于是把 CB 段坡度加大成 5.3%，则可利用 B 点处的平缓山坡回头；由于前两段坡度都大于 5.0%，故后一段（BA 段）坡度小于 5%也能上到垭口 A 点，这样也符合路线越高，平均纵坡应越小的要求。结合地形在三段采用不同的坡度值，然后再分段按调整后的坡度重新放坡，如图中的 A，a′，b′，c′，D 的折线，这条线一般称为“导向线”。

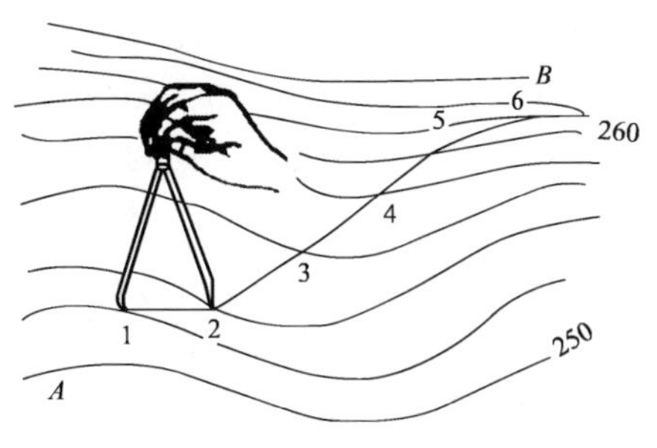

图 4-26　纸上放坡示意图

（二）修正导向线

导向线仍然是条折线，于是根据平面线型标准的要求，结合横坡变化情况，确定必须通过的点、适当照顾的点和可以不考虑的点（一般称修正导向线），采取以点连线、以线交点的方式，定出平面“试线”，并量出转角，在图上敷出曲线。对于以曲线为主的路线，则先把控制性较严的点固定下来，用活动曲线尺放在图上使其紧靠各固定点，并与沿线地形相适应。调整曲线尺直至获得最合宜的路线。沿路线中线在图上地形纵横向变化处敷设加桩，标出地面标高，再点绘纵断面地面线，并按纵坡要求、土石方平衡及路基稳定等设计纵坡，量出各桩的设计标高。

（三）定线

为了更经济合理的定出路线，将纵面上量出的各桩的设计高度，在平面“试线”相应的各桩的横断面左右方向上点出与上述设计标高高程相等的点，这些点的连线是既具有理想纵坡、横断面中线高程又不挖不填的经济线，但这条线又变成了一条转折多的折线。于是根据平面线型要求作修正后再定出中线，这叫改正后的中线，这是一条比较理想的中线。纸上定线是一个反复检验的过程。多次的试线，才能获得理想的合宜线型。

任务六　实　地　放　线

实地放线是将纸上定好的路线敷设到地面上，供详细定测和施工之用。

实地放线的方法很多，常用的有穿线交点法、拨角法、直接定交点法和坐标法。应根据路线复杂程度和精度要求高低、测设仪具设备、地形难易等具体条件选用。

一、穿线交点法

穿线交点法是根据平面图上所定的路线与施测地形时敷设的导线的关系，将纸上定的每条边逐一而独立地放到实地上去，延伸这些直线交出交点，构成路线导线。由于放线的方法不同，又可分为支距法和解析法两种。

（一）支距法

公路上放线多用此法，它适用于地形不太复杂，纸上路线离开测图导线不远的路段，其步骤如图 4-27 所示。先在室内从地形图上用比例尺量得纸上所定路线与测图导线间的支距，如图中的导$_1$-A、导$_2$-B 等。纸上路线交点间的每条线和测图导线最少应有三个连接点，它们之间最好能相互通视。在现场找到测地形图时敷设的各相应的导线点（如为航测地形图可利用事先敷设的三角控制点，或地形、地物特征点）后，按量得的支距用皮尺和方向架实地定出各点（如图 4-27 所示的 A，B，D 等点），插上标志旗。放出的各点理应在一条直线上，但由于量距和放线工作的误差，不可能恰好在一条直线上，此时可用花杆穿直，长直线也可用经纬仪穿线。穿线时应以多数点为准，穿出直线后再根据实际地形看路线前后布置是否合理，根据现场的实际情况，路线位置可作必要的修改。两相邻中线相交则得交点，在交点处仍按要求钉上交点桩和标志桩。如交点距路线很远或交在不能架设仪器的地方时，可设成虚交点。交点桩敷出后只完成了路线中线的定线工作，以后各组则按新线测量要求进行定测。

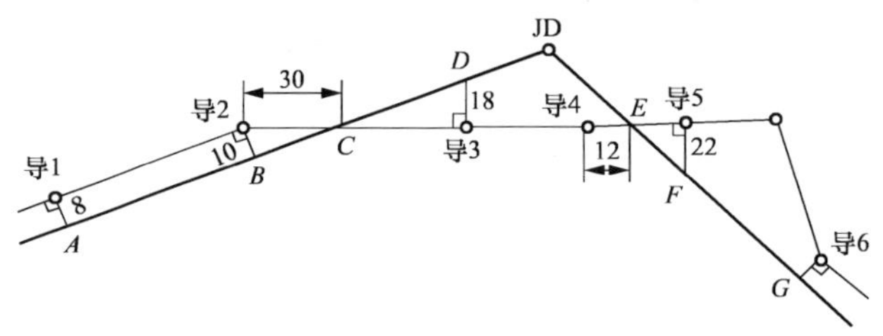

图 4-27　支距法放线

（二）解析法

解析法是用坐标计算纸上所定路线与原测图导线的关系，计算路线主点坐标数据，以确定路线的精确位置。此法较为准确，在地形复杂或直线较长、路线位置需要准确控制时常用此法。

以图 4-28 所示为例，从图上量得（也可计算）纸上所定路线的交点 JD_6，JD_7 的纵横坐标值（y_6，x_6），（y_7，x_7），则 JD_6-JD_7 这条线的象限角为

$$\tan\alpha = \frac{y_7 - y_6}{x_7 - x_6} = \frac{\Delta y}{\Delta x}$$

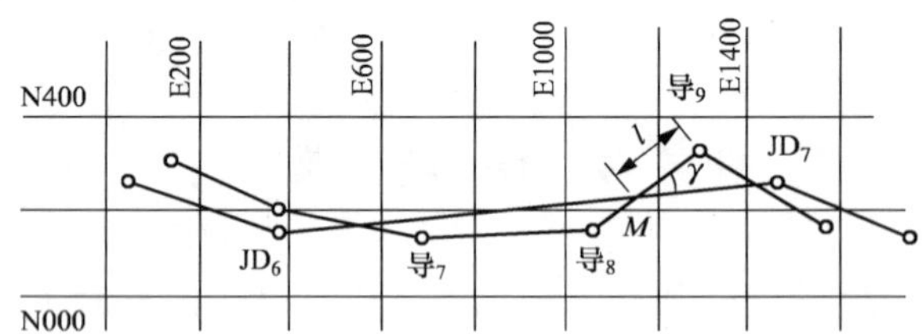

图 4-28　解析法放线

当测图导线导$_8$-导$_9$ 的象限角 β 为已知，则 JD_6-JD_7 与导$_8$-导$_9$ 两线的夹角 $\gamma=\alpha-\beta$。

为了求得导$_9$ 距 M 点的距离 l，应先求得 JD_6-JD_7 与导$_8$-导$_9$ 的相交点 M 的纵横坐标值（y_M，x_M），如交点的坐标值是直接从图上量得的，M 点的坐标值也可直接从图上量出，也可解下列方程式求得

$$\frac{y_9 - y_M}{x_9 - x_M} = \frac{y_9 - y_8}{x_9 - x_8}$$

$$\frac{y_7 - y_M}{x_7 - x_M} = \frac{y_7 - y_6}{x_7 - x_6}$$

其中导线的坐标值是已知，而交点的坐标值可从图上量得。则

$$l = \frac{y_9 - y_M}{\sin\beta} = \frac{x_9 - x_M}{\cos\beta}$$

或

$$l = \sqrt{(x_9 - x_M)^2 + (y_9 - y_M)^2}$$

算出 l 值后将经纬仪安于导$_9$ 点。瞄准导$_8$ 点，并从导$_9$ 点沿视线上量出 l 距离则得 M 点。移经纬仪于 M 点对准导$_9$ 后转动 γ 角定出 JD_6-JD_7 的方向。

二、拨角法

拨角放线也是根据纸上路线在平面图上的位置与导线的关系，用经纬距计算每一条线的距离、方向、转向角和点控制桩的里程，放线时就按照这些资料直接拨角量距，不用穿线交点，外业工作较为迅速，但此法所根据的资料要可靠准确。

(一) 内业计算

拨角放线内业计算工作较多，其线段长度和象限角等关系的计算，均与解析法同，现举例如图 4-29 所示说明其计算步骤和计算方法。

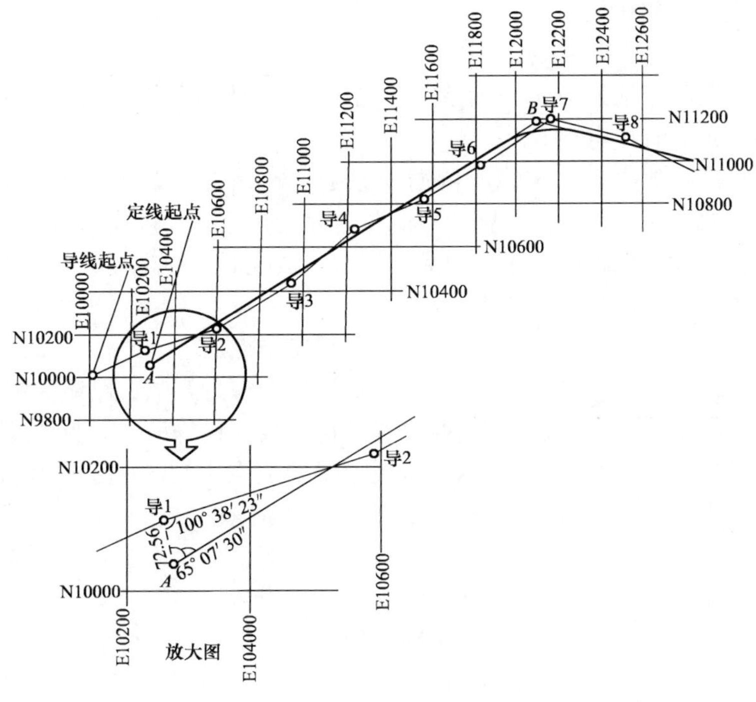

图 4-29　拨角法计算

1. 计算路线起点与导线的关系

导$_1$的经纬距为 $Y_1 = 10259$，$X_1 = 10117$ 已知，导$_1$-导$_2$ 的象限角 N72°14′00″E，由导线计算资料转抄而来。

路线交点 A，B 的经纬距 $Y_A = 10268$，$X_A = 10045$，$Y_B = 12094$，$X_B = 11186$，从平面图

上直接量得。

导$_1$-A 的象限角为

$$\tan\alpha_A = \frac{Y_A - Y_1}{X_A - X_1}$$

$$\alpha_A = \arctan\frac{10268 - 10259}{10045 - 10117} = \arctan 0.12500 = \text{S}07°07'30''\text{E}$$

A-B 的象限角为

$$\alpha_B = \arctan\frac{12094 - 10268}{11186 - 10045} = \arctan 1.60035 = \text{N}58°00'00''\text{E}$$

于是路线起点与导线的角度关系为

∠导$_2$-导$_1$-A＝180°—（07°07′30″＋72°14′07″）＝100°38′23″

∠导$_1$-A-B＝58°00′00″＋07°07′30″＝65°07′30″

导$_1$-A 的距离

$$l = \frac{X_A - X_1}{\cos\alpha_A} = \frac{10045 - 10117}{\cos 07°07'30''} = 72.56(\text{m})$$

2. 计算路线各边的转向角和距离

继续从平面图上量出路线各交点的经纬距后，仿上法计算出路线每条边的象限角、转角及距离。编列成表以便放线之用。

（二）外业放线

根据内业计算资料，依夹角 α_A 和距离 l，先从导$_1$ 上放出路线起点 A 和第一边 AB，以后各边按转向角及距离直接定出。

拨角定线的精度主要决定于定线所依据的原始资料是否可靠准确和放线误差积累的大小。因此现场放线时，必须十分注意路线实际位置是否合宜，高度是否恰当，必要时要现场变动改善。为了消除拨角量距误差积累增大的影响，放线时应视现场具体情况，每隔一定距离，与导线联系闭合一次，并进行调整。

三、直接定交点法

在地形平坦、视野开阔、路线受限不十分严格时，路线位置可直接根据地物明显目标确定，如图 4-30 所示，从图上得知交点 JD 即可由桥头和房角的相对距离 50m 和 35m 量距交会确定。

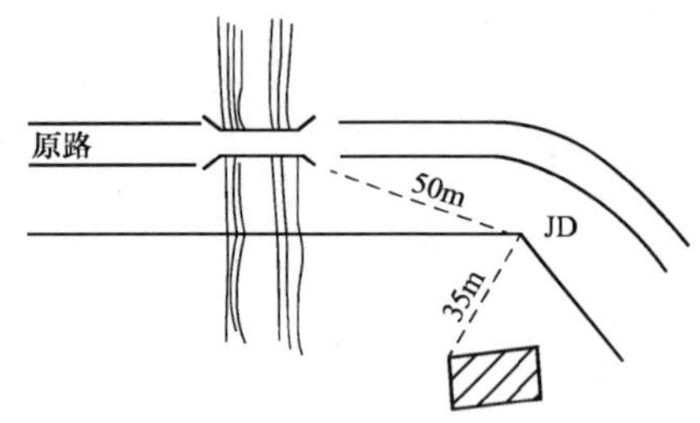

图 4-30 直接定交点法

在有些情况下，并没有上例这样明显的条件，路线的平面和高程位置，需要视地形、地质情况根据现场选线的原则，定出交点，做法参见直接定线。

综上所述，穿线交点费时较多，拨角定线误差积累，为了弥补这些工作方法的缺点，取长补短，可以两者结合应用，拨角定线到一定距离后，再用穿线交点法放线相交，这样又拨又交，既能提高工作进度，又能截断拨角定线的误差积累。

上述几种方法中，穿线交点和直接定交点法，放线资料大都来自图解，准确度不高，适用于活动余地较大的路线。拨角法放线资料虽然较准确，但放线误差累积，也影响到定线的精度。三种方法都只用于路线导线的标定，路线的曲线部分还须用传统的曲线敷设方法标定，只适用于直线型定线方法。

四、坐标法

坐标法即先建立一个贯穿全线统一的坐标系，这个坐标系一般采用国家坐标系统。根据路线地理位置和几何关系计算出道路中线上各桩点的统一坐标，编制逐桩坐标表，然后根据逐桩坐标和实地放线。实地的控制导线就可将路线敷设在地面上。按各级道路对放线精度的要求和测设仪具条件选用不同的放线方法。一般讲，坐标放线法使用常规测设仪具（指普通经纬仪、钢卷尺等）十分困难，且效率低、质量差，难以达到精度要求。一般采用光电测距仪等测设手段，具体方法后述。

任务七 实 地 定 线

实地定线是设计人员直接在现场进行，定线原则和纸上定线相同，只是定线条件改变。面对实际地形、地质、地物及水文等具体条件，定线人员应不辞辛苦、不怕麻烦，直接在现场多跑、多问、多比较，摸清地形、地质等变化规律，反复试定，才能实地定好线路。现以山区越岭线为例，对实地定线的方法和步骤阐述如下。

（1）分段安排。在路线总体布局中所拟定的主要控制点之间（如越岭线跨越的垭口与山脚必经的地点之间等），实地定线从上而下粗略试坡，选择路线轮廓方案。

（2）放坡。由于公路有最大最小纵坡，最大最小坡长以及平均纵坡等限制，所以放坡必须对这些限制条件进行合理处理，实质上放坡就是现场设计纵坡，它是现场定线的重要步骤。

在安排纵坡时，应考虑：①纵坡要符合《公路工程技术标准》的规定，两控制点之间力求纵坡均匀（缓变、少变），一般应避免反坡（越岭线上坡后又下坡，叫反坡，又叫废坡）；②要结合地形选择坡度和坡长，地形整齐的地段纵坡可以稍大，地形曲折的地段纵坡宜缓；③尽量不用极限纵坡，也不宜太缓，一般以接近控制点之间的平均坡度为宜，使纵坡既有利于行车，又有利于尽快越岭。平均纵坡控制是根据《公路工程技术标准》规定的平均坡度值（5.0%～5.5%），按具体地形适当调整放出的坡度，它只起到控制高差和水平距离的作用，它的优点是放坡速度快。在具体定线和纵坡设计时，还应做具体定坡。

目前，公路勘测时的放坡常用带角手水准来进行，如图 4-31 所示。使用时将手水准横丝对准前方相等视线高的目标，再转动刻度盘，使气泡居中，这时刻度盘上指针所指度数，就是两点间的倾斜角度，将度数乘以 1.75 即为纵坡度。放坡时可采用平均坡度来控制，或直接放出设计坡度。

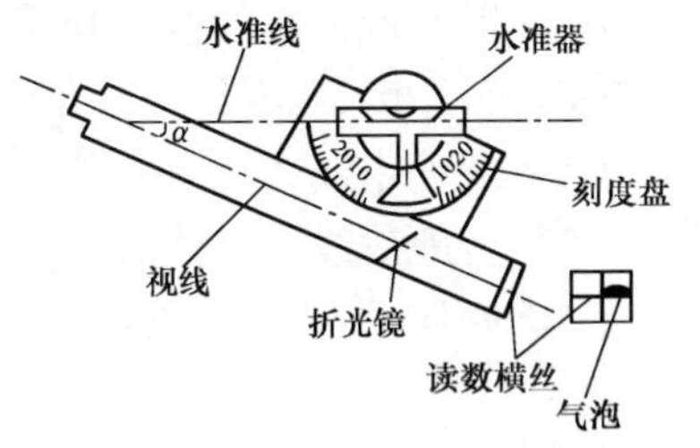

图 4-31 手水准示意图

放坡人员要具有目测距离和高差的能力，以减轻前点人员的劳动强度。目测距离的方法可用手水准物镜口的方形上下丝（可自制）读花杆读数，乘以放大倍数即可得视距。这种目测方法与实际丈量的距离较为接近。目测经验丰富的放坡人员可直接目测估定，经验不足的可由前点人员用步测或用花杆丈量的方法估定，也可直接用皮尺丈量。目测距离的目的是为加快坡长布设的速度。

放坡人员应有线型概念，在放坡时要充分考虑到平曲线、纵断面和横断面的布设，要考虑平纵面线型组合，以减少定线时的工作量，并使定线更为合理。

放坡人员还应熟悉地形，可以灵活使用坡度和坡长，结合地形、利用地形。如果地形好，坡度可放稍大些；如果为了避开困难地形，可以提前冲坡或绕避。

放坡人员要掌握好坡度的传递。放坡一般由上控制点（垭口）开始向下坡方向放坡。其方法是：一人用带角手水准（或照准仪），按选用纵坡的相应倾斜角度，立于控制标高处，指挥前点人员手持花杆在地形变化处、计划变坡处或顺直山坡上每隔一定距离定点，插上坡度旗，旗上注明选用的纵坡值。这样定出的坡度点的连线，亦称导向线，与纸上定线的导向线作用相同。在传递坡度时如果遇到需要越过山嘴时，应注意要使纵坡连续，山嘴上需要挖深的深度在放坡时要扣除，否则会使放出的坡度与设计纵坡误差太大而失去放坡的意义。

（3）横断面控制。导向线主要是从纵坡安排方面考虑的，对路基稳定和填挖方数量的考虑不够。因此，线位还需要根据路基设计要求进行横断面的控制。在横坡很陡或对填挖方影响较大的位置上，定出横断面经济点、活动点和中线最合适的位置点，并插上标志。

（4）穿线定交点。根据所定的导向线和地面特征点（坡度点、经济点、活动点等）进行实地穿线。穿线主要是满足平面线型的要求。尽可能多地穿过或靠近导向线和各特征点，特别要注意穿过控制很严的点，用“裁弯取直”使平、纵、横三方面协调，穿出与地形相适应的若干直线，然后相邻两直线延长交出转角点，从而得出整条路线的导线。这步工作很重要，定线人员必须反复试插或修改，才能定出合理的路线。

（5）设置曲线。路线导线定出后，进而可设置平曲线，详见学习情境一任务六。

（6）纵断面设计。在现场将平面位置确定后，经过量距定桩和测量各桩地面标高，绘制纵断面图，进行纵坡设计，不断调整纵坡，直到认为满意后，再设置竖曲线。如果靠调整纵坡无法满足要求时，则应调整平面线型。如果平面线型改动不大，可以根据所测的路线导线和横断面资料，绘制带状平面图，进行移线；如果因平纵面之间的矛盾突出且工程量大，则平面线型必须作重大改动，进行现场改线，通过比较方案，重新定出修改路线。

思考题

4-1 选线的基本原则和步骤是什么？

4-2 平原区、山岭区、丘陵区的地形特征和路线特征是什么？

4-3 平原区、山岭区、丘陵区的布线要点是什么？

4-4 纸上定线的步骤是什么？

4-5 实地放线的方法有哪些？

4-6 如何进行实地定线？

学习情境五　公路外业勘测

任务一　道路初测

一、初测的目的及任务

初测是两阶段设计第一阶段（初步设计阶段）的外业勘测工作。

初测的目的是根据计划任务书确定的修建原则和路线基本走向，通过现场对各个有价值方案的勘测，从中确定采用的路线，搜集编制初步设计文件的资料。

初测的任务则是要对路线方案作进一步的核查落实，并进行导线、高程、地形、桥涵、路线交叉和其他资料的测量、调查工作，进行纸上定线和有关的内业工作。

二、初测的内容及步骤

初测由初测队分组进行，主要内容、步骤及要求如下。

（一）导线测量

导线是在地面上布设的若干直线连成的折线，作为路线方案比较的控制线。初测的导线测量主要是对导线长度、转角和平面坐标的量测工作。

1. 导线布设

初测导线的布设应全线贯通。导线点的选择应选在稳固处，导线点宜尽量接近路线位置，并便于测角、测距、测绘地形及定测放线。导线点的间距不应短于50m和长于500m，布设导线点时，应做好现场记录，并绘出草图。

2. 导线长度测量

导线点距离优先采用光电测距仪或全站仪测量。也可用钢尺和基线法测量，其相对限差为1/1000。

钢尺丈量一次可与经纬仪视距核对，限差为±1/200。

3. 水平角测量

水平角测量采用全测回法测量右侧角，经纬仪精度指标不低于J_6级。两个半测回限差在60″内取其平均值，附合导线和闭合导线闭合差为$\pm 60\sqrt{n}$（n为置镜点总数）。施测中每天至少观测一次磁方位角、其校核差不大于2°。

当路线起、终点附近有国家或其他部门平面控制点，且引测较方便时，可根据需要进行联测，形成闭合导线。

（二）高程测量

高程测量即水准测量，其方法同定测。

（三）地形测量

初测路线地形图必须全线贯通测绘，在具体测绘时，为保证测设精度，应尽量以导线点作测站。必要时可以根据导线点用视距法或交会法设置地形转点。

（四）小桥涵勘测

初测时的小桥涵（包括漫水工程）勘测的主要工作内容包括：搜集有关资料，拟定桥涵位置、结构类型、孔径、附属工程的基本尺寸、初步计算工程数量。其具体要求参见《公路小桥涵测设》。

（五）其他勘测调查

在初测工作中，还应进行其他方面的勘察与调查，包括：路线勘测与调查、路基路面和排水勘测与调查、大中桥勘测与调查、隧道勘测与调查、路线交叉勘测与调查、沿线设施勘测与调查、环境保护调查、临时工程勘测与调查、工程经济调查等。

（六）内业工作

初测内业工作内容包括：

1. 复核、检查、整理外业资料

应对下列各项外业资料进行检查、复核和签署，检查、复核内容包括测量方法的正确性、野外计算的正确性、记录的完整性等。

（1）控制点点之记。

（2）平面、高程控制测量野外记录手簿。

（3）地形图测量的记录数据。

（4）中桩放样记录手簿。

（5）中平测量记录手簿。

（6）横断面测量记录手簿。

（7）各专业勘测调查记录手簿。

2. 进行纸上定线及局部方案比选

纸上定线应按《公路路线设计规范》和《公路工程技术标准》的规定，进行路线平、纵、横断面协调布置，定出线型顺适、工程经济的线位。对地形、地质、水文等条件复杂、工程艰巨的路段，应拟定出可能的比较线位方案，进行反复推敲，确定采用线位。

3. 综合检查定线成果

综合检查路线线型设计及有关构造物布设的合理性。并进行必要的现场核对。

4. 图表制作和汇总

根据初步设计及现行《公路勘察规范》有关要求，对初测的原始资料进行整理及图表制作和汇总。

任务二　道　路　定　测

一、定测的任务、内容和分工

（一）内容

定测，即定线测量，是指施工图设计阶段的外业勘测和调查工作。其具体任务是：根据上级批准的初步设计，具体核实路线方案，实地标定路线或放线，并进行详细测量和调查工作。

（二）工作内容

（1）对初步设计方案进行补充勘察，如有方案变化应及时与有关主管部门联系。并报上级批准。

（2）实地选定路线或实地放线（纸上定线时）。进行测角、量距、中线测设、桩志固定等工作。

（3）引设水准点，并进行路线水准测量。

（4）路线横断面测量。

（5）测绘或勾绘路线沿线的带状地形图。

（6）对有大型构造物地带，应测绘局部大比例地形图。

（7）进行桥、涵、隧道的勘测与调查。

（8）进行路基路面调查。

（9）占地、拆迁及预算资料调查。

（10）沿线土壤地质调查及筑路材料勘查。

（11）检查及整理外业资料，并完成外业期间所规定的内业设计工作。

（三）分工

定测分为选线组、导线测角组、中桩组、水平组、断面组、地形组、调查组、路基路面组、桥涵组、内业组等组进行。如果定线采用纸上定线方法进行，则此时可将选线和导线测角组合并成一个放线组。

二、选线组

（一）任务

选线组亦称大旗组，是整个外业勘测的核心，其他作业组都是根据它所插定的路线位置开展测量工作的。

选线是公路定线的第一步，其主要任务是：实地确定路中线位置。其主要工作就是进行路线察看，并进一步确定路线布局方案；清除中线附近的测设障碍物；确定路线交点及转点并钉桩，选定曲线半径，会同桥涵组确定大、中桥桥位，会同内业组进行纵坡设计等工作。在越岭线地带，还需进行放坡定线工作。

（二）分工及工作内容

（1）前点：放坡插点。前点一般由1～2人担任（需要放坡时两人）。其主要工作是：根据路线走向，通过调查、量距或放坡，确定路线的导向线，进一步加密小控制点，插上标旗（一般可用红白纸旗）。供后面定线参考。

（2）中点：穿线定点。中点一般有2人担任。其主要工作是：根据技术标准。结合地形及其他条件，修正路线导向线，用花杆穿直线的办法，反复插试，穿线交点，并在长直线或在相邻两互不通视的交点间设置转点。最后选定曲线半径及其他有关元素。

（3）后点：测角钉桩。后点一人。其主要工作是用森林罗盘仪（或简易圆盘）初测路线转角以供中点选择曲线半径用；钉桩插标旗；并给后面的作业组留下半径及其他有关控制条件的纸条。

三、导线测角组

（一）任务

导线测角组紧跟选线组工作。其主要任务是：标定直线与修正点位；测角及转角计算，测量交点间距；平曲线要素计算；导线磁方位角观测及复核；经纬仪视距测量；交点及转点桩固定；作分角桩；测定交点高程；设置临时水准点；协助中桩组敷设难度大的曲线等工作。

（二）分工及工作内容

导线测角组一般由四人组成，其中司机一人，记录计算一人，插杆跑点一人，固桩一人。

其主要工作内容如下。

（1）标定直线与修正点位。

（2）测角与计算。

1）用全测回法测右角；

2）计算转角（见图 5-1）。

图 5-1　路线转角的计算

（3）平距与高程测量。通常多用光电测距仪或全站仪测定两相邻交点间的平距和高差。

测点（交点或转角）间的距离，一般不宜长于 500m。

（4）作分角桩。

（5）方位角观测与校核。

（6）交点桩的保护和固定。

在测设过程中，为避免交点桩的丢失及方便以后施工时寻找，交点桩在定测时必须加以固定和保护。

交点桩的保护，一般采用就地灌注混凝土的办法进行。混凝土的尺寸一般深 30～40cm，直径 15～20cm 或 10～20cm 见方。

固桩则是将交点桩与周围固定物（如房角、电杆、基岩、孤石等）上某一不易破坏（损坏）的点联系起来，通过测定该点与交点桩的直线距离，将交点位置确定下来，以便今后交点桩丢失时及时恢复该交点桩。

用作交点桩固定的地物点应稳定可靠，各点位与交点桩连接之间的夹角一般不宜小于 90°，固定点个数一般应在两个以上，如图 5-2 所示。

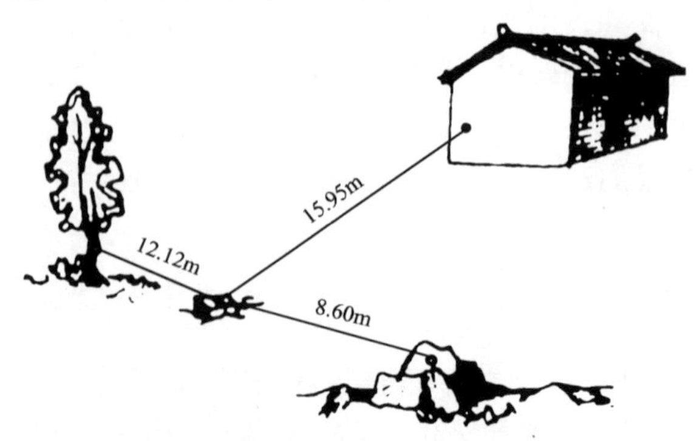

图 5-2　固桩示意图

固桩完毕后，应及时画出固桩草图，草图上应绘出路线前进方向、地物名称、距离等，以备将来编制路线固定表之用。

四、中桩组

（一）任务

中桩组的主要任务是：根据选线组选定的交点位置、曲线半径、缓和曲线参数（或缓和曲线长度）及导线测角组所测得的路线转角，进行量距、钉桩、敷设曲线及桩号计算。

（二）工作内容

1. 中线丈量

中线丈量是指丈量路线的里程，通常情况下将路线的起点作为零点，以后逐渐累加计算。量距一律采用水平距离。量距时一般采用皮卷尺进行，公路等级要求较高时，最好是采用钢尺或光电测距仪进行。量距累计的导线边边长与光电测距仪测得的边长的校差不应超过边长的 1/200，否则应返工。

2. 中桩钉设

中桩钉设与中线丈量是同时进行的。

需要钉设的中桩包括：路线的起终点桩、公里桩、百米桩、平曲线控制点（主点桩）、桥梁或隧道中轴线控制桩以及按桩距要求根据地形、地物需要设置的加桩等。

路线中桩间距不应大于表 5-1 的规定。

表 5-1　　路线中桩间距

直线（m）		曲线（m）			
平原、微丘	重丘、山岭	不设超高的曲线	$R>60$	$30<R<60$	$R<30$
50	25	25	20	10	5

注　表中 R 为平曲线半径。

此外，在下列地点应设加桩：

1）路线纵、横向地形变化处；

2）路线与其他线状物交叉处；

3）拆迁建筑物处；

4）桥梁、涵洞、隧道等构造物处；

5）土质变化及不良地质地段起、终点处；

6）道路轮廓及交叉中心；

7）省、地（市）、县级行政区划分界处；

8）改、扩建公路地形特征点、构造物和路面面层类型变化处。

中桩桩位精度应符合表 5-2 的精度要求。

表 5-2　　中桩平面桩位精度

公路等级	中桩位置中误差（cm）		桩位检测之差（cm）	
	平原、微丘	重丘、山岭	平原、微丘	重丘、山岭
高速公路、一、二级公路	≤±5	≤±10	≤10	≤20
三级及三级以下公路	≤±10	≤±15	≤20	≤30

当采用链距法、偏角法、支距法等方法测定路线中桩时，其闭合差应小于表 5-3 的规定。

表 5-3　　距离偏角测量闭合差

公路等级	纵向相对闭合差		横向闭合差（cm）		角度闭合差（″）
	平原、微丘	重丘、山岭	平原、微丘	重丘、山岭	
高速公路、一、二级公路	1/2000	1/1000	10	10	60
三级及三级以下公路	1/1000	1/500	10	15	120

3. 写桩与钉桩

所有中桩应写清桩号，转点及曲线桩还应写桩名，如图 5-3 所示。为了便于找桩和避免漏桩，所有中桩应按每公里在背面编号，如图 5-4 所示。

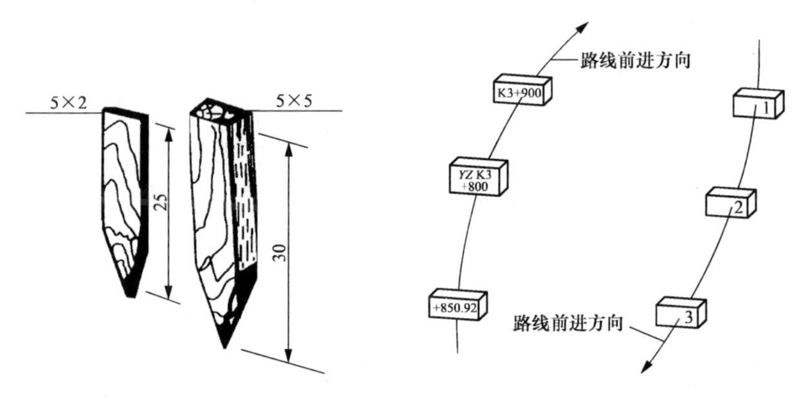

图 5-3　桩志　　　　图 5-4　中桩的桩号和序号

4. 断链及处理

在丈量过程中，出现桩号与实际里程不符的现象叫断链。断链的原因有很多，但主要有两种：一种是由于计算和测量发生错误造成的；另一种则是由于局部改线、分段测量等客观原因造成的。断链桩宜设于直线段，不宜设在桥梁、隧道、立交等构造物范围之内。断链桩上应标明换算里程及增减长度。

【例 5-1】 图 5-5 所示为路线起点到据点 1 的段落，它是测角组已进行过的导线直线标定与修定点位后的顺路导线。路线起点到 JD_1 间加设了 ZD_1，ZD_2；JD_1 和 JD_2 间加设了 ZD_1；JD_2 到据点 1 的段落间加设了 ZD_1，ZD_2…。现场用经纬仪测得 JD_1 和 JD_2 处路线右角分别为 155°24′36″和 210°36′12″，路线起点到 JD_1 的距离为 1860.72m，JD_1 与 JD_2 的距离为 1275.98m。经现场选择与计算，JD_1 处为简单型单曲线，曲线元素为 $T_1=915.36$m，$E_1=98.59$m，$L_1=1802.54$m。JD_2 为基本型单曲线，曲线元素 $T_2=181.96$m，$L_2=356.98$m，$E_2=19.08$m。请按路线起点到据点 1 间的导线结果进行中线布置。

解　中线导线上因按规定每 200m 左右设一个转点作为定线基准方向导向点，故中线丈量时的定线可以经纬仪定线亦可用花杆目穿定线。

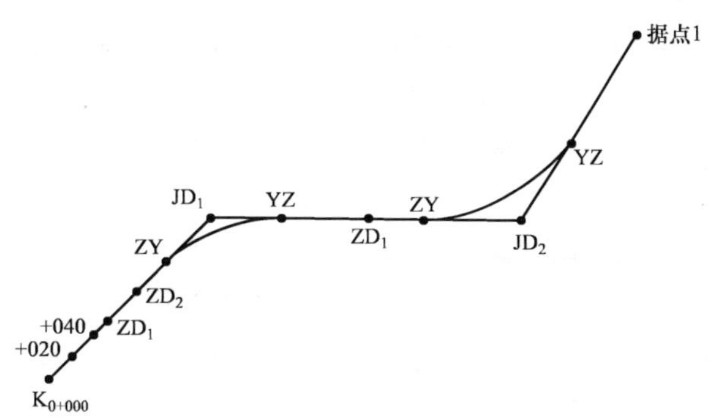

图 5-5　中线丈量及中桩钉设

1. 起点（K_0＋000）至 JD_1 间的中线测设

（1）前点在路线 ZD_1 立花杆引得中线丈量方向，拉链组前链、后链分别拿一根花杆并各持钢尺的一端使得距离等于整桩距（20m），由后链指挥前链绷紧钢尺并移动到使前链手持的花杆移动到与起点和 ZD_1 成为一条直线，由卡链者在前点的花杆尖处插一写有 K_0＋020 桩号布条的插钎；打桩者拔掉插钎，打上写有相应桩号的桩。

（2）拉链组保持钢尺的距离等于整桩距 20m，由后链指挥前链绷紧钢尺继续往前走，同时使前链手持的花杆移动到与起点和 ZD_1 成为一条直线，同样的方法定出 K_0＋040 桩位，由卡链者插一写有＋040 桩号布条的插钎；打桩者拔掉插钎，打上写有相应桩号的桩。

（3）后链继续往前定向并配合前链量距，等花杆离开桩点并拔出测钎后，写桩者写好桩号由打桩者打桩；打桩时注意桩号朝向路线来向，桩背面写好序号。

（4）同样的方法拉链组一直定线、量距、设桩直到 ZD_1，当钢尺穿过 ZD_1 并由卡链读出本尺段的零数距离，再与前面整桩距离相加，从而得到转点沿路线方向到路线起点的水平距离，此距离写成桩号格式便是 ZD_1 桩号，本例距离为 796.95m，因此 ZD_1 的桩号为 K_0＋796.95，最后由写桩和打桩者打出转点桩。

（5）前点继续往前定。在路线 ZD_2 立花杆引得中线丈量方向，拉链组前链、后链分别拿一根花杆并各持钢尺的一端并使距离等于整桩距 20m，由后链指挥前链绷紧钢尺并移动到使前链手持的花杆与 ZD_1 和 ZD_2 成为一条直线，由卡链者在前点的花杆尖处插一写有桩号的布条的插钎。

（6）同样的方法拉链组一直定线、量距、设桩直到 ZD_2，当钢尺穿过 ZD_2 并由卡链读出本尺段的零数距离，再与前面整桩距离相加，从而得到转点沿路线方向到路线起点的水平距离，此距离写成桩号格式便是 ZD_2 桩号，本例距离为 1392.76m，因此转点的桩号为 K_1＋392.76，最后由写桩和打桩者打出转点指示桩。

（7）同理，前点不断地寻找路线前方的转点直至交点并及时插好花杆，拉链组继续往前一直定线、量距、设桩直到 ZD_2。

（8）当估计到 JD_1 的距离不够其设置的曲线的切线长时，拉链组只是按整尺段量距并插上测钎，不打桩，一直量到 JD_1，计算出从路线起点到 JD_1 的距离，此距离写成桩号格式就是 JD_1 的桩号。本例为 1860.72m，因此，JD_1 的桩号为 K_1＋860.72m。

（9）后点在路线起点到 JD_1 的最后一个转点上插上花杆，拉链组掉头从 JD_1 向 ZD_2 方向倒量 T_1＝915.36m 得到 ZY 桩位，写好并打上 ZY 桩（ZYK_0＋945.36）。

(10) 前点者于JD_1上插花杆，拉链组从JD_1向分角桩方向量$E_1=98.59$m；得QZ桩位，写好并钉上QZ桩点。

(11) 拉链组从JD_1向JD_2方向量$T_1=915.36$m得到YZ桩位，写好并打上YZ桩($K_2+747.90$)。

(12) 计算出曲线的切线支距或偏角弦长等数据进行曲线内的桩点设定。

1) 计算人员根据本交点处的曲线形状，计算曲线元素和切线支距。

2) 记录人员根据计算好的曲线上第一个桩的支距通知拉链人员从曲线起点开始向交点方向倒拉x值得切线点N_1。

3) 卡链人员用两根钢尺或一根钢尺一根皮尺从切线点N_1和曲线起点分别拉Y_1值和弦长相交得曲线上第一个桩位P_1，打设中桩。

4) 再从第一个桩的切线点N_1处，顺切线沿交点方向量取$\Delta X=X_2-X_1$得切线点N_2。

5) 卡链人员从N_2处和前一个已设定的桩点分别用尺子拉Y_2和相邻桩的弦长，相交第二个桩位P_2，打设中桩。

6) 按同样方向一直设置到曲线的中点，直至前半个曲线完成，最后与曲线中点闭合以检核。

7) 后半个曲线从曲线终点开始，按同样方法完成。

8) 最后与曲线中点校核。

2. JD_1至JD_2间的中线测设

(1) 在路线起点到JD_1与JD_2间的最近一个转点(ZD_1)上插花杆，拉链组从JD_1处曲线的YZ桩开始，向JD_2方向先凑整成20m整桩，本例YZ桩号为$K_2+747.90$，因此第一个凑整成20m整桩的桩号为K_2+760；

(2) 仿照起点(K_0+000)至JD_1间的中线测设的(1)到(7)步设置JD_1与JD_2直线段各桩点；

(3) 仿照起点(K_0+000)至JD_1间的中线测设的(8)到(11)步设置JD_2处的曲线段主点桩；

(4) 仿照起点(K_0+000)至JD_1间的中线测设的(12)步设置JD_2处的曲线段各详细加桩。

3. JD_2到据点1间的中线测设

当JD_2处曲线敷设完毕后，再进行直线桩设量，方法与前相似。

五、水平组

(一) 任务

水平组的任务是对中线各中桩高程进行测量，并沿线设置临时水准点，为路线纵断面和横断面设计和施工提供高程资料。

(二) 工作内容

纵断面测量一般分为两步进行：一是沿路线每隔一定的距离设置水准点，进行高程控制，称为基平测量；二是分别在基平测量建立的相邻两个水准点间对中桩进行水准测量，以测定各中桩的地面高程，称为中平测量。基平测量可以按四等或五等水准测量的要求进行。中平测量可按等外水准测量要求进行，并可只作单程观测。

1. 路线水准点的设置

水准点是路线高程测量的控制点，在勘测、施工和竣工阶段都要使用，因此水准点的位置应选在稳固、醒目、易于引测以及施工线以外不易受破坏的地方。设置的水准点应在记录本上绘出草图，并记录位置及所对应的路线的桩号，以便编制“水准点表”。一般规定，在路线的起、终点、大桥两岸、隧道两端、垭口以及一些需要长期观测高程的重点工程的附近均应设置永久性水准点。另外，为便于使用水准点，沿线还需布设一定数量的临时性水准点。水准点设置的间隔一般为山区 0.5～1.0km，平原区 1.0～2.0km，并在路中线可能经过的地方两侧 50～300m 左右的范围内设置。

公路水准测量的等级要求，一般路线均按五等水准测量精度要求测设，高速公路可按四等水准测量要求实施。

2. 基平测量的方法

基平测量前应着手做好准备工作，即首先对路线的走向、沿线地形应有大概的了解；其次应收集沿线附近国家水准点的资料（如水准点的位置、编号、等级和高程等），引用绝对高程作为起始水准点的高程。布设的起始水准点应与附近的国家水准点联测，并尽量构成附合水准路线。

基平测量起始水准点的高程应从附近国家水准点上引测，以获得绝对高程。在沿线基平测量过程中，凡是能与附近国家水准点进行联测的均应联测，以便于检查其测量的精度。

水准点高程的测定通常采用一台水准仪在两个相邻的水准点间作往返观测，也可用两台水准仪作同向单程观测。

基平测量应采用不低于 S_3 级的水准仪，采用一组往返或两组单程测量。对高速公路和一、二级公路，其高程闭合差应不超过 $\pm 30\sqrt{L}$mm（L 为单程水准路线长度，以 km 计），符合精度要求时取平均值。水准点附合、闭合及检测限差亦应满足上述精度要求。测量时的视线长度，一般不大于 150m，当跨越河谷时可增至 200m。

3. 中平测量

中平测量又称中桩抄平，其任务是根据基平测量提供的水准点高程，按附合水准路线逐点测量中桩的地面高程。

中平测量的方法一般是以两相邻水准点为一个测段，从一个水准点开始，逐个测定中桩的地面高程，直至闭合于下一个水准点上。观测中一般把观测的中桩称为中间点。观测时在每一个测站上应尽量多的观测中桩，当观测的中桩距离较远时则需要在一定的距离内设置转点。转点应设置于稳固的桩顶、坚石或尺垫上，转点间的视线长度不应大于 150m。由于转点起着传递高程的作用，因此为了消除高程传递的不利因素，在测站上应先观测转点，后观测中间点。转点的读数取至 mm，中间点的读数按四舍五入取至 cm，中间点的视线也可适当放长，中间点的立尺应立在紧靠桩边的地面上。中平测量可使用 S_{10} 级的水准仪采用单程进行。水准路线应起、闭于水准点，其限差为 $\pm 30\sqrt{L}$mm。中桩高程取位至 cm，其检测限差为 ±10cm。导线点检测限差为 ±5cm。

图 5-6 所示，设 A 点为水准点，高程为 H_A，1，2…各点为中间点，B 点为转点。将水准仪安置在水准点与转点间的适当位置上，并在水准点上立水准尺。观测时先后视 A 点的水准尺，读数为 a；再前视转点上的水准尺，读数为 b；然后再在各中间点上立水准尺，观测各中间点，得中间点读数，设中视读数为 k。

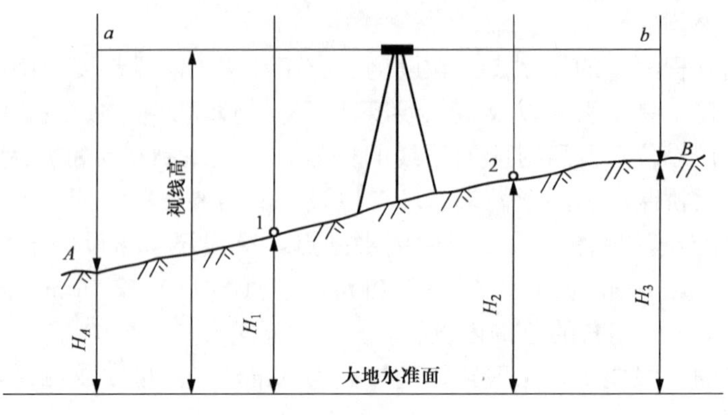

图 5-6 视线高法

则转点和中间点的高程可用视线高法求得，即：

测站视线高 H_i＝水准点高程 H_A＋后视读数 a

前视转点 B 点的高程 H_B＝测站视线高 H_A－前视读数 b

中桩高程 H_K＝测站视线高 H_i－中视读数 k

中平测量的施测步骤如图 5-7 所示。

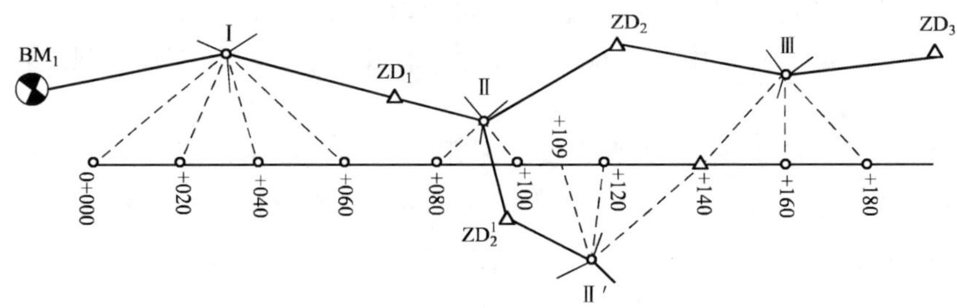

图 5-7 中平测量施测步骤

(1) 安置仪器于 I 点，分别后视 BM_1 和前视 ZD_1 上的水准尺，并将读数填入表 5-5 的 BM_1 后视栏和 ZD_1 的前视栏中。

(2) 观测 BM_1 与 ZD_1 之间的中间点 K_0＋000，＋020，＋040，＋060，将各点的读数分别记入表 5-5 的中视栏中。

(3) 将水准仪搬至 II 点，再分别后视 ZD_1 和前视 ZD_2 上的水准尺，将读数分别记入表 5-5中的 ZD_1 的后视栏和 ZD_2 的前视栏内。

(4) 观测 ZD_1 和 ZD_2 之间的中间点 K_0＋080，＋100，＋120，分别将读数填入表 5-5 各点的中视栏中。

(5) 按上述方法和步骤继续向前施测，直至闭合到下一个水准点 BM_2 上。

(6) 按前述要求计算各测段闭合差，如不符合精度要求，应返工重测。

一测段结束后，应立即算出高差闭合差。高差闭合差 f_h＝测得高程－已知高程。若 $f_h \leqslant f_{h容}$，则符合要求，但不进行闭合差的调整，而以原计算的各中桩的高程作为绘制纵断面图的数据；若 $f_h > f_{h容}$，则应查找原因或返工重测。

中桩高程应测至桩志处的地面，高程读数取至 cm。中桩高程测量精度应符合表 5-4 的规定。

表 5-4　**中桩高程测量精度**

公路等级	闭合差（mm）	两次测量之差（cm）
高速公路，一、二级公路	$\leqslant 30\sqrt{L}$	≤5
三级及三级以下公路	$\leqslant 50\sqrt{L}$	≤10

注　L 为高程测量的路线长度，km。

表 5-5　**中平测量记录表**

测点	水准尺读数（m）			视线高	测点高程	备注
	后视读数	中视读数	前视读数			
BM_1	2.37			106.573	104.256	
K_0+000		2.16			104.41	
+020		1.83			104.74	
+040		1.20			105.37	
+060		1.43			105.14	
ZD_1	0.744		1.762	105.555	104.811	
+080		1.90			103.66	
+100		1.76			103.80	中平测得 BM_2 高程为 104.795m
+120		1.84			103.72	
ZD_2			1.405	106.206	104.150	
+140		1.82			104.45	
+160		1.79			104.48	
ZD_3	2.116		1.834		104.432	
…	…	…	…	…	…	
K_1+480		1.26			104.21	
BM_2			0.716		104.754	

复核：f_h＝测得高程－已知高程＝104.795－104.754＝0.041（m）

$f_{h容}=\pm 50\sqrt{1.48}=\pm 61$（mm）

$f_h<f_{h容}$　满足精度要求

六、横断面组

（一）任务

横断面组作业的主要任务是：在实地逐桩测量每个中桩在路线的横向（法线方向）的地面变坡点之间的距离和高差，并画出横断面的地面线。路线横断面测量主要是为路基横断面设计、土石方计算及今后的施工放样提供资料。

横断面测量的宽度应根据路基宽度、填挖尺寸、边坡大小、地形情况以及有关工程的特殊要求而定，一般要求中线两侧各测 15～50m。横断面图测绘的密度，除各中桩外，在大、中桥头、隧道洞口、挡土墙等重点工程地段，可根据需要加密。由于横断面图一般用于路基的断面设计和确定路基填挖边界，因此在测定地面点的距离和高差时，一般只须精确至 0.1m 或 0.05m，易可采用简易的工具和方法测量。

（二）工作内容

横断面测量的内容包括横断面方向的确定、横断面测量、绘制横断面图和根据有关资料进行横断面设计。

1. 横断面方向的确定

要进行横断面测量，必须首先确定横断面的方向。在直线路段，横断面的方向与路线垂直，而在曲线段，横断面的方向与该点处曲线的切线相垂直，即法线方向。

在公路中线直线段一般采用方向架测定横断面的方向。方向架是由两个互相垂直的固定方向杆和一个能够自由转动的活动方向杆组成，如图 5-8 所示，方向杆 $ab \perp cd$；ef 是活动方向杆，可用制动钮固定，方向架高约为 1.20m，直线段横断面方向的具体测定方法如下。

如图 5-9 所示，将方向架安置于公路中线各直线桩桩位的地面上，用其中一个方向杆 ab 瞄准路线中线方向（前一个中桩或后一个中桩），则方向架的另一个方向杆 cd 所指的方向即为该桩点的横断面方向。

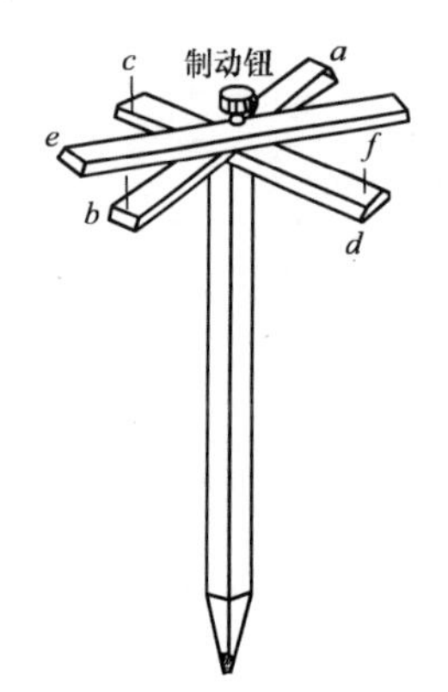

图 5-8 方向架示意图

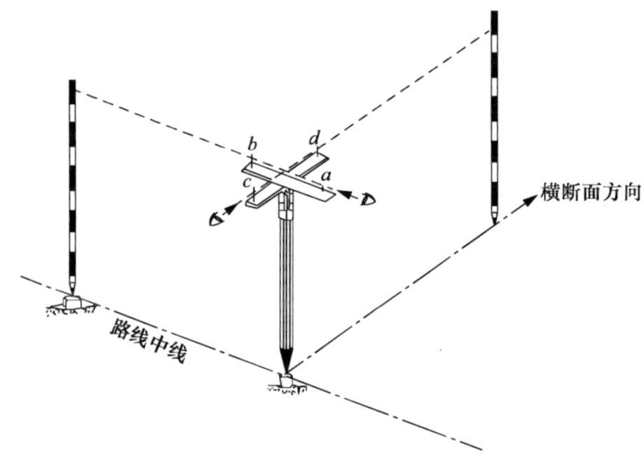

图 5-9 直线上方向架的运用

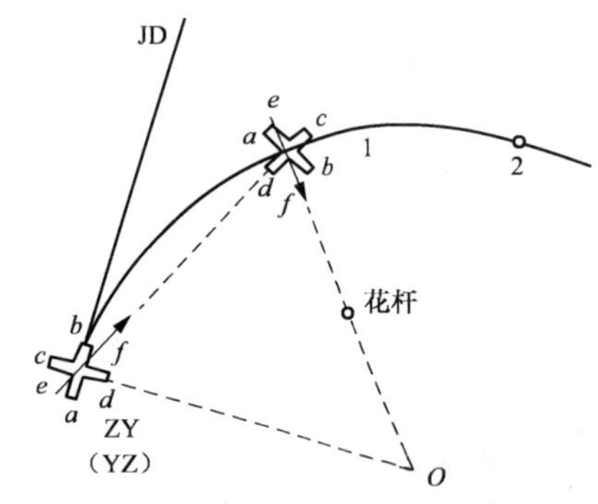

图 5-10 圆曲线上方向架的运用

在圆曲线地段，横断面方向应和测点的切线方向垂直，也是测点指向圆曲线圆心的方向，其方向也可采用方向架来测定，如图 5-10 所示。

（1）直圆点 ZY（或圆直点 YZ）横断面方向的测定。将方向架安置于直圆点 ZY（或圆直点 YZ）上，用 ab 方向杆对准交点或直线上的中线桩，则另一方向杆 cd 所指的方向即为直圆点 ZY（或圆直点 YZ）的横断面方向。

（2）圆曲线上各点横断面方向的测定。直线上的横断面方向，用方向架或经纬仪作垂线确定。曲线上的横断面方向，根据计算的弦偏角，用弯道求心方向架或经纬仪来确定。

例如，测定曲线上 1 点的横断面方向，可按下述步骤测定：

1）将方向架安置于曲线的起点 ZY 上，用 ab 方向杆对准交点或直线上的中线桩；

2）将活动方向杆 ef 对准曲线上要测的 1 点，拧紧制动钮；

3）在保持 ef 杆与 cd 杆的夹角不变的情况下，将方向架移动于待测 1 点，并用 cd 杆瞄准曲线起点 ZY，则活动方向杆 ef 所指的方向即为待测点的横断面方向。

如果要测定相邻的其他点的横断面方向，可在前一点 1 点用 cd 方向杆对准横断面方向，

活动指标杆 ef 对准 2 点，并拧紧制动钮，然后将方向架移动于 2 桩点，用 cd 方向杆对准 1 桩点，则活动方向杆 ef 所指的方向即为 2 桩点的横断面方向。同法可测定其他各点的横断面方向。

（3）缓和曲线上横断面方向的测定。缓和曲线上任一点的横断面方向是指通过该点的法线方向，即该点切线的垂直方向。如图 5-11 所示，只要求得测点至前点（或后点）与该点切线的偏角值，即可定出该点的法线方向。

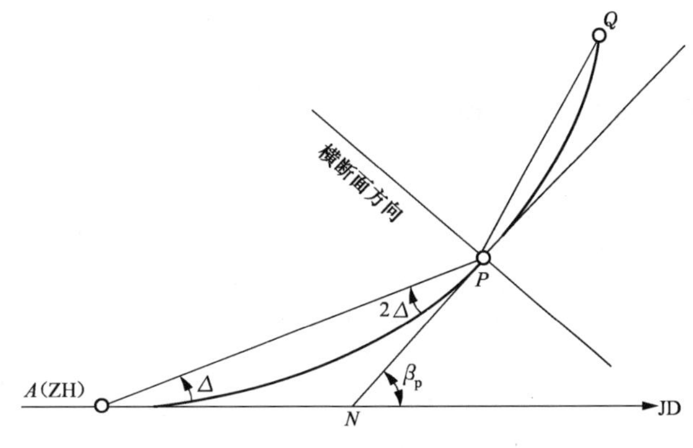

图 5-11　缓和曲线的法线方向

缓和曲线上横断面方向的测定可用经纬仪，其步骤如下。

1）将经纬仪安置于缓和曲线的起点 A 点上，测出 P 点的偏角 Δ（或计算出偏角 Δ，$\Delta=\frac{l^2}{6Rl_s}\times\frac{180^\circ}{\pi}$。式中 l 为缓和曲线起点至缓和曲线上 P 点的曲线长；l_s 为缓和曲线的长度。

2）再将经纬仪移至 P 点，并以 2Δ 的读数瞄准 A 点。

3）旋转经纬仪照准部至 90°或 270°；则此时经纬仪视准轴所指的方向即为 P 点的横断面方向。依此法可测出其余各点。

上述方法的优点是不用计算。有时为了便于测定，也可以使用方向架，如图 5-12 所示，要测定缓和曲线上 P_i 点的横断面方向，可先计算出缓和曲线起点 A 至 N_i 点的距离 t_i，根据缓和曲线要素公式可知

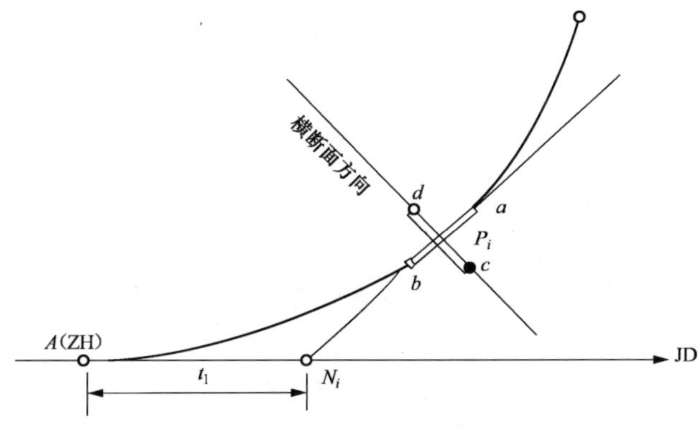

图 5-12　方向架确定缓和曲线法线方向

$$t_i=\frac{2l}{3}+\frac{l^2}{360R^2}$$

式中 l——缓和曲线起点至缓和曲线上 P_i 点的曲线长；

R——平曲线半径。

计算时，忽略$\frac{l^2}{360R^2}$，直接取 $t_i=\frac{2l}{3}$。计算出 t_i 后，从缓和曲线起点沿切线方向量取 t_i，得到 N_i 点，将方向架安置在 P_i 点上，以 ab 指向对准 N_i 点，则 cd 所指的方向即是 P_i 点的横断面方向。

2. 横断面测量方法

横断面测量以中线地面点即中桩位置为直角坐标原点，分别沿断面方向向两侧施测地面各地形变化特征点间的相对平距和高差，由此点绘出横断面的地面线。横断面的测量精度如表 5-6 所示。

表 5-6 横断面检测精度要求

公路等级	距离（m）	高差（m）
高速公路、一、二级公路	$L/100+0.1$	$h/100+L/200+0.1$
三级及三级以下公路	$L/50+0.1$	$h/50+L/100+0.1$

注 L 为测点值中桩的水平距离；h 为测点至中桩的高差。

横断面测量方法常用的有以下几种。

（1）抬杆法。如图 5-13 所示，利用花杆和皮尺直接测得横断面方向上相邻两边坡点的水平距离和高差。平距和高差。此法简便、易行，所以被经常采用，它适用于横向变化较多较大的地段，但由于测站较多，测量和积累误差较大。

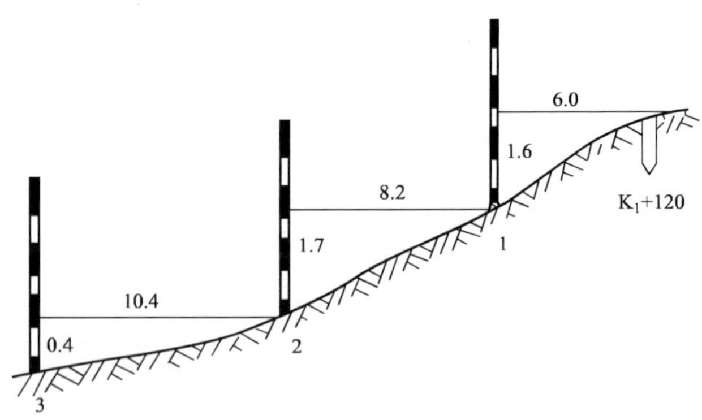

图 5-13 抬杆法

1）首先根据地面情况选定变坡点 1、2、3。

2）将标杆分别竖立于各变坡点上（如 1 点）。

3）将皮尺在中桩与变坡点之间（或两变坡点之间）紧靠中桩（或变坡点）沿横断面方向量出水平距离；如图中中桩至 1 点的水平距离。

4）测出此时皮尺截于标杆的红白格数（每格为 0.2m）即得到两点间的高差。

5）边测量边记录。测量中，报数时通常省去“水平距离”四字，高差用“低”或“高”表示。例如图中在中桩点与 1 点间测量，报数为“6.0m 低 1.6m；记录时按路线前进方向分左侧、右侧，并以分数形式表示各测段的高差和距离，分子表示高差，分母表示距离，高差为正表示升高或上坡，高差为负表示降低或下坡，自中桩由近及远逐段测量与记录。记录时从表格下面往上面记录，即从表格底部小桩号逐渐记至表头的大桩号，记录格式如表 5-7 所示。

6）同法可测得 1 点与 2 点、2 点与 3 点……的距离和高差。

表 5-7　　横断面记录表

左侧	桩号	右侧
$\frac{-2.5}{7.5}$ $\frac{-2.5}{7.3}$ $\frac{-1.4}{6.8}$	K_2+500	$\frac{+0.2}{1.6}$ $\frac{+0.6}{4.0}$ $\frac{+1.7}{6.0}$
……	……	……
$\frac{-0.4}{10.4}$ $\frac{-1.7}{8.2}$ $\frac{-1.6}{6.0}$	+120	$\frac{-0.8}{1.7}$ $\frac{-0.6}{5.8}$ $\frac{+1.4}{6.9}$
$\frac{-2.7}{8.3}$ $\frac{-1.4}{3.7}$ $\frac{+0.9}{2.1}$ $\frac{-0.6}{4.8}$	+100	$\frac{+1.4}{6.9}$ $\frac{-2.5}{7.3}$ $\frac{0}{2.5}$
$\frac{+0.5}{15}$ $\frac{-2.3}{6.5}$	K_1+080	$\frac{+0.2}{3.5}$ $\frac{-0.3}{4.7}$ $\frac{-1.3}{6.3}$

（2）水准仪法。水准仪法是利用水准仪按水准测量的方法测定各变坡点与中桩点之间的高差、并用皮尺丈量两变坡点间的水平距离的方法，常用于地形平坦或横断面精度要求较高以及横断面方向高差变化不大的地区。利用水准仪测量横断面，可以在一个测站上同时观测多个中桩横断面。如图 5-14 所示。测量步骤如下。

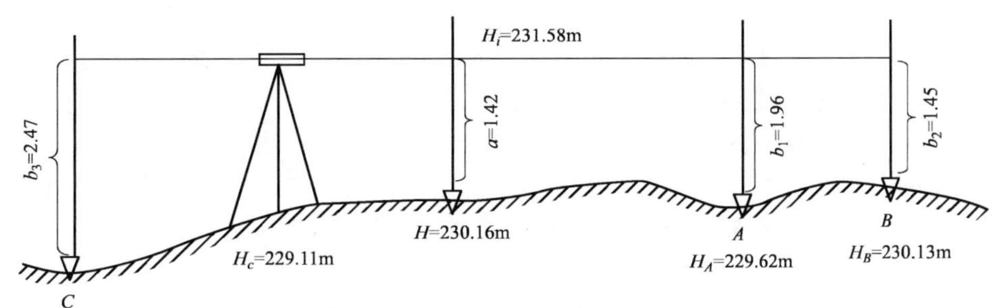

图 5-14　水准仪法

1）选择一适当的位置安置水准仪，并在中桩上立水准尺；

2）后视中桩水准尺，读取后视读数，准确到厘米，计算出仪器的视线高程；

3）分别在横断面方向上的地面变坡点上立水准尺，前视各点上的水准尺，读各前视读数；

4）用视线高程减去各前视读数，得到各变坡点的高程；

5）用皮尺分别量取中桩至各变坡点间的水平距离，准确到 cm。边测量边记录，记录格式如表 5-8 所示。

表 5-8 **水准仪测量横断面记录表**

桩 号	各变坡点至中桩点距离（m）		后视读数（m）	前视读数（m）	各变坡点至中桩点高差（m）
K_1+420	左侧	0.00	1.67		
		6.5		1.69	−0.02
		9.0		2.80	−1.13
		11.3		2.84	−1.17
		12.6		1.51	+0.16
		20.0		1.43	+0.24
	右侧	14.6		1.54	+0.13
		20.0		1.43	+0.2

（3）经纬仪法。安置仪器于中桩上，用视距测量法测出中桩与各地形变化点的距离和高差，然后绘制横断面图。经纬仪视距法适用于地形变化较大，山坡陡峻的大型横断面测量。

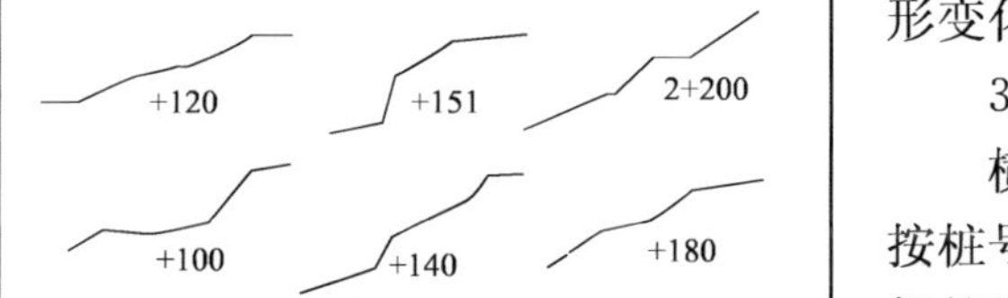

图 5-15 横断面图

3. 横断面图绘制

横断面图应点绘在透明坐标纸上，点绘时应按桩号的大小先从图下方到上方，再从左侧到右侧的原则安排断面位置。绘图的比例一般为 1∶200，对有特殊需要的断面可采用 1∶100，每个断面的地物情况应用文字在适当位置进行简要说明，如图 5-15 所示。具体步骤为：

1）先在厘米方格纸上由下而上以一定间隔定出各断面的中心位置，并注上相应的桩号和高程；

2）根据测量时记录的高差和水平距离，按选定的比例尺，将地形点点绘在图纸上，然后用直尺或三角板将这些点连接起来，即得地面线；

3）标注有关的地物或数据；

4）根据纵断面图上的施工高度，考虑当地地形、自然条件，并参考路基标准横断面图，在横断地面线上逐桩绘出路基横断面图（俗称“戴帽子”）。

七、地形组

（一）任务

地形组的任务就是根据设计的需要，按一定比例测绘出沿线一定宽度范围内的带状地形图（或局部范围的专用地形图），供设计和施工使用。

地形图分为路线地形图和工点地形图两种。路线地形图是以导线（或路线）为依据的带状地形图，主要供纸上定线或路线设计之用。工点地形图是利用导线（或路线）或与其取得联系的支导线，进行测量的为特殊小桥涵和复杂排水、防护、改河、交叉口等工程布置设计的专用地形图。

（二）测设要求

1. 比例及范围

路线地形图比例尺采用 1∶2000，测绘宽度两侧各为 100m～200m，对于地物、地貌简单、地势平坦的地区，比例可采用 1∶5000，测绘宽度每侧不应小于 250m。

2. 测设精度要求

(1) 等高距规定如下：

比例 1∶500 0.5m、1m

比例 1∶1000 1m

比例 1∶2000 1m、2m

比例 1∶5000 2m、5m

(2) 地形点观测要求见表 5-9。

表 5-9 **地形点观测要求**

比例	视距最大长度（m）		竖直角
	竖角≤12°	竖角>12°	
1∶500	100	80	≤30°
1∶1000	200	150	
1∶2000	350	300	
1∶5000	400	350	

地形点的密度：

1) 地面横坡陡于 1∶3 时，图上距离不宜大于 15mm；

2) 地面横坡等于或缓于 1∶3 时，图上距离不宜大于 20mm；

3) 地形点在地形图上的点位中误差：

1∶500～1∶2000 时，不应超过±1.6mm；

1∶5000 时，不应超过±0.8mm。

地形图测绘的具体要求详见《公路勘测规范》中有关地形图测绘的相关规定。

八、调查组

(一) 任务

调查组的工作主要是根据测设任务的要求，通过对公路所经过地区的自然条件和技术经济条件进行调查，为公路选线和内业设计收集原始资料。

(二) 分工及调查内容

调查的主要内容有：工程地质情况调查、筑路材料情况调查、桥涵调查、预算资料调查及杂项调查等。对于旧路改建，还应对原路路况进行调查。调查组可由 2～3 人组成，综合调查组也可分小组同时调查。

1. 工程地质调查

工程地质资料是公路设计的重要资料，通过调查、观测和必要的勘探、试验，进一步掌握与评价路线通过地带的工程地质和水文地质情况，为正确选定路线位置、合理进行纵坡、路基、路面、小桥涵及其构造物的设计提供充分准确的工程地质依据。

工程地质调查的主要内容有：

(1) 路线方面：

1) 在工程地质复杂和工程艰巨地段，会同选线人员研究路线布设及所采取的工程措施；

2) 调查沿线范围的地貌单元和地貌特征、地质构造、岩石、水文地质、植被、土壤种类、地面径流及不良地质现象等情况，并分段进行工程地质评价；

3）分段测绘代表性工程地质横断面，标明土、石分类界限，并划分土、石等级；

4）调查气象、地震及施工、养护经验等资料；

5）编写道路地质说明书。

（2）路基方面：

1）调查分析自然山坡或路基边坡的稳定状况，根据地质构造、岩性及风化破碎程度以及其他影响边坡稳定的因素，提出路堑边坡或防护加固措施；

2）沿溪线应查明河流的形态、水文条件、河岸的地貌、地质特征、河岸稳定情况、受冲刷程度等，进而提出防护类型、长度及基础埋置深度等意见；

3）路基坡面及支挡构造物调查，提出结构类型、基础埋置深度等意见；

4）路基土壤、地下水位和排水条件调查，提出路基土壤分类和水文地质类型。

（3）路面方面：

1）收集有关气象资料，研究地貌条件，划分路段的道路气候分区，并提出土基回弹模量建议值，供路面设计时采用；

2）调查当地常用路面结构类型和经验厚度。

（4）特殊不良地质地区如黄土、盐渍土、沙漠、沼泽以及滑坡、崩塌、岩溶、泥石流等的综合性地质调查与观测，为制定防治措施提供资料。

2. 筑路材料料场调查

筑路材料质量、数量及运距，直接影响工程的质量和造价。进行筑路材料调查的任务就是根据适用、经济和就地取材的原则，对沿线料场的分布情况进行广泛调查，以探明数量、质量及开采条件，为施工提供符合要求的料场，主要有三方面的内容：

（1）料场使用条件调查。主要对自采加工材料如块石、片石、料石、砾石、碎石、砂、黏土料源的质量和数量进行勘探，以必要的取样试验决定料场的开采价值。

（2）料场开采条件调查。主要对矿层的产状条件、水文地质条件、开采季节、工作面大小、废土堆置场地等方面进行调查。

（3）运输条件调查。包括运输支线距离、修筑的难易、料场与路线的相对高差、运输方式、材料的埋藏条件（包括剥土厚度）等方面进行调查。

3. 小桥涵调查

小桥涵调查的主要任务是：调查与搜集沿线小桥涵水文、地质、地形资料，配合路线总体布设，进行实地勘测，提供小桥涵及其他排水构造物的技术要求，研究决定小桥涵的位置、结构形式、孔径大小以及上下游的防护处理等。

（1）桥涵水文资料调查。水文资料调查的目的是为确定设计流量和孔径提供必需的资料。调查内容应采用水文计算的方法确定。方法有：形态调查法、径流形成法、直接类比法。当跨径在1.5m以下时，可不进行孔径计算，通过实地勘测用目估法确定孔径。

（2）小桥涵位置的选定及测量。小桥涵的位置，原则上应服从路线走向，通常情况下是由选线组根据最佳路线位置确定下来的。但是，桥涵如何布置，则由桥涵人员根据实地地形、地质及水文条件综合考虑，然后进行桥址或涵址测量。

（3）桥涵结构类型的确定。小桥涵类型的选择，应结合路线的等级和性质，根据适用、经济和就地取材的原则，结合其他情况综合考虑，使所选定的形式具有施工快，造价低、便于行车和利于养护的优点。

（4）小桥涵地质调查。小桥涵地质调查的目的在于摸清桥涵基底工程地质及水文地质情况，为正确选定桥涵及附属构造物的基础埋深及有关尺寸、类型等提供资料。调查的内容包括：基底土壤地质类型及特征，有无地质不良情况，土壤冻结深度及水文地质对基础和施工的影响等。

4. 预算资料调查

施工预算是公路设计文件的重要组成部分，进行预算资料调查的目的就是要为编制施工预算提供资料。调查应按交通部颁布的《公路基本建设概算预算编制办法》的有关规定进行。调查的主要内容包括以下几点。

（1）施工组织形式调查。主要调查施工单位的组织形式、机械化程度和生产能力以及施工企业的等级等。当施工单位不明确时，应由建设单位提供上述可能的情况及编制原则。

（2）工资标准。包括工人基本工资标准和工资性津贴（附加工资、粮价补贴、副食补贴）、其他地区性津贴及工人工资计算办法等的调查。

（3）调拨或外购材料及交通运输调查。包括材料的出厂价格、可能发生的包装费和手续费、可能供应数量、运输方式、运距、中转情况、运输能力、运杂费（包括运费、装卸费、囤存、过渡、过磅等）、水、电价格等内容。

（4）征用土地和拆迁补偿费。按国务院最新公布的《国家建设征用土地条例》和当地政府有关补偿费用标准和办法办理。

（5）施工机构迁移和主副食运费补贴调查。

（6）气温、雨量、施工季节调查。

（7）其他可能费用资料调查。

5. 杂项调查

杂项调查主要是指占地、拆迁及有关项目的情况和数量调查，为编制设计文件的杂项表格提供资料。主要内容包括以下几点。

（1）占用土地的测绘和调查。

（2）拆迁建筑物、构造物（包括水井、坟墓等）调查。

（3）拆迁管道、电力、电讯设施调查。

（4）排水、防护、改河以及临时工程（便道、便桥等）的调查。

九、内业组

定测内业工作的复核、检查、整理外业资料和图表制作、汇总等要求，与初测内业工作要求相同。

定测内业工作进程应及时进行路线设计和局部方案的取舍工作，外业期间应做出全部路基横断面设计，并结合沿线构造物的布设，逐段综合检查所定路线线位的技术经济合理性，同时进行必要的现场核对。

思 考 题

5-1　道路定测中，导线测角组、中桩组、水准组、横断组的工作内容是什么？如何进行？

5-2　钉设中线的方法是什么？

学习情境六　路 线 施 工 放 样

任务一　施工放样基本方法

一、已知距离放样

已知距离的放样是指从某个已知点开始，在实地上沿给定的方向量测出给定的水平距离而定出另一点。

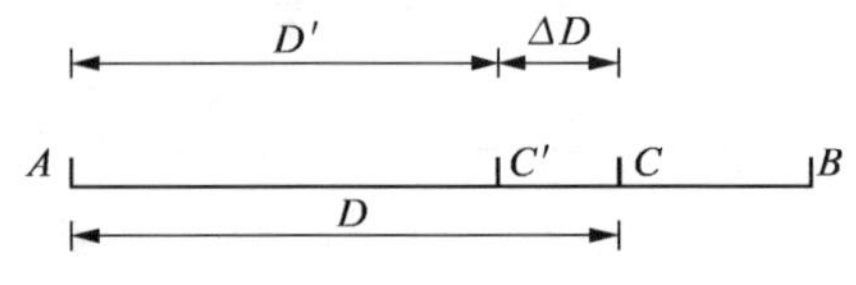

图 6-1　已知距离放样

（一）一般方法

如图 6-1 所示，在已知的方向线 AB 上，从 A 点向 B 点测设水平距离 D，定出另一点 C，使 AC 等于 D，放样的方法如下。

（1）首先在已知的方向线 AB 直线上定线。

（2）从 A 点开始沿 AB 方向用钢尺量出水平距离 D，定出 C'点的位置。

（3）再从 C'点返测，回到 A 点。

（4）计算往返测量的相对误差，若在容许范围（1/3000 — 1/2000）内，取其平均值为 D'。

（5）计算出 $\Delta D=D'-D$。

（6）当 ΔD 为正时，则将 C'点向 A 点方向移动 ΔD；当 ΔD 为负时，则将 C'点向 B 点方向移动 ΔD，定出 C 点。

（二）精密方法

用精密方法测设长度为 D 的水平距离 AC，如图 6-1 所示。测设步骤如下。

（1）在 AB 直线上，根据设计水平距离 D 从 A 点开始沿 AB 方向用钢尺量出水平距离 D，概略定出 C'点的位置。

（2）按精确量距方法测量 AC'的长度，并进行尺长、温度和倾斜改正，求出 AC'的精确水平距离 D'。

（3）若 D'与 D 不相等，则按其差值 $\Delta D=D'-D$，以 C'点为准，沿 AB 方向改正。

（4）当 ΔD 为正时，则将 C'点向 A 点方向移动 ΔD；当 ΔD 为负时，则将 C'点向 B 点方向移动 ΔD，定出 C 点。

（三）全站仪放样方法

用全站仪放样长度为 D 的水平距离 AC。放样步骤如下。

（1）将全站仪安置在 A 点上，瞄准 AB 直线方向，并在 C 点概略位置安置棱镜。

（2）打开电源开关，输入各种改正数据，启动放样功能，输入放样距离。

（3）放样。根据仪器上显示的放样值与实测值的差值，指挥棱镜前后移动，直到达到放样距离并满足精度要求为止。

(4) 在棱镜点钉桩即为 C 点在地面上的实际位置。

二、水平角放样

水平角放样就是在实地上以某个已知点为水平角的顶点，以给定的方向为已知边，放样出与已知边之间的水平夹角为给定水平角的另一个边，而定出另一个方向。放样的方法如下。

(一) 一般方法

如图 6-2 所示，设 O 为要测设的水平角的顶点，OA 为已知边，欲在 O 点测设另一边 OB，使 $\angle AOB$ 等于水平角 β，测设步骤如下：

(1) 安置经纬仪于 O 点，盘左位置瞄准 A 点，同时配置水平度盘读数为 $0°0'0''$

(2) 顺时针旋转照准部，使水平度盘读数为 β，然后制动照准部，并在视线方向上钉一木桩，在桩顶面标出 B' 点使之与竖丝重合。

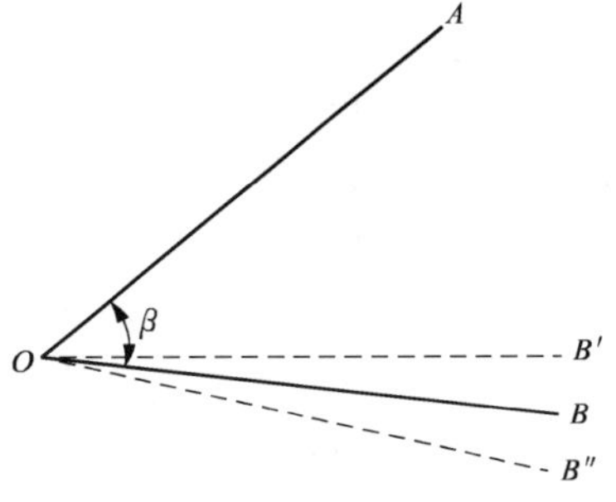

图 6-2 已知角度放样

(3) 将经纬仪置于盘右位置，瞄准 A 点，同时配置水平度盘读数为 180°。

(4) 顺时针旋转照准部，使水平度盘读数为 $180°+\beta$，然后制动照准部，在木桩上沿视线方向定出 B'' 点。

(5) 若 B' 与 B'' 重合，则所测设之角为 β；若 B' 与 B'' 不重合，取其连线的中点为 B，得 OB 方向，则 $\angle AOB$ 即为需测设之角 β。

(二) 简易方法

在施工现场，如果对测设水平角的精度要求不高，可以采用简易方法测设。

1. 测设直角

(1) 勾股弦法。如图 6-3 所示，欲在已知直线 OA 的 O 点测设直角，测设步骤如下。

1) 用钢尺在 OA 线上量取 3m 定出 B 点；

2) 以 O 为圆心，以 4m 为半径画弧；然后再以 B 为圆心，以 5m 为半径画弧，两弧相交于 C 点，则 $\angle COA$ 为直角；

(2) 等腰直角法。如图 6-4 所示，欲在已知直线 EF 的 D 点上测设直角，测设步骤如下：

1) 用钢尺自 D 点在直线 EF 上分别量出相等的线段 DA，DB；

2) 分别以 A，B 两点为圆心，以大于 DA 之长为半径画弧，两弧相交于 C 点，则 $\angle ADC$ 和 $\angle BDC$ 均为直角。

2. 测设任意角

如图 6-5 所示，欲在已知直线 AD 的 A 点上测设 β 角，测设步骤如下：

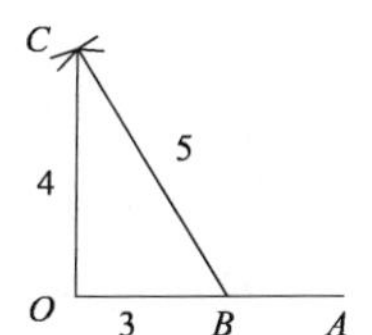

图 6-3 勾股弦法

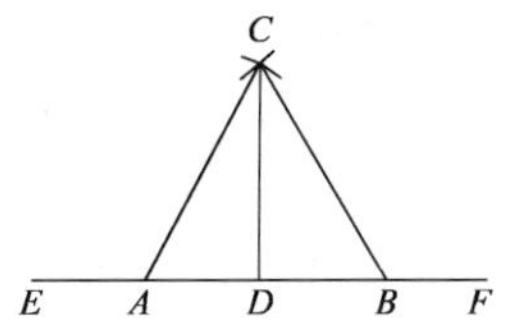

图 6-4 等腰直角法

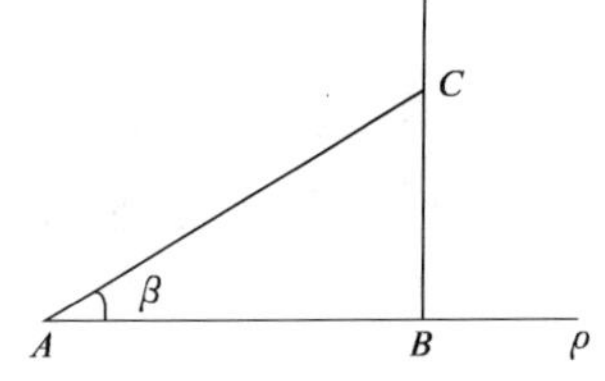

图 6-5 测设任意角

（1）在 AD 直线上量取一段距离 AB（取整数）；

（2）过 B 点用前述方法测设 AB 的垂线；

（3）在垂线上截取 BC，且 $BC=AB\cdot\tan\beta$，得 C 点；

（4）连接 AC，则 $\angle CAB$ 即为测设 β 角；

（5）若 β 为钝角，则测设（$180°-\beta$）角。

三、高程放样

高程放样就是根据一个已知的高程点放样出另一个已知高程的点。

（一）用一般方法放样已知高程的点

如图 6-6 所示，已知水准点 A 的高程为 H_A，待放样点 B 的设计高程为 H_B。试将设计高程放样到 B 点的桩上。放样步骤如下。

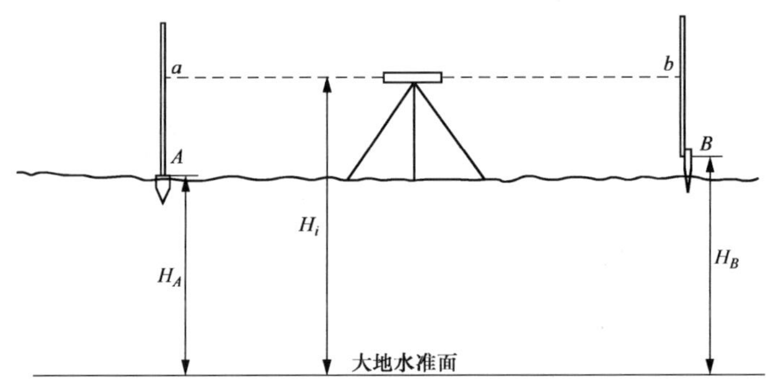

图 6-6 放样已知高程

（1）在 AB 两点间安置水准仪，使前、后视距大致相等；

（2）在 A 点立水准尺，用水准仪后视 A 点水准尺，读取读数为 a；

（3）计算视线高

$$H_i=H_A+a$$

（4）计算 B 点水准尺尺底高程为 H_B 时该尺的读数 b；

$$b=H_i-H_B=H_A+a-H_B \tag{6-1}$$

（5）在 B 点立水准尺，前视 B 点水准尺；

（6）观测者指挥扶尺员使水准尺在 B 点桩上缓慢上、下移动，当水准尺上读数恰为 b 时，停止移动水准尺并沿水准尺底面在木桩侧面上画线，此线即为设计高程为 H_B 的 B 点位置。

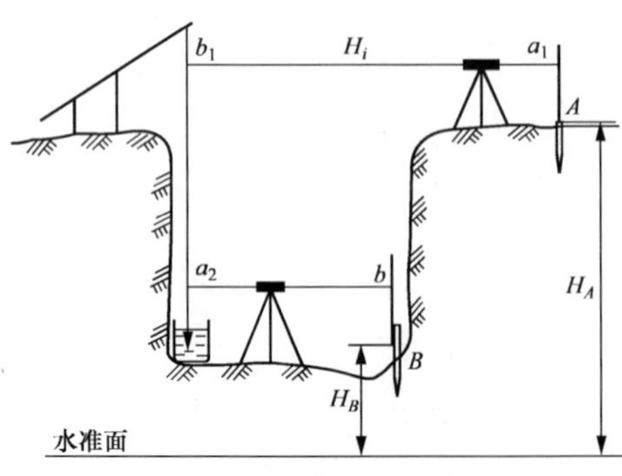

图 6-7 传递测量法

（二）用传递测量法测设已知高程的点

若测设的高程点和已知水准点之间的高差很大，可采用此法。

如图 6-7 所示，已知水准点 A 的高称为 H_A。放样点为 B，位于基坑内，设计高程为 H_B。

放样 B 点高程时，由于 A、B 两点高差很大，不能采用普通的水准尺法，因此，可采用悬挂钢卷尺来代替水准尺的方法。悬挂钢卷尺时使钢卷尺的零点在下，为减少钢尺的晃动可在钢尺的下方挂一个重为 5～10kg 的重物，并将重物浸入油

桶中。测设步骤如下

（1）在基坑外1安置水准仪，后视水准点 A 的水准尺，读数为 a_1；前视钢卷尺，读数为 b_1。

（2）计算视线高

$$H_i = H_A + a_1$$

（3）计算钢卷尺零点高程

$$H_0 = H_i - b_1 = (H_A + a_1) - b_1$$

（4）在基坑底安置水准仪，后视钢卷尺，读数为 a_2

（5）计算 B 点水准尺尺底高程为 H_B 时该尺的读数 b

$$b = (H_0 + a_2) - H_B \tag{6-2}$$

（6）前视 B 点水准尺，观测者指挥扶尺员使水准尺在 B 点上缓慢上、下移动，当水准尺上读数为 b 时，沿尺底面在 B 点桩上画一横线，此横线即为设计高程为 H_B 的点。

（三）抄平

同时测设若干个相同高程的点，称为抄平，如图6-8所示。

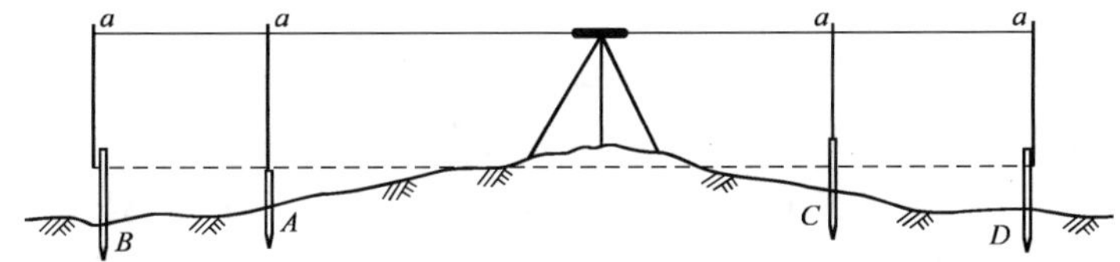

图6-8　抄平

设 A 点为已知高程的点，欲在 B，C，D 各桩上分别测设出与 A 点的高程相同的标高线。抄平步骤如下。

（1）安置水准仪于离各测点的距离大致相等处。

（2）将水准尺立于 A 点上，水准仪后视该水准尺，设读数为 a。

（3）将水准尺立于 B 点上，水准仪前视 B 点，观测者指挥 B 点尺上扶尺员，将水准尺缓慢上、下移动，当水准尺读数为 a 时，沿尺底面在桩上画一横线，此线即为与 A 点的高程相同的标高线。

（4）同法在 C、D 各桩上画出与 A 点高程相同的标高线，抄平完成。

（四）利用全站仪进行高程放样

如图6-9所示，已知水准点 A 的高称为 H_A，放样点为 B，设计高称为 H_B，试放样 B 点的高程。

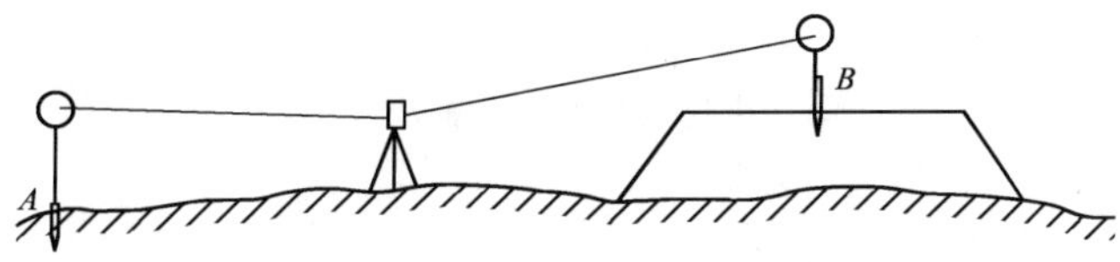

图6-9　全站仪高程放样

由已知条件可知，水准点与放样点 B 之间的高差为 $\Delta h = H_B - H_A$。放样步骤如下。

（1）在地势较高并能与水准点和放样点通视的位置安置全站仪，量取仪器高和棱镜高并将有关参数和仪器高与棱镜高输入全站仪；

（2）瞄准水准点所立棱镜，按测距键，显示屏显示测站点与水准点之间的高差 Δh_1，则仪器中心点高程为

$$H_i = H_A - \Delta h_1$$

（3）保持棱镜高不变，将棱镜从水准点移到 B 点，用全站仪瞄准 B 点所立棱镜，则高差读数 Δh_2 应为

$$\Delta h_2 = H_B - H_i$$

（4）在 B 点桩上上下缓慢移动棱镜，当高差读数为 Δh_2 时，棱镜底端即为放样点 B 所在的高程。

四、点的平面位置放样

地面点的平面位置的放样方法有直角坐标、角度交会法、距离交会法、角度与距离交会法、全站仪法等。放样时应综合考虑控制网的形式、控制点的分布情况、地形情况、现场条件以及测设精度的要求，然后确定合适的测设方法。

（一）直角坐标法

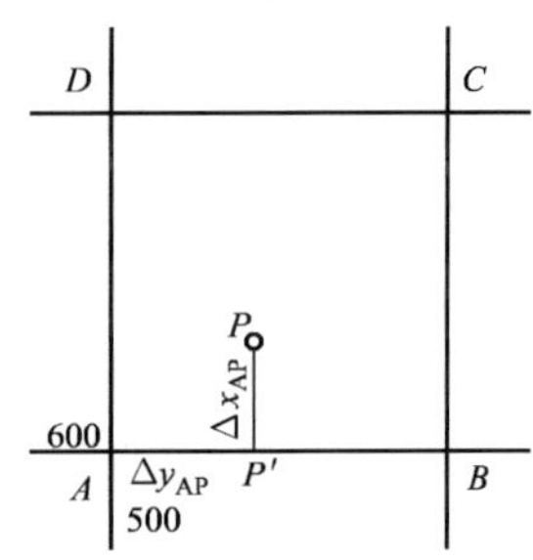

图 6-10 直角坐标法

直角坐标法是在施工现场建立的直角坐标系中根据点的两个直角坐标测设平面位置的方法。

例如，在图 6-10 中，A、B、C、D 为坐标格网点，设 A 点的坐标为 $X_A = 600.000$，$Y_A = 500.000$，P 为需测设的点，P 点的设计坐标值为 $X_P = 630.000$，$Y_P = 540.000$，试放样 P 点。放样步骤如下。

（1）根据 A，P 两点的坐标，计算纵、横坐标增量

$$\Delta X_{AP} = X_P - X_A = 630.000 - 600.000 = 30.000$$

$$\Delta Y_{AP} = Y_P - Y_A = 540.000 - 500.000 = 40.000$$

（2）置经纬仪于 A 点，瞄准 B 点，沿视线方向测设 ΔY_{AP}，定出 P' 点；

（3）在 P' 点安置经纬仪，瞄准 B 点，向左测设 90°角，得 $P'P$ 方向线；

（4）沿 $P'P$ 方向线测设 ΔX_{AP}，即得 P 点在地面上的位置；

在直角坐标法中，一般用经纬仪测设直角，但在精度要求不高、支距不大、地面较平坦时，也可采用方向架或用钢尺根据勾股定理进行测设。

（二）极坐标法

极坐标法是根据水平角和水平距离测设地面点平面位置的方法，如图 6-11 所示。

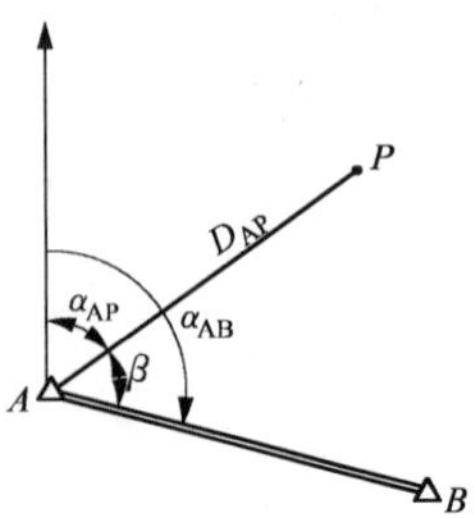

图 6-11 极坐标法

设 P 为欲测设的待定点，A、B 为已知点。为将 P 点测设于地面，首先按坐标反算公式计算出测设用的水平距离 D_{AP} 和坐标方位角 α_{AB}、α_{AP}。

$$D_{AP} = \sqrt{(X_P - X_A)^2 + (Y_P - Y_A)^2} \tag{6-3}$$

$$\alpha_{AP} = \arctan \frac{Y_P - Y_A}{X_P - X_A} \tag{6-4}$$

$$\alpha_{AB} = \arctan \frac{Y_B - Y_A}{X_B - X_A} \tag{6-5}$$

注意计算方位角时应判断象限才能计算出正确的方位角。

测设用的水平角可按下式求得

$$\beta = \alpha_{AB} - \alpha_{AP} \tag{6-6}$$

测设时，在 A 点安置经纬仪，瞄准 B 点，测设 β 角，定出 AP 方向，沿此方向测设距离 D_{AP}，即可定出 P 点在地面上的位置。

（三）角度交会法

角度交会法是根据测设出的两个或三个已知水平角度而定出的直线方向，交会出点的平面位置的方法。如图 6-12 所示，设 A、B、C 为已知点，P 为待测设点，其设计坐标均为已知。测设步骤如下。

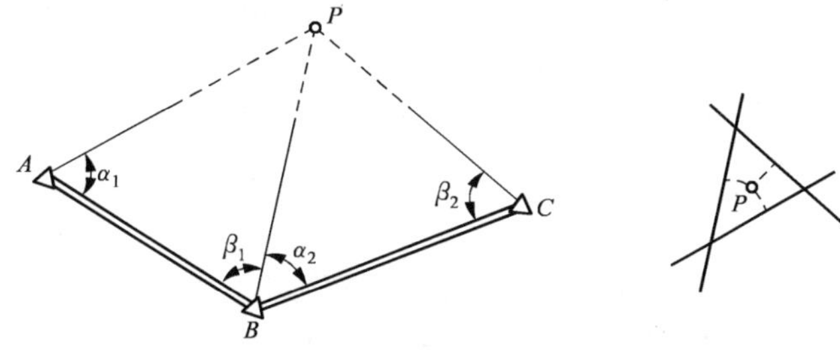

图 6-12　角度交会法

(1) 首先根据已知点 A、B、C 和测设点 P 的坐标反算出 α_{AB}，α_{BA}，α_{BC}，α_{CB}，α_{AP}，α_{BP}，α_{CP}，并计算出测设数据 α_1，β_1，α_2，β_2。

(2) 分别在已知点 A、B、C 上安置经纬仪，测设出水平角 α_1，β_1，α_2，β_2，定出三个方向。

(3) 分别在三个方向线上于 P 点的概略位置前后钉设骑马桩，然后在骑马桩上钉钉拉线，则三线交点就是 P 点的位置。

(4) 若三线不交于一点，则形成一个误差三角形，当误差三角形的边长在允许精度以内时，可取误差三角形的内切圆的圆心作为 P 点的位置。

（四）距离交会法

距离交会法是根据测设出的两个已知的水平距离，交会出点的平面位置的方法。此法适用于施工场地平坦，量距方便且控制点离测设点不超过一尺段的情况。如图 6-13 所示，设 A、B 为已知点，P 为待定点。测设步骤如下。

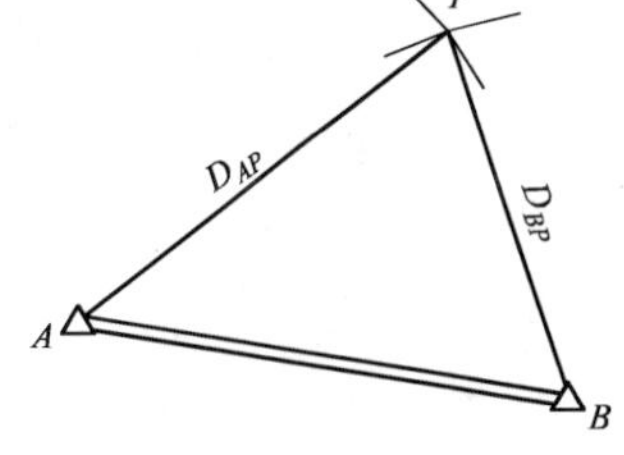

图 6-13　距离交会法

(1) 首先根据 A、B、P 各点的已知坐标计算出测设距离 D_{AP}、D_{BP}；

(2) 分别用两把钢尺将尺的零点对准 A、B 两点，并使另一端两尺的读数分别为 D_{AP}、D_{BP}，然后同时拉紧并摆动钢尺画弧线，两弧线的交点即为 P 点。

（五）全站仪法

将全站仪置于测设模式，向全站仪输入测站点指标、后视点坐标及待测点坐标，再用望远镜照准棱镜，即可显示当前棱镜与待测点的坐标差。根据坐标差，移动棱镜位置，直至坐标差为 0。此时棱镜位置就是待测点的位置。具体步骤见任务三。

任务二　道路中线的施工放样

路线中线的施工放样就是利用测量仪器和设备，按设计图纸中的各项元素（如公路平纵横元素）和控制点坐标（或路线控制桩坐标），将公路的“中心线”准确无误地放样到实地中，指导施工作业，习惯上称为“中线放样”或“恢复中线”。

常用的恢复中线的方法有两种。

(1) 用导线控制点恢复中线。用导线控制点恢复中线，放样精度能得到充分的保证。这种方法得到了广泛的应用，成为恢复中线的主要手段。在测量技术飞速发展的今天，测距仪的使用非常普遍，几乎所有的施工单位都有测距仪或全站仪，因而这种方法得到了广泛的应用，成为恢复中线的主要手段。《公路路基施工技术规范》规定：对于高速公路、一级公路，应根据导线控制点采用坐标法恢复路线主要控制桩。实际工程应用中，二级以上的公路勘察设计，沿线均建有导线控制点作为首级控制，故可采用导线控制点放样中线。

(2) 用路线控制桩恢复中线。对于某些低等级公路，往往在公路两侧没有布设导线控制点，这时只能用路线控制桩来恢复公路中线。路线控制桩主要是指交点桩、转点桩以及曲线主点桩等。用路线控制桩来恢复中线有 2 种情况：①公路两旁未布设导线控制点，公路中线均用交点桩号、曲线元素（如转角、半径、缓和曲线长）标定，施工单位只能根据路线控制桩来恢复中线，这种情况在修建低等级公路时非常常见；②由于施工单位没有测距仪，无法利用控制点，因此只能利用路线控制桩恢复中线，但这种方法常用于低等级公路。

任务三　控 制 点 复 测

路线勘测设计完成以后，往往要经过一段时间才能施工。在这段时间内，导线控制点或路线控制桩是否位移？精度如何？均需对其进行复测；另外，由于人为或其他原因，导线控制点或路线控制桩丢失或遭到破坏，也要对其进行补测。有的导线点在路基范围以内，需将其移至路基范围以外。只有当这一切都完成无误后，方能进行施工放样工作。恢复控制点时应按照设计文件提供的标记和固定桩资料到实地核查控制点的实地位置并设立标志进行加固，对于丢失的控制点可根据与其相邻的控制点的位置进行补测。

控制点复测是施工测量前必不可少的准备工作，在进行中线放样之前应首先恢复控制点，主要包括导线控制点和路线控制桩的复测。

一、导线控制点复测、补测、移位

（一）导线控制点的复测

导线控制点的复测主要是检查其坐标和高程是否正确。检测方法如图 6-14 所示。

(1) 根据定线点 $1\sim n$ 的坐标反算左角 $\beta_2\sim\beta_{n-1}$ 和导线边长 $S_1\sim S_{n-1}$。

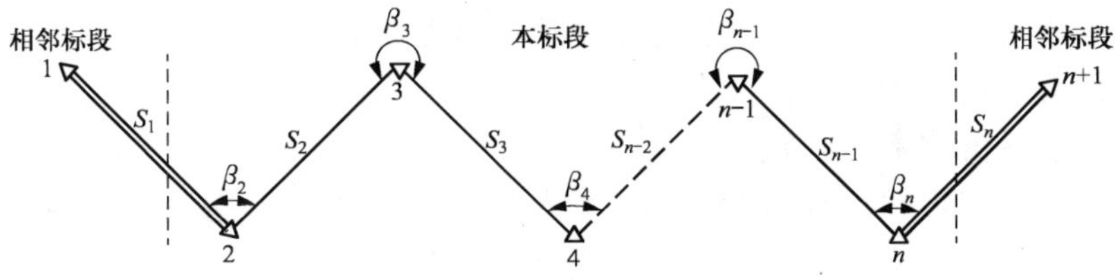

图 6-14　导线控制点复测

$$\alpha_{i+1,i}=\arctan\frac{Y_i-Y_{i+1}}{X_i-X_{i+1}} \tag{6-7}$$

$$\alpha_{i+1,i+2}=\arctan\frac{Y_{i+2}-Y_{i+1}}{X_{i+2}-X_{i+1}} \tag{6-8}$$

$$\beta_{i+1}=\alpha_{i+1,i+2}-\alpha_{i+1,i}$$

$$S_i=\sqrt{(X_{i+1}-X_i)^2+(Y_{i+1}-Y_i)^2} \tag{6-9}$$

(2) 实地观测各左角 β'_{i+1} 及导线边长 S'_i。角度观测可取一个测回平均值，边长测量可取连续测量 3～4 次的平均值。若观测值和计算值满足下式，则认为点的平面坐标和位置是正确的

$$|\beta_{i+1}-\beta'_{i+1}|\leqslant 2m_\beta=16'' \tag{6-10}$$

$$\left|\frac{S_i-S'_i}{S_i}\right|\leqslant\frac{1}{15000} \tag{6-11}$$

(3) 对导线进行检查，检查时可将图中的 1、2 和 n、$n+1$ 点作为已知点，$\alpha_{1,2}$ 和 $\alpha_{n,n+1}$ 作为已知坐标方位角，按二级导线的方位角闭合差和导线全长闭合差的精度要求进行控制。

(4) 水准点高程的检测。在使用水准点之前应仔细校核。水准点高程的检测和水准测量的方法一样并与国家水准点闭合。高速公路和一级公路的水准点闭合差按四等水准 ($20\sqrt{L}$) 控制，二级以下公路水准点闭合差按五等水准 ($30\sqrt{L}$) 控制。大桥附近的水准点闭合差应按《公路桥涵施工技术规范》的规定办理。如满足精度要求，则认为该点的高程是正确的。

一般情况下，公路两旁布设导线点，其坐标和高程均在同一点上。因此，在复测坐标同时可利用三角高程测量的方法检测高程。

水准点间距不宜大于 1km。在人工构造物附近、高填深挖地段、工程量集中及地形复杂地段宜增设临时水准点。临时水准点必须符合精度要求，并与相邻路段水准点闭合。

值得注意的是，有的施工单位在复测导线点时，只检查本标段的点，而忽视了对前后相邻标段点的检查，这样就有可能在标段衔接处出现路中线错位或断高。在实际工作中，应引起重视，防止此类问题发生。复测导线时，必须和相邻标段的导线闭合。

(二) 导线控制点的补测与移位

由于人为或其他的原因，导线控制点可能丢失或遭到破坏。如果间断性的丢失，则可利用前方交会、支点等方法补测该点，或采用任意测站方法补测导线点，补测的导线点原则上应在原导线点附近。如果连续丢失数点，则必须采用导线测量的方法补测。若将路基范围内的导线点移至路基范围以外，可根据移点的多少分别采用交会法或导线测量的方法进行补测，并采用“骑马桩”加以保护。导线点的高程用水准测量或三角高程测量测定。

施工期间应定期（一般为半年时间）对导线控制点（特别是水准点）进行复测。季节冻

融地区，在冻融以后也要进行复测。发现导线控制点丢失后应及时补上，并做好对导线控制点（特别是原始点）的保护工作。

二、路线控制桩的恢复与固定

对于低等级公路或沿线没有布设导线控制点的公路，只能采用路线控制桩来恢复公路中线（路线控制桩主要包括交点桩、转点桩和路线的起讫桩）。因此，要求对路线控制桩进行恢复与固定。

（一）路线控制桩的恢复与复测

当原勘测设计时所钉的交点桩或转点桩基本完好，只有个别点丢失时，恢复中线的测量工作就比较简单，可用角度交会法，将丢失或破坏的路线控制桩恢复出来。当原勘测设计时所钉的交点桩或转点桩大部分丢失时，路线要恢复到原来的位置是比较困难的，一般只能恢复到与原位置比较接近的位置。恢复时，根据原勘测设计的直线曲线转角一览表，用放样已知水平角和已知长度直线的方法，放出丢失的交点桩。

路线控制桩的复测主要是检查其平面位置是否正确。可分两种情况进行检查。

（1）当原路线控制桩是根据导线点放样的，此时检测的方法如下。

1）根据放样原始资料检测测设距离 S 以及方位角 α，实测值若满足式精度要求，则认为该控制桩位置是正确的。

2）根据测设距离 S 以及方位角 α 重新放样出该点，若新放样出的点位与原点位的偏差不大于± 3cm，则认为该控制桩位置是正确的。

（2）路线两旁没有布设导线点时的情况，此时检测的方法为：对中线直线段可用钢尺量距来检查路线控制桩的桩位是否正确，曲线桩可按常规的偏角法来复测桩位，其精度应满足要求。路线控制桩检查无误后，应对其及时采取保护措施，可采用“骑马桩”法加以保护。

（二）路线控制桩的固定

在施工过程中，随着路基施工高度的不断变化，有些交点桩或转点桩会被掩埋或挖掉，因此需要对其进行固定，以便在施工时能随时利用它们来恢复或检查公路中线。路线控制桩固定后，要求做好记录，并绘制草图，以供随时恢复查寻。固定方法如下。

1. 交点桩的固定

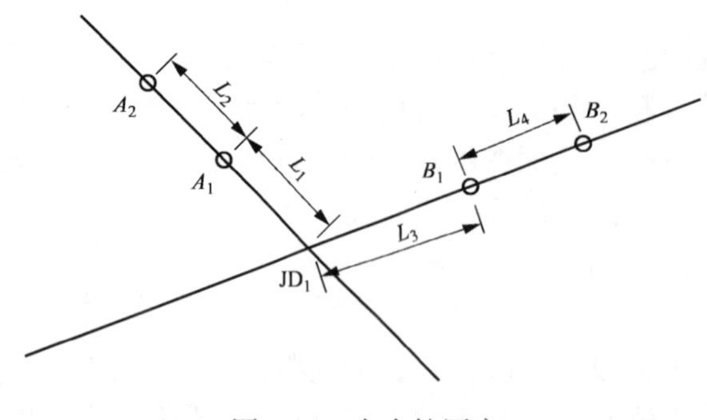

图 6-15　交点桩固定

如图 6-15 所示，JD_1 在实地上的位置测定以后，需要加以固定。在 JD_1 的前后 2 条导线的延长线上，分别设置 A_1、A_2 和 B_1、B_2 等 4 个栓桩，将全站仪置 JD_1 上，测定这 4 个栓桩相互之间的距离 $L_1 \sim L_4$。在施工时若 JD_1 的位置移动或丢失，可用全站仪利用这 4 个栓桩进行恢复。上述 4 个栓桩应设置在路基施工范围以外易于保存的地方。

2. 转点桩的固定

如图 6-16 所示，ZD_1、ZD_2、ZD_3 为已经在实地上标定的或恢复出来的路线转点，为避免破坏应加以固定，可采用两种方法。

（1）固定 ZD_1 时，在 ZD_1 上安置全站仪后视 ZD_2，归零，向路线左侧拨 90°设置栓桩 A_1、A_2，同时测定它们的之间距离 L_1、L_2；同理，向路线右侧拨 90°设置栓桩 A_3、A_4，同时测定它们之间的距离 L_3、L_4。在施工时，若 ZD_1 的位置移动或丢失，可用全站仪利用这 4 个栓桩进行恢复。

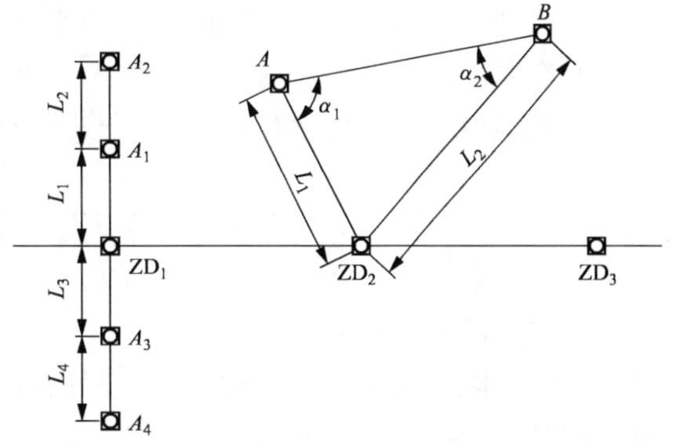

图 6-16　转点桩固定

（2）固定 ZD_2 时，如果在转点 ZD_2 的右侧不便设置栓桩，可在左侧设置 2 个栓桩，如图 6-16 所示的点 A 和点 B，测出 L_1、L_2 和 α_1、α_2。恢复 ZD_2 时，将全站仪安置在点 A 并后视点 B，拔角 α_1，量距 L_1，放样点 ZD_2；再将全站仪安置在点 B 并后视点 A，用同样的方法进行校核。

任务四　利用导线控制点恢复中线

一、基本原理

用导线控制点恢复中线，就是根据复测后的导线控制点的坐标与公路中线上各点的设计坐标之间的关系，借以高精度的测距手段，将公路中线测设到实地。因此，也可称之为“坐标法”。用导线控制点恢复中线通常采用全站仪，恢复中线时应将测站点、后视点、放样点等的有关数据输入全站仪，根据全站仪自动计算出的各点的测设距离 S 以及方位角 α，恢复中线上各点。在公路勘测设计时，根据公路等级的不同，设计文件提供的设计资料也是不一样的。对于高等级公路如高速公路、一级公路和部分二级公路，设计文件中包括公路中线逐桩坐标表，可利用这些实际文件采用坐标法恢复路线中桩。

如图 6-17 所示，点 P' 为公路中线上的待放样点，坐标为（X_P，Y_P）；A、B 为公路中线附近的导线控制点，坐标分别为（X_A，Y_A），（X_B，Y_B）。点 P 与点 A 的极坐标关系用点 A 到点 P 的距离 S_{AP} 和坐标方位角 α_{AP} 表示，有

$$S_{AP} = \sqrt{(X_P - X_A)^2 + (Y_P - Y_A)^2} \tag{6-12}$$

$$\alpha_{AP} = \arctan\frac{Y_P - Y_A}{X_P - X_A}\text{（注意还应用象限位置判断方位角）} \tag{6-13}$$

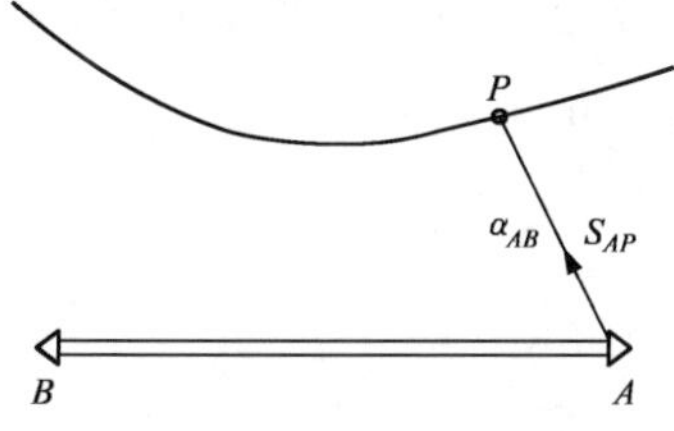

图 6-17　导线控制点恢复中线

导线点 A、B 的坐标由控制测量得到并在放样前进行了复测，可由导线坐标表查得。待放样点 P' 的坐标由逐桩指标表查得。由点 P 与点 A 的极坐标关系即可利用全站仪进行放样。

二、放样步骤

（1）在测站点安置仪器，对中整平。输入测站点数据，如仪器高、测站点坐标、后视点坐标等。

（2）将仪器瞄准后视点，进行定向。

（3）输入待放样点坐标。

(4) 松开水平照准部，转动照准部使水平角为 0°00′00″。

(5) 在照准方向上置反射棱镜并测距，直至面板显示的距离为 0 为止。

(6) 棱镜位置即为待放样点位置，检测该点桩号、方位角、距离是否正确。

任务五 利用路线控制桩恢复中线

一、直线段的放样方法

对于直线段中线上各桩的放样，可利用已经标定在实地上的交点桩和转点桩，根据它们的位置和桩号，按照施工要求确定的加桩桩距，在交点或转点上安置经纬仪或全站仪，利用钢尺恢复直线上的中桩。

二、圆曲线的放样方法

(一) 圆曲线主点放样

根据圆曲线的曲线要素，就可以进行主点的放样工作，其步骤如下。

1. 测设曲线的起点（ZY）

(1) 将经纬仪安置于交点 JD 桩上，后视曲线起点方向的转点桩或交点桩，精确照准后制动照准部。

(2) 自交点开始沿视线方向量取切线长 T，得曲线起点概略位置，插一测钎。

(3) 自该点开始继续沿此方向向前丈量，量至最近一个直线桩。

(4) 如果 ZY 点的里程桩号与该直线桩的里程桩号之差等于所量的距离，则表明 ZY 点的应位置正确，可在插测钎处钉木桩，并在桩顶标定 ZY 点，否则，应查明原因予以纠正。

(5) 在直圆点（ZY）外侧 20cm 处钉设指示桩并写明桩号。

2. 测设曲线的终点（YZ）

(1) 测设出圆曲线起点之后，转动经纬仪照准部，前视曲线终点方向的交点桩或转点桩，精确照准后制动照准部。

(2) 自交点开始沿此方向往返丈量切线长 T，得曲线终点，即 YZ 点，钉木桩，并在桩顶标定 YZ 点。

(3) 在圆直点（YZ）外侧 20cm 处钉设指示桩并写明桩号。

3. 测设曲线的中点（QZ）

(1) 转动照准部照准曲中方向桩并制动照准部，或测设出圆曲线终点之后，保持照准部位置不变，随即将经纬仪水平度盘调整到 0°00′00″，测设角度$\frac{180-\alpha}{2}$为止，则得到角平分线方向。

(2) 沿此方向从交点 JD 桩开始，量取外矢距 E，即得曲线的中点 QZ。

(3) 在曲中点 QZ 外测 20cm 处钉设指示桩并写明桩号。

(二) 切线支距法放样圆曲线加桩

1. 曲线加桩

当圆曲线的主点放样完毕之后，就可以进行圆曲线的详细放样。在一般情况下，当地形条件较好、曲线长度不超过 40m 时，只要测设出曲线上的三个主点桩即能满足工程施工的需要，但当地形变化复杂、曲线较长、转角较大或圆曲线半径较小时，仅仅依靠三个主点桩是不能将曲线标定清楚的，所以就需要在曲线上每隔一定的距离测设一个加桩，以便把曲线的形状和位置详细的标定出来。

为了既能详细的放样曲线的形状和位置，又不至于增加工作量，详细测设时，一般按规定桩距 L 加桩，并规定不同的圆曲线半径 R，加桩桩距也不相同，曲线加桩桩距一般规定为：

不设超高的曲线	$L = 25\text{m}$
$R \geqslant 60\text{m}$	$L = 20\text{m}$
$30\text{m} < R < 60\text{m}$	$L = 10\text{m}$
$R \leqslant 30\text{m}$	$L = 5\text{m}$

按规定的桩距加桩时，常用的加桩方法有整桩距法和整桩号法。

整桩距法就是分别从曲线的起点和终点开始，以桩距 L 连续向曲线中点设桩，或自曲线的一端向另一端连续设桩。这种方法设桩所有的桩号一般均不为整数，还需加设百米桩和公里桩。

整桩号法是指将曲线上靠近曲线起点 ZY 或曲线终点 YZ 的第一个桩的桩号凑整成为 L 倍数的整桩号，然后按整桩距 L 向曲线的中点 QZ 连续设桩。这种方法除个别的加桩桩号不为整数外，其余的桩号均为整桩号。

2. 切线支距法

切线支距法又称直角坐标法，如图 6-18 所示，它是以曲线的起点 ZY 或终点 YZ 为坐标原点，以通过该点的切线为 x 轴，以过该点的半径方向为 y 轴，建立直角坐标系详细测设圆曲线的方法。由于在直角坐标系中曲线上的各点均可用它的坐标 (x, y) 来确定，通常又将 y 坐标称为支距，所以称为切线支距法。切线支距法就是通过确定曲线上各点的坐标来测定各加桩位置的方法。

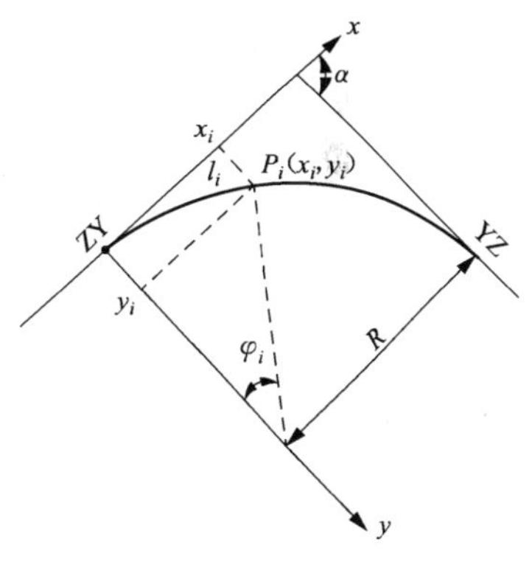

图 6-18 切线支距法

3. 加桩坐标的计算公式

如图 6-19 所示，设 R 为圆曲线的半径，P_i 为曲线上的某加桩点，该点至曲线起点 ZY（或终点 YZ）的弧长为 l_i，弧长 l_i 所对应的圆心角为 φ_i，则 P 点的坐标为

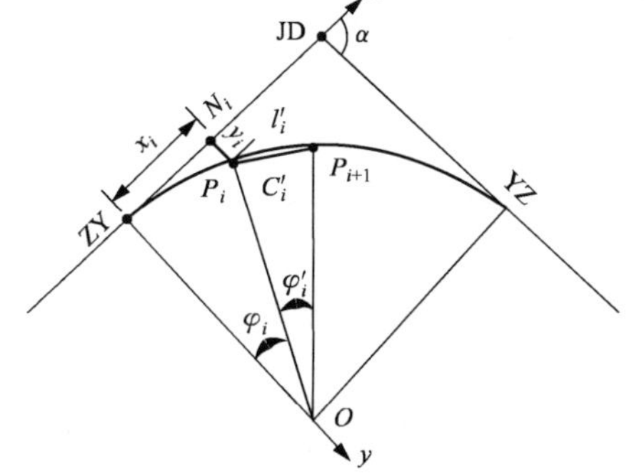

图 6-19 切线支距法放样

$$\varphi_i = \frac{l_i}{R} \cdot \frac{180}{\pi} \tag{6-14}$$

$$x_i = R \cdot \sin\varphi_i \tag{6-15}$$

$$y_i = R(1 - \cos\varphi_i) \tag{6-16}$$

相临桩点间的弦长为

$$C_i' = 2R \cdot \sin\frac{\varphi_i'}{2} \tag{6-17}$$

$$\varphi_i' = \frac{l_i'}{R} \cdot \frac{180}{\pi} \tag{6-18}$$

4. 放样方法

(1) 根据曲线加桩的详细计算资料，分别在直圆点或圆直点用经纬仪或方向架照准交点

定出切线方向，从 ZY 点或 YZ 点向 JD 方向沿切线用钢尺量取横距，得垂足 N_i 点，用测钎做标记。

(2) 在各垂足点 N_i 处，用经纬仪（或方向架）定出过 ZY 点（或 YZ 点）切线的垂线，然后沿垂线方向量取支距，钉桩，即得到曲线上加桩点。

(3) 检验方法：用上述方法测定各桩后，丈量各桩之间的弦长与理论弦长进行校核。如不符合或超过容许范围，应查明原因，予以纠正。曲线测量闭合差见表 6-1。

表 6-1　曲线测量闭合差表

公路等级	纵向闭合差		横向闭合差（cm）		曲线偏角闭合差（″）
	平原微丘区	山岭重丘区	平原微丘区	山岭重丘区	
高速公路、一级公路	1/2000	1/1000	10	10	60
二级及二级以下公路	1/1000	1/500	10	15	120

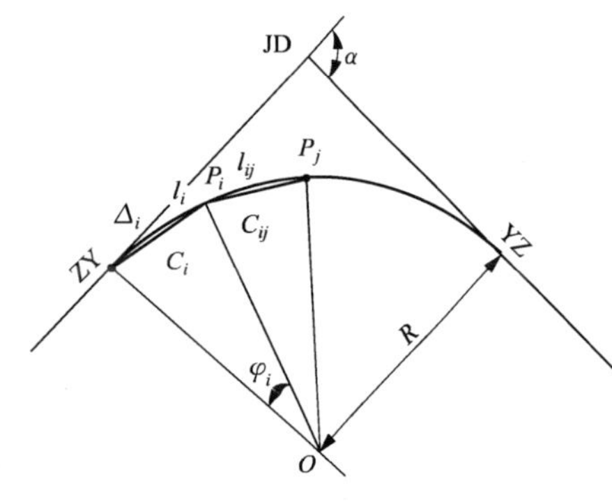

图 6-20　偏角法

（三）偏角法放样圆曲线加桩

1. 偏角法

偏角法是利用曲线起点（或终点）到曲线上某一点 P_i 之间的弦线与通过曲线起点（或终点）的切线之间的夹角（弦切角 Δ_i，也称偏角）以及弦长 C_i 来确定 P_i 点的位置的一种方法。

2. 参数计算

如图 6-20 所示。设 R 为圆曲线的半径，P_i 为曲线上的某个加桩点，该点至曲线起点 ZY 或终点 YZ 的曲线长（弧长）为 l_i，曲线长 l_i 所对的圆心角为 φ_i，偏角（弦切角）为 Δ_i，若相邻桩点之间的曲线长（弧长）为 l_{ij}。i、j 分别代表相邻的桩点，则 P_i 点的测设参数可按下式计算

$$\varphi_i = \frac{l_i}{R} \cdot \frac{180}{\pi} \tag{6-19}$$

$$\Delta_i = \frac{\varphi_i}{2} = \frac{l_i}{R} \cdot \frac{90}{\pi} \tag{6-20}$$

加桩点 P_i 至曲线起点 ZY 或终点 YZ 的弦长为

$$C_i = 2R \cdot \sin\Delta_i \tag{6-21}$$

相临桩点之间的弦长为

$$C_{ij} = 2R \cdot \sin\frac{l_{ij}}{R} \cdot \frac{90}{\pi} \tag{6-22}$$

3. 放样方法

(1) 将经纬仪安置于曲线起点 ZY 上，照准路线的交点 JD，配置水平度盘读数 0°00′00″。

(2) 转动照准部，使水平度盘读数为第一个加桩点 P_1 的测设偏角 Δ_1，然后由曲线起点沿偏角 Δ_1 的视线方向用钢尺丈量弦长 C_1 并钉桩，得到曲线上第一个加桩点 P_1 的位置。

(3) 继续转动照准部，使水平度盘读数为第二个加桩点 P_2 的测设偏角 Δ_2，将钢尺零点对准 P_1 点，以相邻桩点之间的弦长 C_{12} 交于视线方向（距离与方向交会）定出曲线上第二个加桩点 P_2 点。

(4) 依次类推，用上述方法测设出其他中间各点，并钉以木桩。

(5) 由曲线起点（ZY）测设至曲线中点（QZ）之后，再将经纬仪安置于曲线终点（YZ）上，同法由曲线终点向曲线中点测设后半部分曲线。

当放样至曲线中点时，照准部应转动 $\alpha/4$，视线应恰好通过曲线中点 QZ。偏角法放样出的曲线中点 QZ 与主点放样得到的曲线中点点位之差应符合精度要求，见表 6-1、表 6-2。

偏角法是一种测设精度高、实用性强、灵活性大的常用方法，但是由于量距是逐点连续丈量的，前面点位的误差必然会影响到后面测点的精度，点位误差是逐渐积累的。实际测设时，如果曲线较大，为了有效的防止误差积累过大，可分别从曲线起点和终点向中点处测设，并在曲线中点 QZ 处进行校核，或自曲中点 QZ 向两端测设曲线，在两端处进行校核。

用经纬仪测设偏角时，如果偏角的增加方向与仪器水平度盘的刻画增加方向一致，通常为顺时针转动照准部，称为正拨。正拨时，水平度盘读数等于各桩的计算偏角值。如果偏角的增加方向与水平度盘刻画增加的方向相反，通常为逆时针转动照准部，称为反拨。反拨时，水平度盘读数等于 360 减去各桩的计算偏角值。

（四）极坐标法放样圆曲线加桩

1. 极坐标法

极坐标法是求出放样点的偏角 Δ 以及测站点至各加桩点的弦长 C 然后放样各点的方法。

2. 计算公式

如图 6-21 所示。设 R 为圆曲线的半径，P_i 为曲线上的某个加桩点，该点至曲线起点 ZY 或终点 YZ 的曲线长（弧长）为 l_i；曲线长 l_i 所对的圆心角为 φ_i，偏角（弦切角）为 Δ_i，则 P_i 点的测设参数可按下式计算

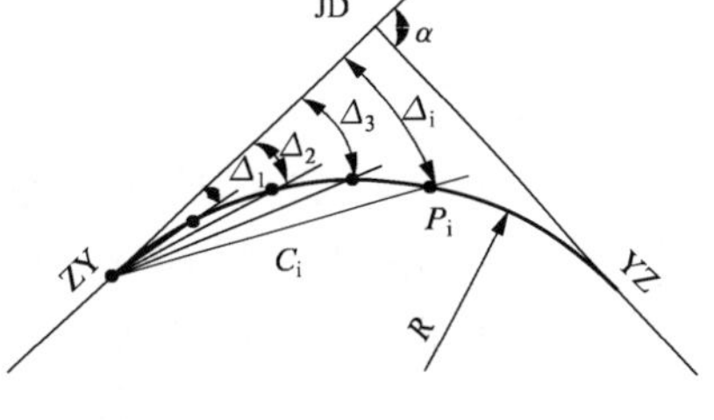

图 6-21　极坐标法

$$\Delta_i = \frac{\varphi_i}{2} = \frac{l_i}{R} \cdot \frac{90}{\pi} \tag{6-23}$$

加桩点 P_i 至曲线起点 ZY 或终点 YZ 的弦长为

$$C_i = 2R \cdot \sin\Delta_i \tag{6-24}$$

3. 放样步骤

(1) 将仪器安置在直圆点 ZY 或圆直点 YZ 上，以度盘 0°00′00″照准路线的交点 JD。

(2) 转动照准部，依次测设 Δ_i 角和相应的弦长 C_i，钉桩，即可得到曲线上各点。

极坐标法既发挥了偏角法测设曲线精度高、实用性强、灵活性大、可在曲线上任意一点或交点 JD 处设站的优点，同时点位误差又不会逐渐积累，极大的提高了工作效率和测设速度。

三、缓和曲线的放样方法

（一）缓和曲线主点放样

主点 ZH，HZ 和 QZ 的放样方法与圆曲线主点的放样方法相同。HY 和 YH 点的测设方法可计算其坐标，然后再用切线支距法放样。

（二）切线支距法放样缓和曲线加桩

1. 切线支距法

切线支距法放样带有缓和曲线的平曲线是以缓和曲线的起点（直缓点 ZH 或缓直点 HZ）

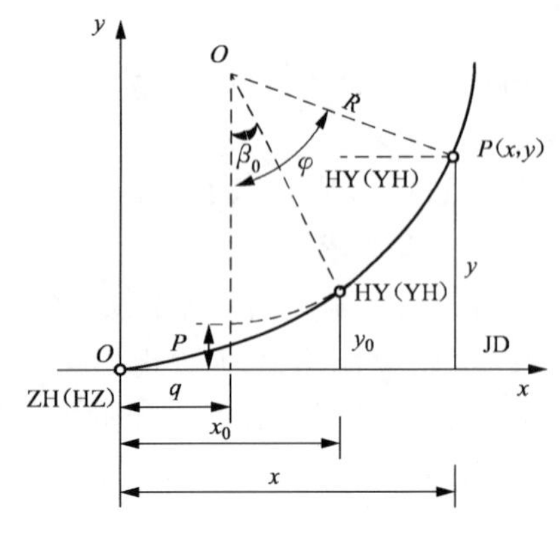

图 6-22 切线支距法放样缓和曲线

为坐标原点，以切线为 x 轴，以过原点的半径为 y 轴，根据缓和曲线和平曲线上各点的坐标放样曲线的方法。

2. 坐标计算

缓和曲线范围内各点坐标的计算公式如下

$$x = l - \frac{l^5}{40R^2 l_s^2} \tag{6-25}$$

$$y = \frac{l^3}{6Rl_s} \tag{6-26}$$

圆曲线范围内各点的坐标的计算公式如下

$$x = R\sin\varphi + q \tag{6-27}$$

$$y = R(1-\cos\varphi) + p \tag{6-28}$$

$$\varphi = \frac{l - l_s}{R} \cdot \frac{180}{\pi} + \beta_0 \tag{6-29}$$

式中 l——测点至 ZH 点或 HZ 点的曲线长；

l_s——缓和曲线长；

β_0——缓和曲线角。

3. 测设方法

计算出缓和曲线和圆曲线上各点的坐标后，即可按无缓和曲线时的圆曲线切线支距法的测设方法进行测设。

圆曲线上的各点也可以以缓圆点或圆缓点为坐标原点用切线支距法进行测设。测设时应首先确定圆曲线切线的方向，由图 6-23 可以看出，只要计算出 T_d 的长度后，HY 或 YH 点的切线即可定出，然后以此方向为 x 轴，以缓圆点 HY 或圆缓点 YH 为坐标原点，以过该原点的半径为 y 轴，即可用已经学过的无缓和曲线时的圆曲线的切线支距法进行圆曲线的详细测设。

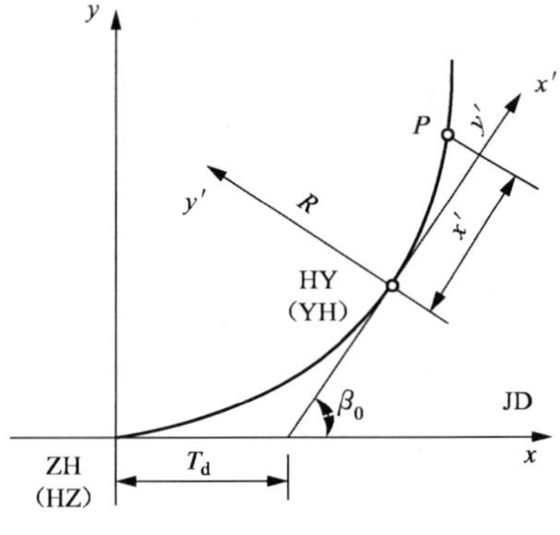

图 6-23 圆曲线切线方向

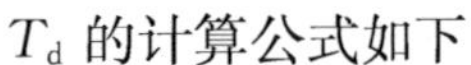

T_d 的计算公式如下

$$T_d = x_0 - \frac{y_0}{\tan\beta_0} = \frac{2}{3}l_s + \frac{l_s^2}{360R^2} \tag{6-30}$$

（三）偏角法放样缓和曲线加桩

偏角法放样带有缓和曲线的平曲线应分为两部分进行测设，即缓和曲线段部分和圆曲线段部分。

1. 缓和曲线上各点的放样

放样缓和曲线段上的各点时，可将经纬仪安置于缓和曲线的起点 ZH 或曲线的终点 HZ 进行放样。放样时应首先计算各加桩的偏角，如图 6-24 所示，设缓和曲线上任意一点 P 的坐标为 (x, y)，则 P 点的偏角为

$$\delta = \arctan\frac{y}{x} \tag{6-31}$$

在实测时，因偏角较小，故可

$$\delta = \frac{y}{x}(\text{弧度}) \tag{6-32}$$

将曲线参数方程中的 x，y 带入上式并化为度，可得

$$\delta = \frac{l^2}{6Rl_s} \cdot \frac{180^\circ}{\pi} \tag{6-33}$$

当 $l = l_s$ 时，$\delta_0 = \frac{l_s}{6R} \cdot \frac{180^\circ}{\pi}$，因 $\beta_0 = \frac{l_s}{2R} \cdot \frac{180^\circ}{\pi}$，故有

$$\delta_0 = \frac{1}{3}\beta_0 \tag{6-34}$$

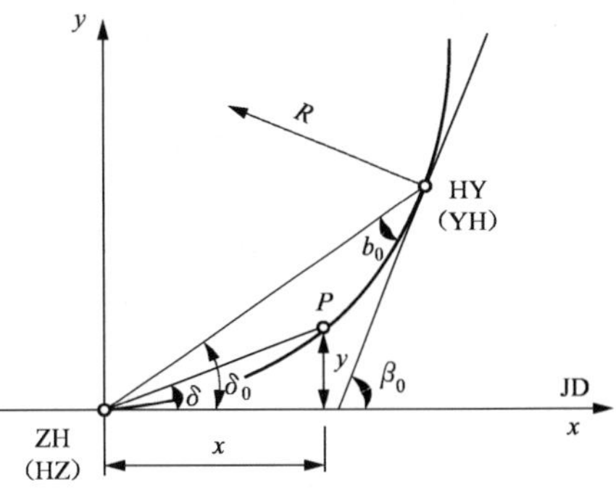

图 6-24　偏角法放样缓和曲线

用上式计算出曲线上各点的偏角后，即可用与偏角法放样圆曲线一样的方法进行缓和曲线段的放样。其放样元素为偏角和弦长。

弦长的计算公式为

$$c = \sqrt{x^2 + y^2} \tag{6-35}$$

$$\text{或 } c = \sqrt{(x_i - x_{i-1})^2 + (y_i - y_{i-1})^2} \tag{6-36}$$

式中　x_i，x_{i-1}，y_i，y_{i-1}——缓和曲线上两相邻点的坐标。

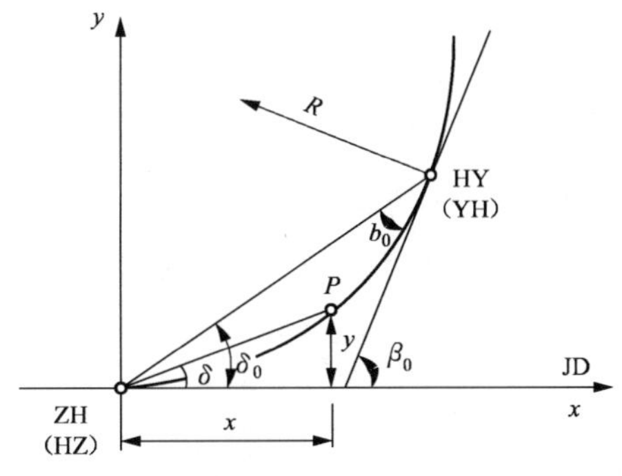

图 6-25　缓圆点或圆缓点的切线方向

2. 圆曲线上各点的放样

圆曲线上各点的放样，应将仪器安置于缓圆点 HY 或圆缓点 YH 上进行放样，这时应定出缓圆点或圆缓点的切线方向，要确定缓圆点或圆缓点的切线方向必须先计算出 b_0，如图 6-25 所示

$$b_0 = \beta_0 - \delta_0 = 3\delta_0 - \delta_0 = 2\delta_0 \tag{6-37}$$

计算出 b_0 后，将仪器置于 HY 点上，瞄准 ZH 点，水平度盘配置在 b_0；当曲线右转时，配置在 $(360-b_0)$，转动照准部使水平度盘读数为 $0^\circ 00' 00''$ 并倒镜，此时视线方向即为 HY 点的切线方向，确定出切线方向后，就可以应用前面所讲的无缓和曲线时的圆曲线的放样方法放样圆曲线。

四、直线段的放样方法

对于直线段中线上各桩的放样，可利用已经标定在实地上的交点桩和转点桩，根据它们的位置和桩号，按照施工要求确定的加桩桩距，在交点或转点上安置经纬仪或全站仪，利用钢尺恢复直线上的中桩。

虚交曲线如何放样？

在地形复杂地段，路线的交点（JD）往往不能实际测定，这时便形成虚交。例如，当交点（JD）落入水中或遇建筑物而不能设桩时便形成虚交；有时因路线转角过大，交点远离曲线，交点虽可钉出，但会遇到地形地物等障碍影响到交点的使用，这时也可作为虚交处理。

（一）圆外基线法放样虚交曲线

1. 外业

（1）选点并钉桩。如图 6-26 所示的虚交，可在曲线外侧沿两切线方向各选择一辅助点 A、B，（A、B 两点应通视良好地势平坦，便于测角和量距），定桩，构成曲线外基线 AB。

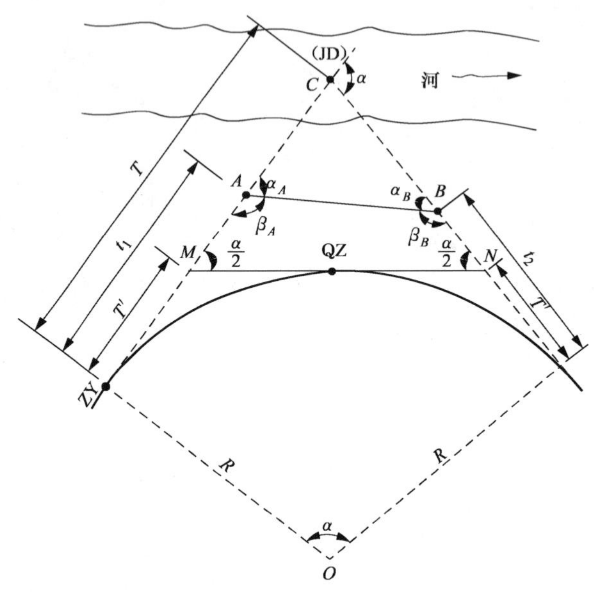

图 6-26 圆外基线法放样虚交曲线

（2）量距。用钢尺往返丈量（或用测距仪测量）A、B 两点间的距离。

（3）测角。分别在 A、B 两点安置经纬仪，用测回法切线与基线的夹角 β_A，β_B。

所测角度和距离均应满足规定的限差要求。

2. 内业计算

（1）计算路绘转角 α

$$\alpha = \alpha_A + \alpha_B \tag{6-38}$$

$$AC = \frac{\sin\alpha_B}{\sin(180 - \alpha)} \cdot AB \tag{6-39}$$

$$BC = \frac{\sin\alpha_A}{\sin(180 - \alpha)} \cdot AB \tag{6-40}$$

（2）计算辅助点 A、B 至曲线 ZY 点和 YZ 点的距离 t_1 和 t_2。根据转角 α 和选定的半径 R，首先计算曲线主点测设元素，即切线长 T 和曲线长 L，再由切线长 T 和 AC 及 BC 即可计算辅助点 A、B 至曲线 ZY 点和 YZ 点的距离 t_1 和 t_2，即

$$t_1 = T - AC \tag{6-41}$$

$$t_2 = T - BC \tag{6-42}$$

如果计算出的 t_1 和 t_2 为负值，说明曲线的 ZY 或 YZ 点位于辅助点和虚交点之间。

（3）计算曲中点的放样参数。

方法 1

曲中点 QZ 的测设可采用中点切线法。如图 6-26 所示，设 MN 为曲线中点的切线，则

曲中点测设参数 T' 为

$$T' = R \times \tan\frac{\alpha}{4} \tag{6-43}$$

计算出 T' 之后，就可以根据 T' 测设出曲中点。

方法 2

曲中点 QZ 的测设还可采用极坐标法。如图 6-27 所示，有

$$AD = \sqrt{AC^2 + E^2 - 2 \cdot AC \cdot E \cdot \cos\left(90 - \frac{\alpha}{2}\right)} \tag{6-44}$$

$$\gamma = \sin^{-1}\left[\frac{E \cdot \sin\left(90 - \frac{\alpha}{2}\right)}{AD}\right] \tag{6-45}$$

计算出 AD，γ 后就可测设出曲中点。

3. 曲线主点放样

根据计算出的测设数据 t_1、t_2、T'、AD、γ，即可测设出曲线的 ZY、YZ 和 QZ 点。曲线主点的放样步骤如下：

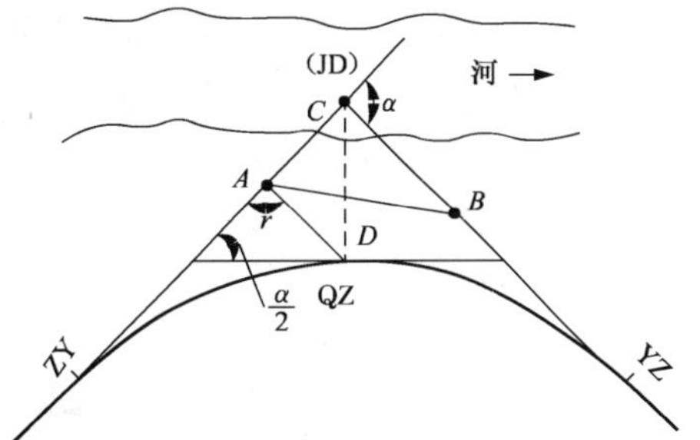

图 6-27　极坐标法测设曲中点

(1) 测设曲线的 ZY 和 YZ 点。

1) 安置经纬仪于 A 点，后视曲线起点方向的交点桩或转点桩，照准目标后制动照准部。

2) 沿视线方向由 A 点用钢尺量出 t_1，插一测钎并钉桩，在桩顶标定 ZY 点。

3) 沿视线方向由直圆点 ZY 开始向 A 点方向量取 T'，钉桩，得到 M 点，并在桩顶标定 M 点。

4) 安置经纬仪于 B 点，前视曲线终点方向的交点桩或转点桩，照准目标后制动照准部。

5) 沿视线方向由 B 点开始用钢尺往返丈量出 t_2，得到曲线终点（圆直点 YZ），钉桩并在桩顶标定 YZ 点。

6) 仍沿视线方向由圆直点 YZ 开始向 B 点方向量取 T'，钉桩，得到 N 点。并在桩顶标定 N 点。

(2) 测设曲中点。

方法 1

1) 在 M 点（或 N 点）安置经纬仪，照准 N 点（或 M 点），制动照准部；

2) 沿视线方向由 M 点（或 N 点）开始用钢尺量取 T'，得曲线中点的位置插一测钎并钉桩，在桩顶标定 YZ 点。

方法 2

1) 安置仪器于 A 点，后视曲线起点方向的交点桩或转点桩，配置水平度盘读数为 0°00′00″。

2) 旋转照准部向曲中点方向测设水平角 γ。

3) 沿视线方向由 A 点开始用钢尺往返丈量出 AD，钉桩，得到曲中点。

4. 曲线加桩放样

曲线主点放样完成后，可利用切线支距法或偏角法放样曲线上的加桩。方法同前。

圆外基线法的优点是基线点布设灵活，基线既可布设在圆外、圆内或与圆相切、相割，

也可布设成三点、甚至是多点构成的导线。圆外基线法是传统道路勘测中解决虚交问题的最基本的方法。

（二）切基线法放样虚交曲线

切基线法解决路线的虚交问题是根据地形和路线的实际情况，在路线切线上选定 A、B 两点，构成切基线，再观测切线与基线之间的夹角，通过计算曲线半径 R，最后测设曲线主点的方法。与圆外基线法相比较，切基线法计算简单，容易控制曲线的位置。

1. 外业

(1) 根据地形和路线的最佳位置，首先在路线切线上选定 A、B 两点，AB 称为切基线，可以起到控制曲线位置的作用。

(2) 分别在 A、B 两点安置经纬仪，观测切线与基线之间的夹角 β_A，β_B

(3) 用钢尺往返丈量 AB 之间的距离或用测距仪测出两点间的距离。

2. 内业计算

(1) 计算转角 α_A，α_B

$$\alpha_A = 180 - \beta_A \tag{6-46}$$

$$\alpha_B = 180 - \beta_B \tag{6-47}$$

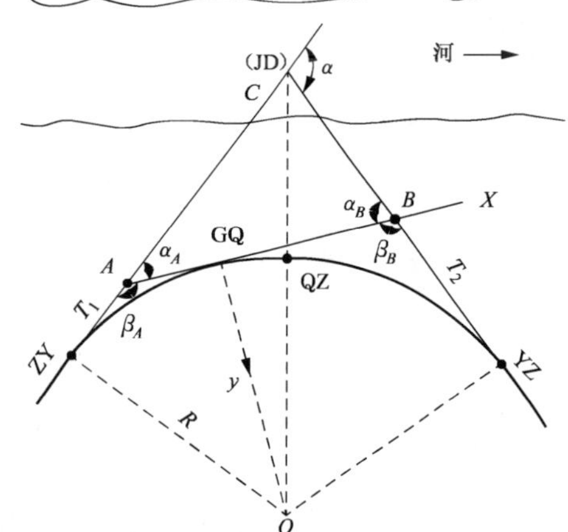

图 6-28　切基线法放样

(2) 计算曲线的半径 R。如图 6-28 所示，基线 AB 与圆曲线相切于一点，该点称为公切点，以 GQ 表示。公切点将曲线分为两个相同半径的圆曲线。其切线长分别为 T_1 和 T_2，可知

$$T_1 = R \times \tan \frac{\alpha}{2}_A \tag{6-48}$$

$$T_2 = R \times \tan \frac{\alpha_B}{2} \tag{6-49}$$

$$AB = T_1 + T_2 \tag{6-50}$$

$$R = \frac{AB}{\tan \frac{\alpha_A}{2} + \tan \frac{\alpha_B}{2}} \tag{6-51}$$

(3) 计算曲线的测设元素。曲线的半径 R 算得后，即可根据 R、α_A，α_B，求出测设元素界 T_1、L_1、T_2、L_2。

$$\text{曲线总长}\ L = L_1 + L_2 \tag{6-52}$$

(4) 校核。根据转角 $\alpha=\alpha_A+\alpha_B$ 和半径 R 计算曲线总长进行校核。

$$L = \frac{R \times \alpha \times \pi}{180} \tag{6-53}$$

3. 曲线主点的放样步骤

(1) 直圆点（ZY）的放样。

在 A 点安置仪器，后视曲线起点方向的转点桩或交点桩，然后制动照准部，由 A 点沿视线方向量取界得 ZY 点，插一测钎并在插测钎处钉桩，在桩顶标定 ZY 点。

(2) 公切点（GQ）的放样。

仍在 A 点安置仪器，旋转照准部照准 B 点，由 A 点沿 AB 方向量取 T，得公切点 GQ。

(3) 圆直点 (YZ) 的放样。

1) 在 B 点安置仪器，前视曲线终点方向的转点桩或交点桩，制动照准部。

2) 由 B 点沿视线方向往返丈量 T_2，得到 YZ 点。

3) 再由 B 点沿 BA 方向向前量取 T_2 得公切点 GQ 点。

两次量取公切点 GQ 应重合，否则，应查明原因予以纠正。

(4) 曲中点 (QZ) 的放样。

曲中点 QZ 的放样，可在公切点 GQ 处用切线支距法放样，如图 6-28 所示。

1) 计算公切点 GQ 和曲中点 QZ 之间的曲线长 (弧长)。

当 $L_1<L/2$，即 GQ 点在 ZY 点与 QZ 点之间时 $l=\dfrac{L}{2}-L_1$

当 $L>L/2$，即 GQ 点在 QZ 点与 YZ 点之间时 $l=L_1-\dfrac{L}{2}$

2) 计算曲中点 QZ 的坐标 (x, y)。

根据曲中点 QZ 和公切点 GQ 之间的曲线长，用切线支距法的计算公式算出以公切点为坐标原点，以公切线为 x 轴，以通过公切点的半径为 y 轴的曲中点 QZ 的坐标

$$x = R \cdot \sin \frac{l \times 180}{R \times \pi} \tag{6-54}$$

$$y = R\left(1 - \cos \frac{l \times 180}{R \times \pi}\right) \tag{6-55}$$

3) 根据前面所学的切线支距法，即可放样出曲中点。

复曲线如何放样?

复曲线是由两个或两个以上不同半径的同向圆曲线连接而成，一般多用于山区地形较复杂的地段。

放样复曲线时，必须先定出其中一个圆曲线的半径，该圆曲线称为主曲线，其他的曲线则称为副圆曲线。副圆曲线的半径是通过主圆曲线和测得的有关数据计算确定的。下面介绍用切基线法放样复曲线。

切基线法放样复曲线与虚交切基线法基本相同，只是此时的圆曲线半径不相同而已。

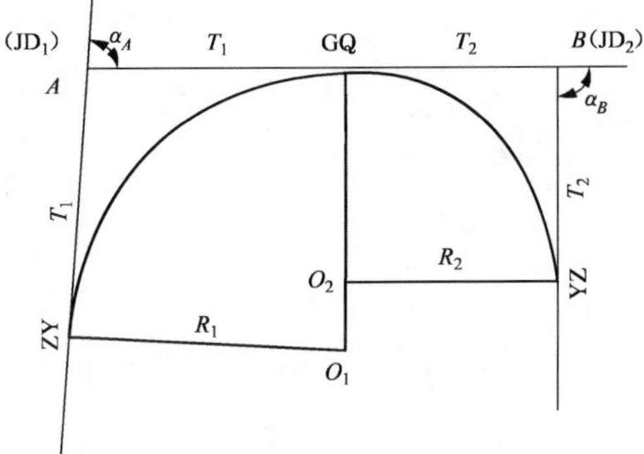

图 6-29　切基线法放样复曲线

如图 6-29 所示，A、B 为主、副曲线的交点，AB 为切线基线，两曲线相接于公切点 GQ。在选定主曲线的半径 R_1 后，即可按以下步骤计算副曲线的半径 R_2 及测设主、副曲线的 ZY 点和 YZ 点。

(一) 外业

(1) 分别在 A、B 两点安置经纬仪，观测并计算转角 α_A 和 α_B。

(2) 用钢尺丈量切基线 AB 的长度。

（二）内业计算

（1）根据主曲线的转角 α_A 和选定的半径 R，计算主曲线的测设元素 T_1、L_1、E_1、D_1。

（2）根据切基线 AB 长和主曲线切线长 T_1，计算副曲线的切线长 T_2 为

$$T_2 = AB - T_1 \tag{6-56}$$

（3）根据副曲线的转角 α_B 和切线长 T_2，计算副曲线的半径 R_2 为

$$R_2 = \frac{T_2}{\tan\frac{\alpha_B}{2}} \tag{6-57}$$

（4）根据副曲线的转角 α_B 和计算的半径 R_2 计算副曲线的测设元素 T_2、L_2、E_2、D_2。

（三）复曲线的放样

（1）在 A 点安置仪器，由 A 点向主曲线起点方向量取 T_1，得直圆点 ZY。沿基线向 B 点方向量取 T_1 得公切点 GQ。

（2）在 B 点安置仪器，由 B 点向副曲线终点方向往返量取 T_2 得圆直点 YZ。向 A 点量取 T_2 校核公切点 GQ。

（3）利用切线支距法对复曲线主点和加桩点进行放样。

6-1　如何放样已知距离？已知高程？已知角度？已知点位？

6-2　恢复中线的方法有哪些？

6-3　如何进行控制点复测？

6-4　利用导线控制点恢复中线的步骤好似什么？

6-5　如何利用切线支距法放样圆曲线和缓和曲线？

6-6　如何利用偏角法放样圆曲线和缓和曲线？

6-7　如何放样虚交和复曲线？

学习情境七　路线 CAD 设计软件简介

任务一　认识海地公路优化设计系统（Hard）

海地公路优化设计系统（Hard）是海地公司出品的公路设计软件之一，近 10 年来全国 1000 多家海地用户应用 Hard 系统完成数十万公里的公路设计，是设计工程师不可缺少的软件工具。Hard 系统的开发全面遵照我国工程设计人员的设计习惯、出图标准，并在升级的过程中借鉴了国外同类软件的设计思维和方法，缩小了国产公路设计软件与国外软件的差距，为中国公路建设事业提供高新技术解决方案。Hard 公路设计软件的总体流程如下。

一、项目管理

新建或打开项目：设置本项目的基本信息。

二、平面设计

分为外业资料录入、交互式设计、成果输出三大部分。

1. 外业资料录入

交点线设计：将平面的外业资料即交点线资料输入系统，形成交点线文件 *.JDX。

2. 交互设计

交点法平面设计：调入交点线文件 *.JDX，针对每个弯道输入 R，LS 等参数，按“生成”钮，可得到与参数对应的图形，当逐个交点设计完成后，按“输出文件”按钮，将设计过程输出到平曲线文件 *.PQX 和交点线文件 *.JDX 及逐桩坐标文件 *.ZBB。

平曲线检查：依据规范检验线型是否满足规范的要求并提交报告，用户可以对违规处进行修改。

路线超高加宽计算：系统依据公路等级及规范自动完成超高加宽计算，自动生成相应的横断面文件 *.HDM 和超高文件 *.CG。

3. 成果输出

当完成以上的设计过程后就可以进行成果的输出，生成平面设计图、曲线要素表、直曲表、逐桩坐标表、用地图表等。

三、纵断面设计

分为外业资料录入、交互式拉坡及竖曲线设计、成果输出三大部分。

1. 外业资料录入

输入地面高文件：将外业中桩地面高程资料输入系统，形成地面高文件 *.DMG，为拉坡做准备。

地面高文件检查：对输入的地面高文件 *.DMG 进行检查，生成出错报告。

2. 交互设计

拉坡控制资料：调入参与拉坡的资料。

交互式拉坡：通过鼠标的拖动或参数的输入进行交互式拉坡，屏幕左下角动态显示拉坡过程中的各种参数随鼠标移动而发生的变化。

竖曲线设计：对上一操作得到的每个变坡点进行修改或竖曲线设计，可以通过 R，T，E 中的任何一个参数进行控制设计。退出时提示存盘为纵断面文件 *.ZDM。

竖曲线检查：系统依据《公路工程技术标准》检验各项指标是否满足规范的要求并提交报告，用户可以对违规处进行修改。

3. 成果输出

有了上述设计的结果文件就可以输出各种图表，比如：生成纵断面图、纵坡表、路基设计表、平纵缩图等。

四、横断面

分为外业资料录入、交互式设计、成果输出三大部分。

1. 外业资料输入

输入地面线文件：通过交互输入的界面，输入横断面外业测量资料，用户应首先选择地面线的形式，即平距及高差是相对还是绝对，然后对应纵断面地面高的桩号逐个桩输入。

地面线文件检查：检查地面线是否有错，比如平距、高差是否成对，纵横是否配合等，并根据检查后系统提供的报告信息进行修改。

2. 交互设计

横断面基本资料输入：调入戴帽子的基本信息。

帽子定制：定义标准帽子，标准帽子中边坡和挖方边沟是必不可少的，定制完后保存定制的标准帽子 *.MDZ 文件。

戴帽子：依据规则给每个断面戴帽子，并自动输出相关的文件来存储结果信息。

帽子浏览：浏览断面的信息，可以通过查询条件进行查询浏览。

帽子交互修改：对某个不符合要求的断面进行修改，完成后联动修改相关信息。

3. 成果输出

当完成以上的设计后可以输出横断面成果。比如：横断面布图、土石方计算表等、边坡面积表、涵洞表、防护工程数量表、三维全景模型图、3D 系统所需模型文件等。

五、挡墙设计

基本资料：用户输入挡墙的设计桩号范围及所在位置，系统将在路线中提取相关信息。

挡墙设计：首先按“墙长”按钮得到墙长，然后选择挡墙的形式，接下来按“自动设计”按钮，系统将依据自然地形条件进行逐桩设计，设计完成后在图形区域会形象的给出示意图，信息窗口给出各段墙基础的最大～最小埋深，用于设计控制及修改，当设计完成后按“确定”按钮输出成果文件 *.DQ，并即时更新与横断面相关的信息。在此特别注意：挡墙设计完成后系统刷新了帽子文件，如横断面中的帽子定制要作改动的话，重新执行戴帽子操作后，请务必再执行一次挡墙设计的以上步骤；建议在执行完戴帽子操作后备份一份帽子文件 *.mz，以免造成所需设计数据的丢失。

挡墙验算：填写对应的信息按“确定”得到验算报告和验算图档。设计验算完成后就可以输出对应的成果了，比如：生成挡墙图、生成挡墙工程数量汇总表等。

六、测设放样

用户选择放样的形式：切线支距法、偏角法、极坐标法、全站仪法，选择要放的交点或桩号范围按“计算”按钮，即可生成成果报告，对于全站仪法的计算结果可以直接和全站仪连接。

任务二　项　目　管　理

项目管理在 Hard 系统中为用户管理繁琐的图档和文件。打开或新建项目是进入 Hard 系统的第一步，通过项目管理可以引导用户完成全部设计。

一、新建项目

项目文件名为 *.PRJ。在设定了“项目文件”后，系统会依据项目文件自动生成文件路径以及文件名。在设计过程中系统将生成一系列文件和图纸，Hard 系统通过文件的扩展名来区分文件的性质。因此对于同一个项目，可以设定一个公用的文件名，这样系统将非常易于管理项目内的文件。Hard 系统会自动建立 DWG，Excel 和 HD 三个子目录，用于保存系统自动生成的路线 CAD 图纸、电子表格以及涵洞图纸等文件，实现图表的统一而有序的管理。

设定路线总体参数信息，见图 7-1。系统以选择好的高程设计线为界，左右分开左右路幅，如果路线的横断面存在中分带，该断面算一幅，用户可任意的定制横断面的组成方式。直接输入的方式是用于路幅的总断面数不超过 7 幅的情况，如果路线的总断面数超过 7 幅，则要以文件的方式输入标准横断面（只需输入断面宽度相同的起止点断面参数）。路拱的横坡符号界定：系统是以左下为正号，右下为负号（即斜率为正的是正号，斜率为负的是负号）。

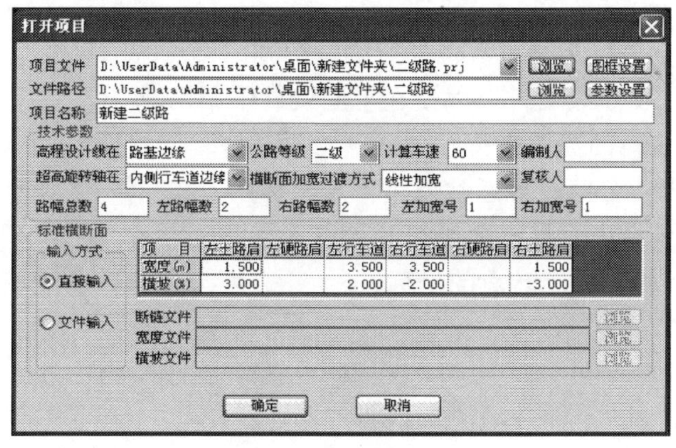

图 7-1　项目参数设置

“标准横断面宽度及坡度”值在路幅数或路基宽度沿整条路范围内发生变化时，不能在项目管理中的“直接输入”中填写，而需要通过“文件输入”即通过标准横断面 *.BHD 文件及标准横坡 *.BCG 文件来完成。用户可以通过“项目管理”下的“标准横断面文件编辑”命令来编辑 *.BHD 和 *.BCG 文件。

二、打开项目

打开已经建好的项目为用户指定操作路径，用户可以修改项目内的信息。在设计过程中经常要在几个项目中来回切换，这时只需通过打开要工作的项目文件 *.prj 即可将系统指向要工作的项目路径和文件。

任务三 平 面 设 计

平面设计主要由三部分组成。

外业资料录入：交点线（导线）资料录入，生成交点线文件 *.jdx。

平面线型设计：利用“交点法”针对每个交点进行曲线设计，输出平曲线文件 *.pqx。

图表输出：工程设计文件要求的各种图表的生成，可通过字体设置输出矢量字体或标准 Windows 字体，图形文件为 DWG 格式，表格为 DWG 和 Excel 两种格式。

平面设计过程中需要注意的问题：平面设计过程涉及两种坐标系即数学坐标系（*XY*）和测量坐标系（*NE*）。Hard 系统的处理方法非常简单：①在通过“平面定线”进行交互输入导线时，首先应在命令行提示下选择坐标系。②在交点线文件的第一行就是对坐标系的定义，其中“XY”即为数学坐标系；“NE”即为测量坐标系。提醒用户的是，公路设计所选用的坐标系一般为 *NE* 坐标系，只有在 *NE* 坐标系下，才有方位角和偏角的概念，而在 *XY* 坐标系下只有偏向角和方向角，而不存在偏角和方位角的概念。

一、平面定线

1. 二维交点线设计

功能：在地形图上进行选线或者将外业测量得到的交点线（导线）数据录入计算机并存储成 Hard 系统承认的交点线文件，以便在平面设计中调用。

方法一：依据命令行的提示进行。

X——坐标系选择，公路设计通常使用 *NE* 坐标系；

点——用鼠标在屏幕上直接点取导线的起点；

Z——输入坐标，输入各个转点的坐标；

A——输入方位角；

P——输入偏角；

L——输入交点间距，两个交点之间的直线距离；

S——对前面的工作进行存储；

U——取消前一步操作。

说明：本系统的度、分、秒的输入为 d，f，m 例如：45d45f45m 表示 45 度 45 分 45 秒。

方法二：直接在文件编辑器或 Windows 提供的文档编辑器中按照系统规定的格式录入交点线文件，按照项目管理确定的文件名称及文件路径存储。在利用交点法设计时系统会自动调用该交点线文件并直接可以输出平曲线文件 *.PQX。

方法三：可以直接利用“项目管理”下的交点线专用编辑器进行编辑，系统自动保存，见图 7-2。用户应注意：①坐标系的选择，②交点线文件的路径、文件名的完整性与项目管理中所建立的文件路径及文件名是否对应。

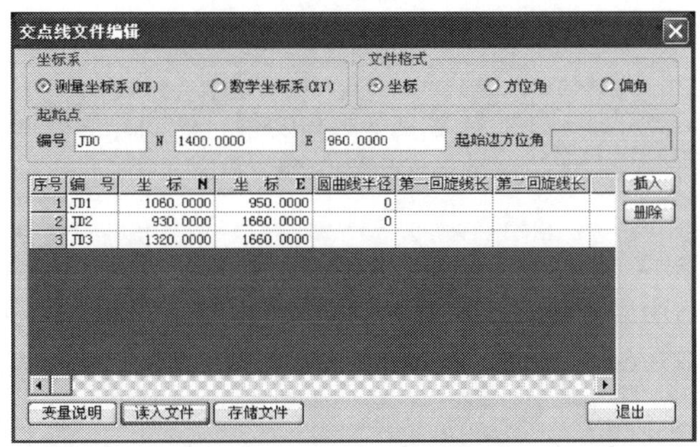

图 7-2　交点线文件编辑

2. Pline 线型成交点线

用户可利用 AUTOCAD 中的“PLINE”命令绘制的多义线，通过此条命令形成交点线。

3. 交点修改

对形成的交点线进行修改。

M——对选择的交点进行移动；

E——对选择的交点进行删除；

I——在所选择的交点后面插入一个交点；

S——对修改后的交点线进行存储。

二、平面设计

完成路线平面线型的设计，同时完成对路线断链的处理，并自动输出 *.JDX、*.PQX、*.ZBB、*.PMX 文件。

1. 断链处理

Hard 系统对任意的断链情况均能自动处理，其方法是：在进行交点法设计时，在调入交点线文件 *.JDX 或平曲线文件 *.PQX 的同时也调入断链文件 *.DL，系统将根据该文件在设计过程中完成长、短链的处理，系统将处理结果保存到 *.PQX 中。特别强调：由于系统能够自动处理断链问题，系统中的里程和桩号的概念将被严格区分开，里程是绝对的，而桩号是相对的。

长链将引起桩号的重复，也就是说相同的两个桩号对应两个不同的里程，Hard 系统在设计过程中将重复桩号的前一部分在桩号前加负号“—”以示区别，在成图成表过程中不输出“—”，但会在断链处注明长短链情况。比如：长链：200＝120 将引起有两组 120 到 200 的桩号，为了让系统知道那组 120 到 200 是在前面的，因此地面高文件 *.DMG、地面线文件 *.DMX 等用户自行输入的入口数据文件，都需要在前一组 120～200 的桩号前加“—”。以 *.DMG 文件为例应写成：

—120	800.152
—160	801.101
—200	804.256
120	804.368

160　　　888.287

200　　　800.654

对于＊.DMX，＊.CG，＊.HDM 等其他入口文件也做同样的处理。在交点设计完成后输出的交点线文件＊.JDX 为带有曲线要素的交点线文件，它增加了 R，L_s 等参数以及虚交的信息。

2. 交点法

交点法是路线设计中最常规的设计方法，下面讲述的是 Hard 系统中实现交点设计的思路，其方法采用人机对话的方式，交互完成每一个交点的设计。

Hard 系统以 $L_{z1}+L_{s1}+R+L_{s2}+L_{z2}$（前直线＋前回旋线＋圆曲线＋后回旋线＋后直线）为一个基本型，通过各种方式的组合，可以完成公路上各种线型的组合方式，包括：单圆曲线、对称形、非对称形、S 形、单双卵形、复形、C 形、凸形、虚交、回头曲线等。

（1）单圆曲线：赋予 R 值，其他值赋 0，点取生成键。

（2）对称型：赋予 R 值或 L_y 值，赋予 L_{s1} 或 A_1 和 L_{s2} 或 A_2 并使 $L_{s1}=L_{s2}$ 或 $A_1=A_2$，点取生成键。如图 7-3 所示。

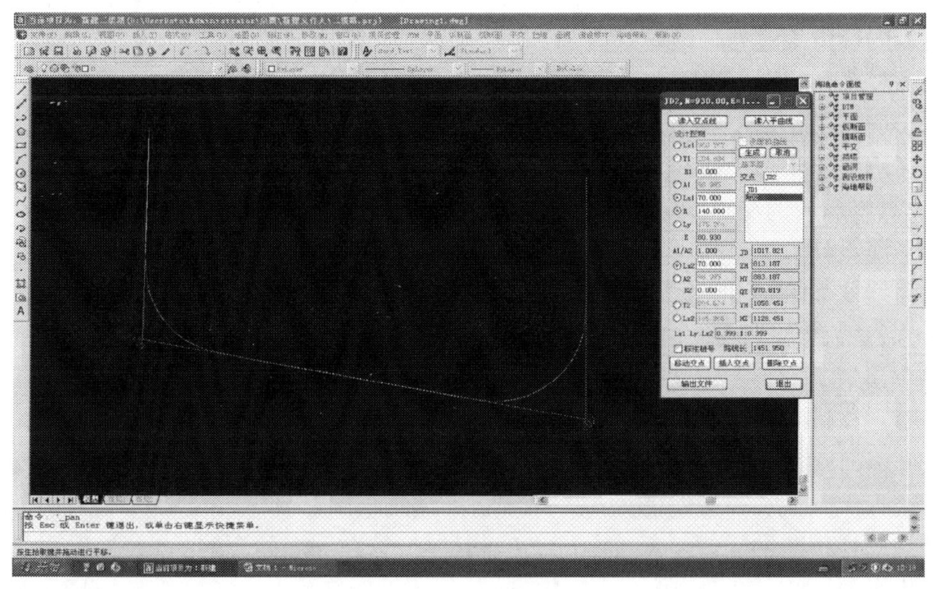

图 7-3　平曲线设计

（3）非对称型：同（2）所述，其不同之处为给定的 L_{s1} 不等于 L_{s2} 或 A_1 不等于 A_2。

（4）S 形：对于 S 形曲线应由两个反向交点组成，在此称之为 JD_1 和 JD_2。对于 JD_1 可以使用“对称型”，当然也可以使用“非对称型”进行设计；而对于 JD_2 的设计将给定 $L_{z1}=0$，也就是给定 JD_2 的前直线为 0，使得两个交点之间的直线间距为 0，并给定 L_{s1}，L_{s2} 或 A_1，A_2 的值，曲线半径 R 值则由系统反算得出。这样由 JD_1 和 JD_2 共同组合的曲线形式即为 S 形。

（5）卵形：

方法一：对于卵形曲线应由两个同向交点组成，分别称之为 JD_1 和 JD_2。对于 JD_1 给定 L_{s1}，R 值，而给定 $L_{s2}=0$，也就是将 JD_1 采用了非对称型的设计即 $L_{s1}+R$，而没有 L_{s2}。对于JD_2的设计首先给定$L_{z1}=0$，这是设计卵形曲线的必要条件，其次给定L_{s1}的值同时亦可给定L_{s2}的值，而R值交给系统反算得出。这样就得到了一个由：缓和曲线+圆曲线+缓和曲线（此段为两圆公用）+圆曲线+缓和曲线的设计线型即卵形曲线。

方法二：按照C形曲线进行处理，也就是将中间公用的缓和曲线分成两部分进行处理，一部分放在JD_1上而另一部分放在JD_2上。

方法三：利用交点法设计时同时选择两个同向交点，然后选择“卵形曲线”，并给定卵形曲线设计所需的参数，点击“生成”按钮，便可以设计出常规的卵形曲线。

（6）复型：即两个同向交点用两段半径不同的圆曲线连接。方法：在平面设计交点法设计时选择两个同向交点，然后在交点上方对话框中选择“复型曲线”，便可以对所选交点进行复型曲线设计。

（7）C形：与S形做法相同，所不同之处为S形两交点偏角反方向，而C形为两交点同方向。

（8）凸形：凸形曲线的设计首先给定L_{s1}或A_1和L_{s2}或A_2的值，而后给定$L_y=0$这是做凸形曲线的必要条件，而R由系统反算得到。

（9）虚交：当选取的交点数目多于两个的情况，系统就会认为这是虚交，同时系统会自动建立一个公共的虚交点，以供用户进行设计。

（10）回头曲线：回头曲线实际上就是虚交的一种，所不同的是虚交点在路线前进方向的反方向，Hard系统会自动判断虚交中的回头曲线。

特别提示

（1）当曲线设计完成后可以通过“输出文件”按钮，输出平曲线文件（*.PQX），这个文件记录了设计的全过程，包括各种曲线信息、虚交点，回头曲线等。当设计一次没有完成，用户可以把已设计的弯道参数保存到平曲线文件中，下次可以直接读入该文件继续进行工作。

（2）调入编辑好的交点线文件时，输入路线的起点桩号和断链文件，这个文件将指明断链所发生的位置。这时当用户开始设计曲线时，系统将自动计算桩号信息，并在“输出文件”时输出到*.PQX、*.ZBB文件中。

（3）对于四级公路的设计，Hard系统考虑了L_c和L_s的混合设计，原则上讲四级路应使用L_c值，L_c只是超高过渡段的长度，一般在直线段上设置，其长度不计入路线长度，但是对于某些个别的弯道，用户需要设置缓和曲线L_s，其长度计入路线总长度。用户可以通过“交点法”设计界面上的“设缓和曲线”选项来针对个别的弯道进行缓和曲线L_s的设计，这样就实现了对于同一条四级公路，缓和段L_c与缓和曲线L_s共同存在。

3. 系统检查

系统依据行业规范对曲线设计中的参数进行检查，并将认为违反规范的弯道指标以及相应的参数通过报告提示出来，设计人员可以极为方便地检查自己在设计中的违规情况。

4. 平面工具

系统提供了平面设计所需的查询、标注等功能。如里程桩号查询、法线坐标查询、对生成的平面设计图进行地物标注、等高线标注以及图形裁剪等。系统还提供给定的桩号文件以及动态交互输入两种方式，查询路线范围内任意指定桩号点的平纵横设计数据，包括坐标、高程、横坡度等。

5. 路线超高加宽计算

超高加宽计算是在平面交点设计完成后，系统依据设计规范，或者根据用户自行编辑好的规范及技术标准，自动进行路线的超高及加宽的计算，见图 7-4。用户可以对系统自动计算的超高加宽值进行编辑修改，完成后按“确定”保存成果。系统会把计算结果自动保存，自动输出横断面文件 *.HDM、超高文件 *.CG、超高图 *.CGT 文件。计算完成后点击超高图，系统会自动绘制超高方式图。

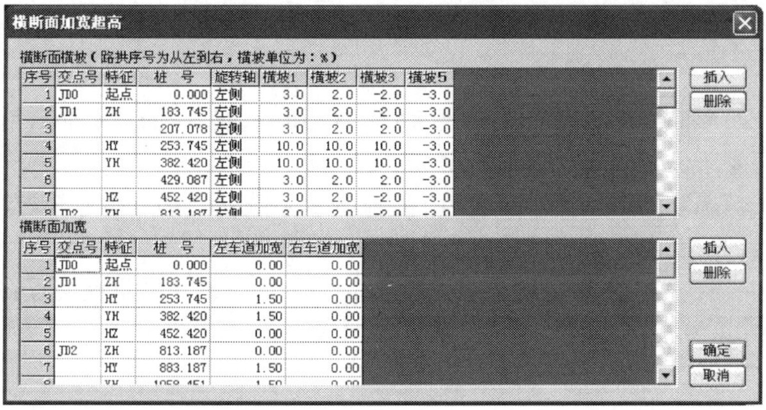

横断面加宽超高

横断面横坡（路拱序号为从左到右，横坡单位为：%）

序号	交点号	特征	桩 号	旋转轴	横坡1	横坡2	横坡3	横坡5
1	JD0	起点	0.000	左侧	3.0	2.0	-2.0	-3.0
2	JD1	ZH	183.745	左侧	3.0	2.0	-2.0	-3.0
3			207.078	左侧	3.0	2.0	2.0	-3.0
4		HY	253.745	左侧	10.0	10.0	10.0	-3.0
5		YH	382.420	左侧	10.0	10.0	10.0	-3.0
6			429.087	左侧	3.0	2.0	2.0	-3.0
7		HZ	452.420	左侧	3.0	2.0	-2.0	-3.0

横断面加宽

序号	交点号	特征	桩 号	左车道加宽	右车道加宽
1	JD0	起点	0.000	0.00	0.00
2	JD1	ZH	183.745	0.00	0.00
3		HY	253.745	1.50	0.00
4		YH	382.420	1.50	0.00
5		HZ	452.420	0.00	0.00
6	JD2	ZH	813.187	0.00	0.00
7		HY	883.187	1.50	0.00

图 7-4 超高加宽设计

6. 生成平面设计图

Hard 系统生成的路线平面设计图包括坡角线、示坡线、路幅边线、等高线、排水线、坐标标注以及曲线要素表和导线点表等，而且由用户任意选择定制出图信息。

7. 生成逐桩坐标表

系统依据平面设计完成后生成的 *.PQX 文件生成坐标表，可以根据公路等级或者测设的需要选取是否输出方位角。一般情况高等级路输出，而等级较低的公路不输出。系统可以通过设定桩号间距、加桩文件等输出用户需要的桩号坐标。

8. 生成直曲表

根据 *.PQX 文件输出直曲表，可根据公路等级选择是否输出坐标。

9. 生成断链桩号表

根据断链文件 *.DL 生成总里程及桩号对应表。

10. 生成用地图表

生成用地图、用地表、用地面积表、用地及青苗补偿表。根据横断面“带帽子”后生成的用地文件，生成用地的各种图表。

11. 生成加宽面积表

系统依据加宽文件，计算生成的各个弯道由于加宽而引起的路面面积的增加量，为计算路面工程数量提供依据。

任务四　纵 断 面 设 计

Hard 系统在纵断面设计中提供交互式拉坡和竖曲线设计功能，动态显示设计中的控制参数，并可通过“航空视图’，纵观全局和放大局部，使纵断面设计方便、直观、准确、合理。根据用户要求自动生成纵断面图，并可任意选择栏项、栏序及作分幅处理；根据高程设计线的位置和超高方式、加宽方式等自动生成各种路基形式的路基设计表、纵坡竖曲线表、平纵缩图、水准点表、超高计算表以及主要经济技术指标表，并且可以对工程可行性研究阶段的财务评价提供数据表格的自动计算输出等。

一、由 DTM 切纵、横断面值

功能：如果选线工作是在数字化地模即 DTM 上进行，那么在完成平面设计后可生成逐桩坐标文件 *.ZBB，系统将通过这个文件中提供的桩号信息在 DTM 上插值，自动计算得到纵断面的地面高 *.DMG 和横断面地面线 *.DMX 文件。

横断面的切值方式有两种：一是与 DTM 的交点，选择这种方式，系统自动判断 DTM 中地形起伏的临界点，并给出该点的信息；一是等距切值，用户可以自己给定路线横向的切值间距大小。在此要注意横向边距不允许超出 DTM 给定的范围区域。

二、输入地面高文件

可以利用操作界面，交互的输入地面高。先调入 *.ZBB 文件，通过“显示图形按钮”随时看一看输入的数据对应的图形，可以在输入数据的过程中任意的修改和插入一个桩号及其高程，见图 7-5。通过保存得到文件扩展名为 *.DMG 的文件。

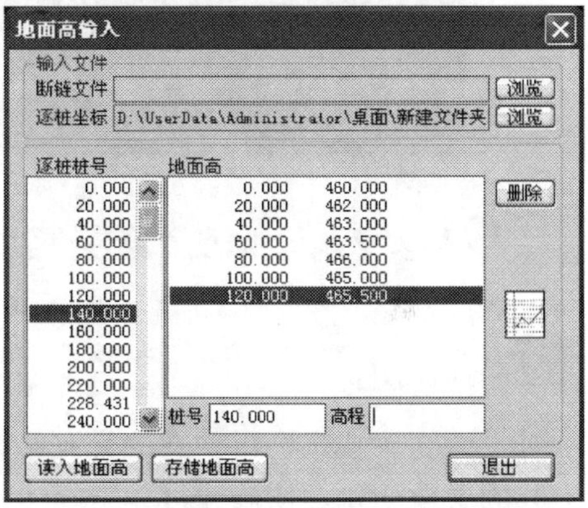

图 7-5　地面高文件编辑

三、地面高文件检查

通过此条命令检查地面高文件中有没有输错的地方，系统规定两个相邻的桩号高程相差大于 30m 时提示为错误。对于系统检查有错误的桩号，用户可查看错误报告文件，并可依据报告提示的信息通过“地面高输入”加以修正。

四、拉坡控制资料

输入拉坡所需要的资料。

五、交互拉坡

Hard 系统提供动态交互式拉坡，用户可以自由拉坡也可以通过命令行提示直接输入已经确定的参数。

R——读入已经拉好的纵坡线，可以对一条路进行多次拉坡进行比选；

Z——拉坡起点里程、高程；当拉坡起点的高程已经确定，可以直接输入里程和高程值；

S——桩号；

L——坡长；

D——坡度；

G——高程；

C——高差；

X——相对参考点；

U——取消前一步操作。

系统动态的显示由于鼠标拖动而引起的所有参数的变化，用户可以依据系统的动态提示进行交互式的拉坡，见图 7-6。拉坡过程可以随时保存为 *.ZDM，当一次不能完成整条路的拉坡时，可以通过保存将拉好的纵坡保存起来，下次拉坡时，可以通过“读入纵断面”将前一次保存的拉坡文件打开，然后通过命令行的提示，输入 C（前点），即可接着上次拉的坡继续工作了。

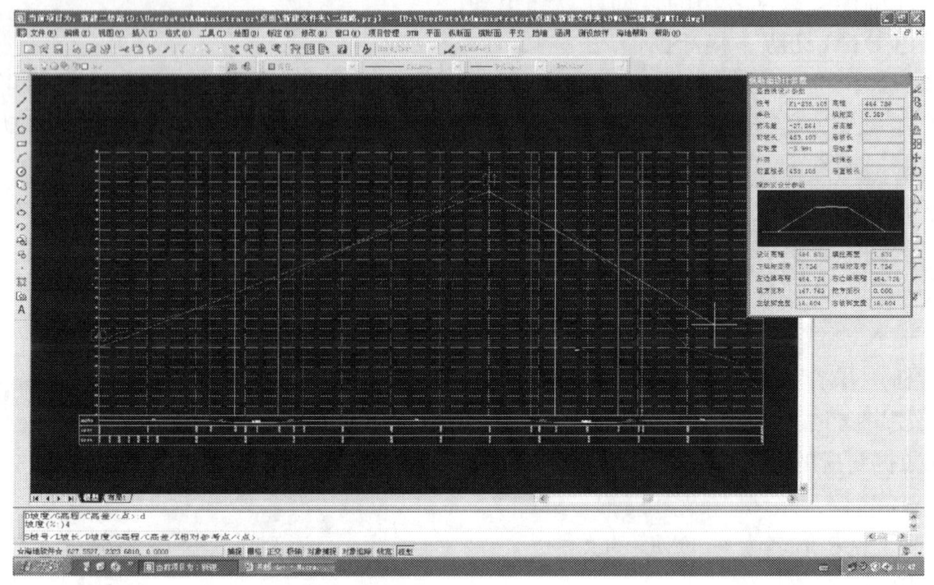

图 7-6 交互拉坡

六、拉坡修改

对设计的拉坡线进行动态的交互修改。命令行下面的信息窗口会动态的提示鼠标的移动所引起的参数变化，使修改过程一目了然。

七、竖曲线设计

对拉坡线的各个变坡点进行曲线设计，系统动态显示所有设计参数，用户可以通过给定的任何已知参数进行竖曲线的设计，系统在信息窗口即时动态显示反算结果，以供设计参考，如图 7-7 所示。

在设计过程中用户可以通过点字母“S”随时保存设计，输出纵断面文件 *.ZDM，保存设计成果。

当设计完成后，点“回车”键或点鼠标右键，系统自动弹出纵断面所有的设计参数，供用户编辑修改，系统提供用户可修改高程及半径，并可以对半径值进行取整，修改完成后点击计算，系统会根据修改后的数据来输出，按“确定”保存纵断面设计的过程。

八、竖曲线检查

对纵断面设计参数严格把关，依据行业规范进行检查，并提交检查报告。用户可以依据检查报告对纵断面参数进行修改。

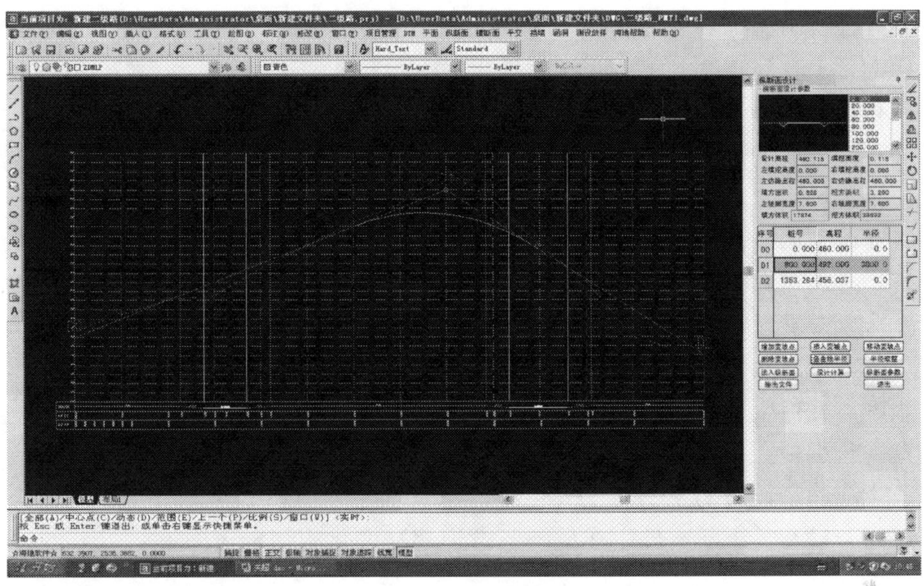

图 7-7　竖曲线设计

九、设计高程计算

计算给定的批量桩点的设计高程，批量桩点可以通过“输入文件”或“输入桩号”两个按钮给出，“修正高差”是指相对设计标高进行修正，比如面层厚 20cm，要计算面层底面标高，修正高差输入－0.2 即可。

十、生成纵断面图

通过“标注栏设定”用户可以自由的选择装配在纵断面图上要输出的栏目和顺序，并可以将装配方案保存下来，以便以后调用。系统默认按 A3 图框布图，纵向比例为 1∶2000，横向比例为 1∶200，每页 700m，如图 7-8 所示。图纸各参数精度的控制通过“标注栏设定”进行定义。

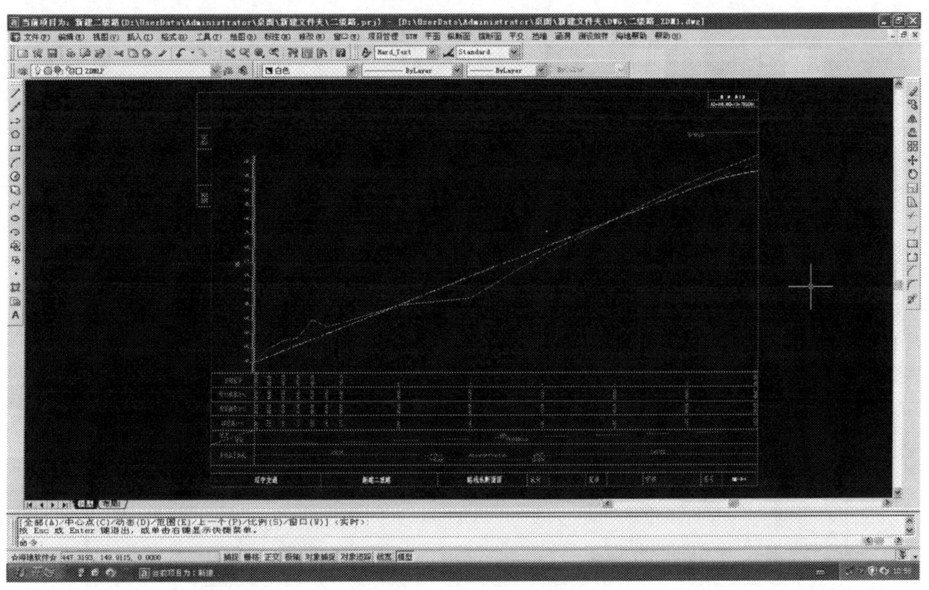

图 7-8　生成纵断面图

十一、生成纵坡表

依据竖曲线设计所得到的 *.ZDM 文件生成纵坡竖曲线表。

十二、生成路基设计表

根据高程设计线的位置和超高加宽方式等，自动生成各种路基形式的路基设计表。

十三、平纵缩图

系统自动将平面设计图和纵断面设计图通过该功能合并生成为路线的平纵缩图。其出图比例和每页长度由用户自由定义，平面和纵断面的信息定义可以依据“平面图设置”和“纵断面设置”分别定义。

十四、生成水准点表

依据水准点文件生成表格。水准点文件的录入可以通过“项目管理”下的水准点文件的专用编辑器进行编辑。

十五、生成超高计算表

依据超高、横断、纵断文件生成反映各弯道超高变化的综合表格。

任务五　横 断 面 设 计

Hard 系统的横断面设计适用于各等级公路和城市道路。系统通过交互式的定义方法对路线分段定制路拱、边坡、排水沟、截水沟、挡土墙的形式和尺寸，以及扣除路槽、清理地表的数量、超挖的定制、填方换填的定制以及路基包边土的方量计算，根据设计规则自动完成各桩号的戴帽子工作。系统提供了一系列查询、编辑、修改各桩号的横断面图和设计参数的工具，用户可以方便的浏览各个断面，并对不合理的帽子进行交互式的修改。系统还提供自动布图、自动计算填挖面积、自动进行全线土石方调配、自动生成土石方表、自动生成三维全景模型图以及透视图，并为生成动态仿真图提供数据。

一、输入地面线文件

通过操作界面交互输入外业测量所得的横断面资料，如图 7-9 所示。在输入之前先要调

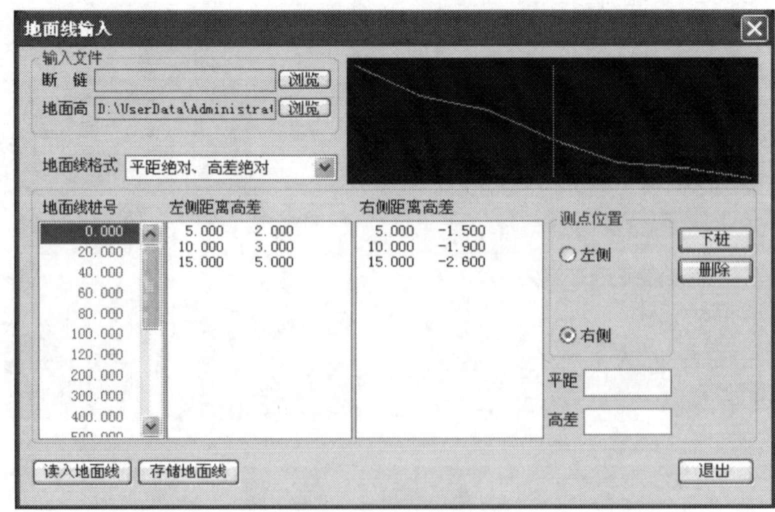

图 7-9　输入横断面地面线文件

入 *.DMG 文件，以便于纵横断面资料的配合。注意选择地面线的输入格式，即平距和高差是相对还是绝对。全部输完后按“存储地面线”按钮存盘退出。也可以在 Windows 提供的文档编辑器中编辑 *.DMX 文件，但要注意文件路径及扩展名的正确性。

二、通过数字化仪输入横断面地面线

用户可以通过数字化仪完成地面线的输入。用户可以通过命令行的提示完成输入，对于地面线先输入左侧，再输右侧。地面线第一个平距和高差，当鼠标“点”完位置后需要输入相应的实际数据，这样做的主要目的是用来进行坐标校准，以使系统正确的判断出您输入的每个位置的数据，系统会将这些数据自动保存成 *.DMX 文件。

三、地面线文件检查

检查输入的横断面地面线数据文件是否存在错误，对于平距和高差不成对、地面线文件未被地面高文件包含的桩号，系统将判断并形成错误报告文件，用户可以参考并修正。

四、基本资料输入

调入横断面设计所需要的资料。在这里可以输入桩号范围，换句话说，可以分段进行横断面设计。另外，如果路线全线的用地加宽（坡角线以外的用地宽）相同，可以不用填写用地加宽文件，而是直接通过操作界面上的用地加宽窗口直接输入加宽数值。

地质台阶文件一般不是手工填写的，而是在“帽子定制”中定制“开挖地质台阶”，经戴帽子后自动生成的，对于生成的台阶文件，用户可以进行编辑修改，编辑修改后保存，并重复“基本资料输入”后戴帽子。

指定挡土墙规范数据文件，系统提供了四套挡土墙的数据，用户也可以自己定义规范数据文件，但其格式必须符合系统规定的格式，用户可以在系提供的数据的基础上进行修改，并换名存储。

帽子定制文件在项目首次调横断面基本资料时没有，只有进行了“帽子定制”之后才有。

五、帽子定制

通过交互方式定义“标准帽子”，可以任意的分段进行定制。

内容：帽子定制的内容共有 9 项，用户根据需要定义其中几项，Hard 会为每个分项的定制留下“痕迹”（通过文件将其保存起来），以便随时调用修改。对于标准帽子，还有 4 个选项需要选择。分别为：开挖地质台阶的定制、填方排水沟及挡水埝是否计入主体、设置挖方截水沟的条件，见图 7-10。

1. 路拱定制

定义路拱的组成形式，一般城市道路用得多一些（比如：城市道路三块板的结构，人行道高出路面的部分就要在这里定制）。系统可以将整段路按照不同的桩号区间分成若干段，分别定义成不同形式和尺寸，路拱号的界定是路幅从左向右依次为 1，2，3…。定制完成后系统会在横断面图中显示出来。

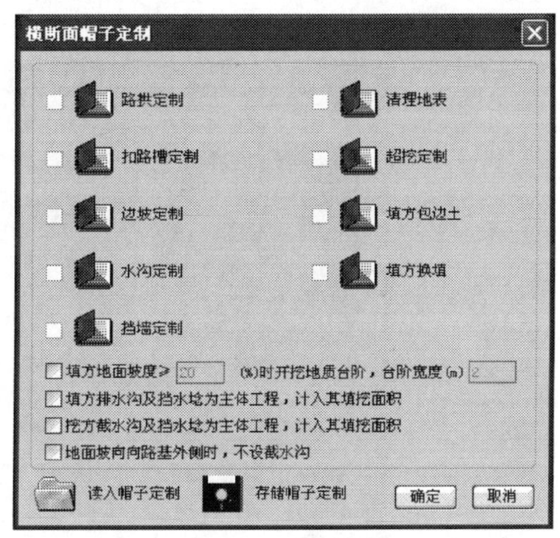

图 7-10　帽子定制

2. 扣路槽定制

土方计算时扣除路槽部分。点“增加”键调入区间范围的桩号，然后针对每段路幅定义扣除的深度。

3. 边坡定制

边坡分为填方左、右边坡和挖方左、右边坡。用户可以预先根据本单位或地方的设计习惯定制几种填、挖边坡方案保存起来，对于不同的路段通过“读入”调用不同的方案。如图 7-11 所示。

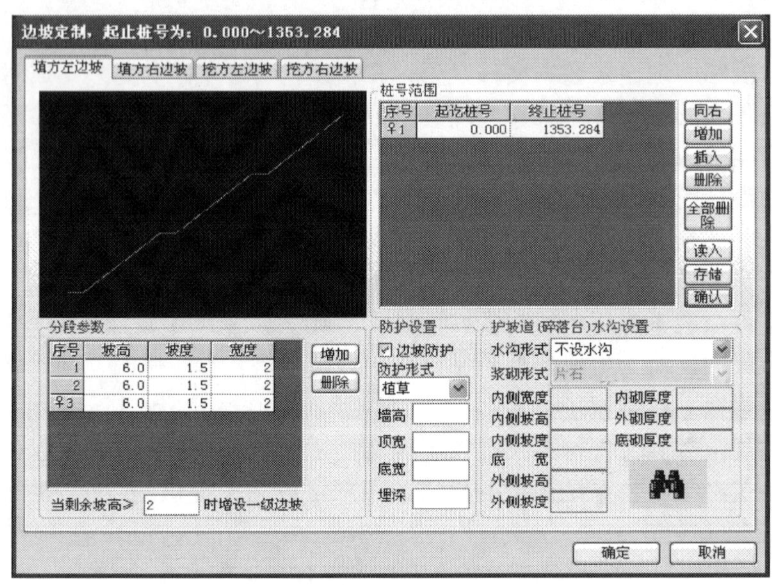

图 7-11 边坡定制

4. 水沟定制

分为填方排水沟和挖方边沟，以及挖方截水沟的定制，如图 7-12 所示。

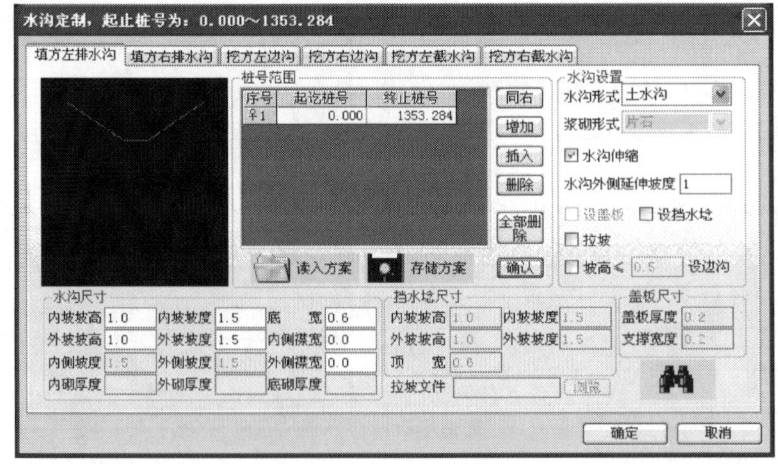

图 7-12 水沟定制

5. 挡墙定制（略）

6. 清理地表定制

由于某些填方地段的表土不能直接在其上进行填方，故需要清理，给定桩号范围，清理地表区间参数，系统会将其清理，并给出选项是否“直接弃方”，直接弃方指清理的弃土不能作为填方利用，作为挖方直接弃掉。比如淤泥路段。

当全部定制完成后，保存帽子定制文件 *.MDZ，它将为以后的工作带来极大的方便，因为可以随时将其调入并进行修改。因为戴帽子和帽子定制工作不是一次可以完成的，可能需要多次的反复。

7. 超挖定制

用户给定桩号范围及超挖区间参数，先点击增加给定桩号范围，再点击下框的增加按钮给定区间参数，然后点击“确认”钮确认桩号分段，最后点击“确定”。该项定制主要用于城市道路或者是公路的改建工程，比如改建工程中原路面的标高与设计标高间的高差不够铺筑一层的路面结构厚度或一层土的压实厚度，这时候需要将原有旧路面标高以下的部分挖除，以满足做结构层的厚度要求。参数设定好以后系统将自动计算处理表格并在横断面图中显示。

8. 填方包边土定制

主要用于石方路基填方，用户给定左右侧桩号区间以及包边土宽度，系统会自动计算处理表格并在横断面图中显示。

9. 路基换填定制

主要用于改建工程中的补坑槽或新建道路的不良路基处理。给定换填区间参数，系统会自动计算处理并在横断面图中显示。

六、戴帽子

依照有关设计规则完成帽子和地面线的结合，在此过程中系统会自动计算并生成横断面帽子文件 *.MZ、坡角线文件 *.PJX、占地文件 *.ZD、模型边界 *.PLG、沟底高程文件 *.SG 等等。Hard 系统将横断面图保存在 *.MZ 中。

强烈建议：在戴完帽子后务必备份一份 *.MZ 文件，以防数据丢失或造成不必要的麻烦。

七、帽子浏览

当完成戴帽子的工作，可以通过设定“查询条件”查看横断面的各种信息，并且可以通过存储功能，将查询结果保存下来。比如可以按标段查询并且按标段保存起来，这样在后续的工作中就可以按标段进行土石方调配，按标段累计土石方数量、按标段布图等等，查询结果依然是帽子文件 *.MZ，但这只是整个大帽子中的一段小帽子而已。帽子浏览功能为用户提供了每个横断面的所有相关的参数，对于了解各个断面的填挖、标高等情况一目了然，如图 7-13 所示。

八、交互修改

当完成“戴帽子”后，可以通过“帽子浏览”对各个断面进行检查，对不符合设计要求的断面需要进行处理，如果一个区间不符合要求，建议用户转回到“帽子定制”对标准帽子进行修改，然后重新“戴帽子”，这样可以批量完成修改。通过以上的修改，如果还有个别的断面依然存在问题，系统提供“交互修改”功能，这是 Hard 为用户提供的能修改横断面

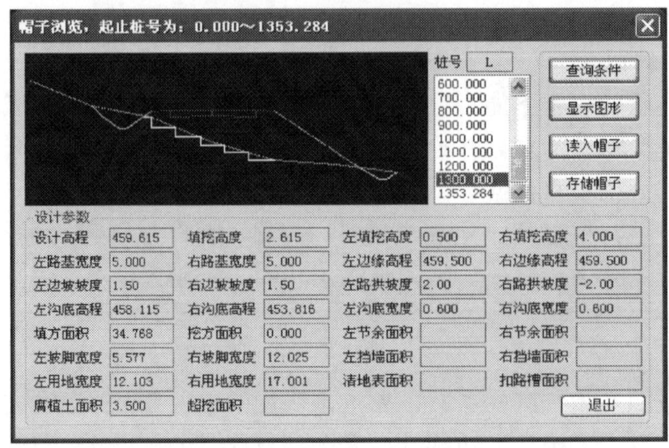

图 7-13 帽子浏览

任意位置的工具箱，修改的内容包括：边坡、水沟、挡墙、占地宽度、填挖面积等等，修改完一个断面后点“重算”，系统将更新这个断面，修改的结果可以通过“图形区”得到浏览，当修改完全部的认为有问题的桩号后按“确定”键，系统将更新与横断面有关的全部数据文件，如图 7-14 所示。

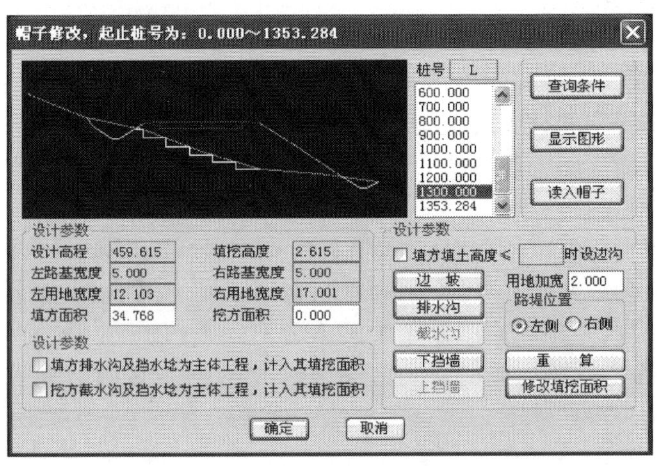

图 7-14 帽子交互修改

九、横断面布图

首先应调入＊.MZ，然后设定绘图的比例，Hard 提供任意的绘图比例；设定绘图时的标注内容，其内容可以根据不同地区和单位的设计习惯自由确定，确定绘制图纸网格（网格可以是单个断面网格也可以是整个 A3 幅面的厘米网格）等等。当设定了上述的内容后，点击“页数”系统会根据用户的设置模拟布图并计算出页码数，用户确定输出页码的范围，然后点击“确定”键，系统自动完成图纸的输出，并将图纸保存到项目指定的位置。

十、为 Hard3D 系统输出模型文件

根据横断面设计结果为海地三维仿真系统 Hard3D 输出所需的模型＊.MX 文件，该文件可直接被 Hard3D 系统调入并生成全三维仿真动画。在输出＊.MX 文件的同时，系统还可生成在 3DS 或 3DMAX 中进行三维动画制作的 3D 模型。

十一、三维透视图

选择立地点桩号生成透视图，系统可以同时生成多张透视效果图。

十二、生成排水设计图

具有两个功能：①对于未进行排水设计的，此图可以指导用户进行排水设计；②对于已经做好的排水设计可以输出排水设计成果图。排水设计文件为 *.zdm，格式与纵断面拉坡文件一样，不同的是排水设计文件体现的是排水沟底的纵断面，用户在设计的不同阶段使用本图可以起到不同的效果。

十三、土石方计算

Hard 系统提供了完全智能的土石方计算、调配、表格输出功能，系统提供的自动化调配功能可以完全实现各种复杂情况的调配，自动完成运距内的调配以及远运、借方、弃方的调配，调配过程中充分考虑了不可跨越桩等问题。

1. 挖方比例文件计算

通过地质勘查得到地质线文件 *.dzx，此文件充分反映各种地质土石沿地面深度方向的变化，应用该文件可以准确的计算出挖方路基断面各种土石所占的比例，此功能主要是为煤炭行业的设计部门定制的，对于公路部门，挖比例文件一般直接通过“项目管理”下的专用编辑器填写，不需要通过计算生成。

2. 土石方基本资料

调入横断面成果帽子 *.MZ 文件，通过起、终点桩号的设定，可以分段进行调配，设定相应的参数，比如：土石松实系数、体积计算方法、最大及免费运距等等，如图 7-15 所示。

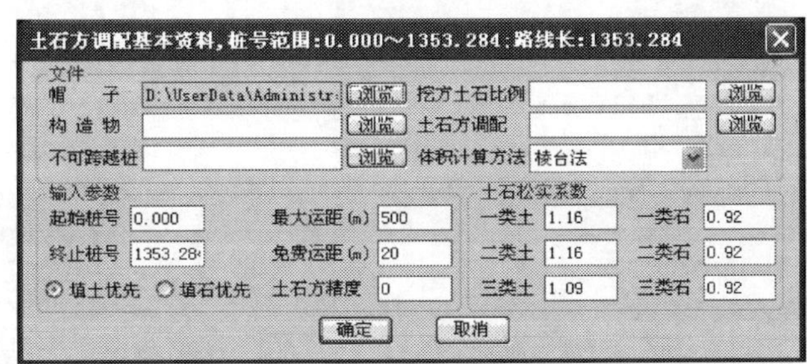

图 7-15　土石方调配基本资料输入

不可跨越桩号文件 *.BKZ，需要用户根据实际情况进行填写，比如某路段范围是桥梁，在没有修便桥时无法对桥两侧的土方进行调配，这时就需要将不可跨越位置的起、止桩号填入文件。

3. 动态土石方调配

根据调入的土石方基本资料，系统自动计算逐桩的土石方填缺和挖余数量并输出调配曲线，曲线横坐标为桩号，纵坐标为土石方累计量，桥位处由于无土石方量故为水平线。系统提供自动调配和手工调配方法（见命令行的提示），调配完成后输出调配成果文件 *.TP。

4. 调配后土石方填缺挖余分布图

通过此图用户可以清楚的得到，最大运距范围内调配之后的道路沿线土石方的填缺和挖余数量（值得注意的是调配后的土石方的填缺和挖余数量）。通过这个分布图，可以清楚的知道哪段路范围内有挖余量可以远运利用，哪段路范围内有填缺，可以通过远运或者借方得到。哪段路范围需要弃方。用户可以根据此图填写远运方文件 *.YYF、借方文件 *.JF 和弃方文件 *.QF。手工填写上述三个文件比较难，所以系统在以下的功能中通过自动调配来完成远运、借方和、弃方文件的生成。

5. 远运、借方及弃方文件的生成

系统自动计算出最大运距以内各路段的填缺以及挖余数量后，首先对大于最大运距的挖余的土石方进行调配，点“自动调配”按钮，系统完成远运方的调配，用户可以对远运方的调配结果进行修改，如果远运方的数量被修改了，那么借方和弃方文件也将发生变化，用户可以点“借方弃方计算”重新获得借方和弃方的数量。值得注意的是：借方和弃方的运距系统默认 1000m，而实际情况完全可能不是 1000m，用户要依据实际情况来逐段给定其运距。对于借方是从道路以外的地方运来的土、石或者其他如煤渣等材料，所以系统需要用户给定该外运材料的松实系数，以便于计算其压实方面积。最后点“确定”按钮得到所需要的 3 个文件，用来生成土石方数量表，见图 7-16。

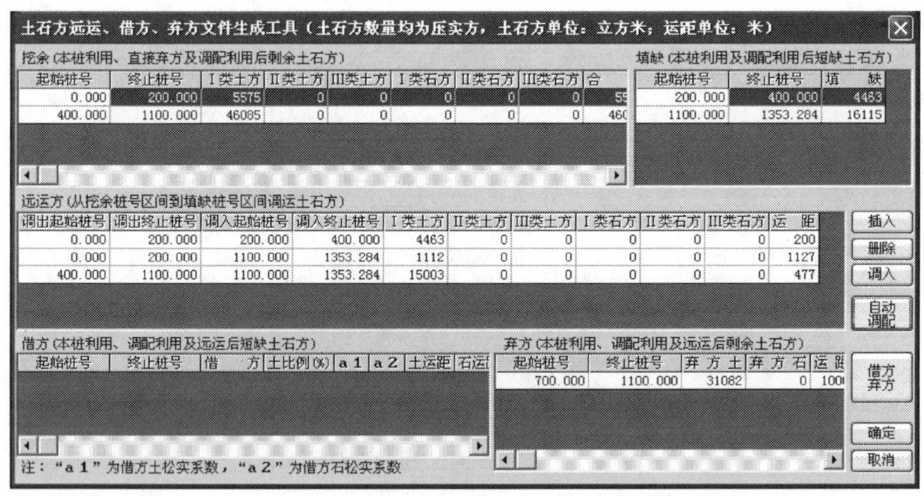

图 7-16　远运、借方及弃方文件的生成

6. 生成土石方表

生成土石方计算表，见图 7-17。逐桩土石方数量，如果进行了调配系统将自动完成土石方的调配。

公里土石方计算表，逐公里土石方数量计算表，每公里进行合计。

每公里土石方运量、运距表，Hard 系统依据《公路概预算定额》等将运距划分为：20m 以内，20～100m，100～500m，500m 以上四个等级，此表将反映公里的运距和运量，为公路概预算提供依据。其中运距项为加权运距。生成每公路土石方表，系统按整公里统计数量。

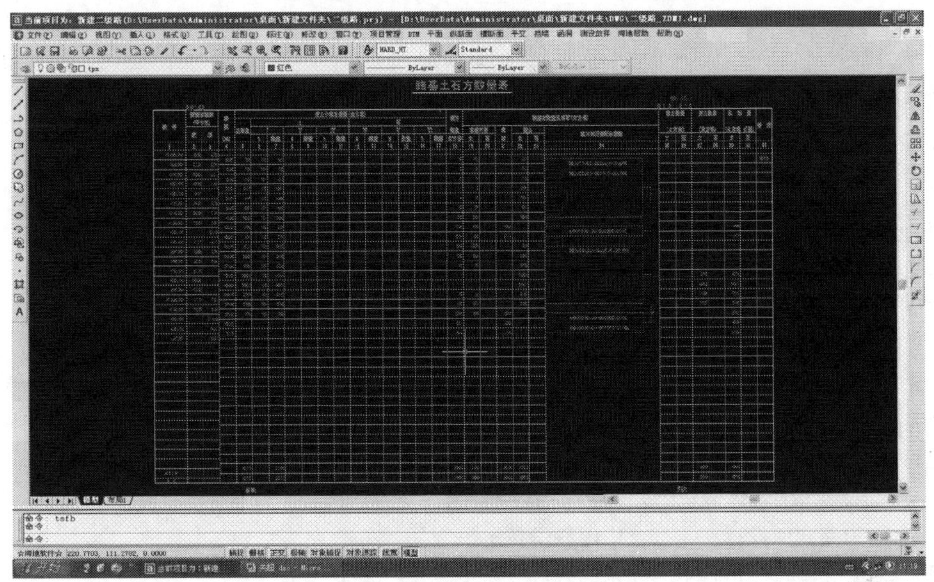

图 7-17　土石方数量表

生成土石方汇总表，系统将按照用户给定的区间文件 *.Qj 进行统计成表，比如可以按照标段进行，利于造价预算工作。

7-1　如何创建一个项目？

7-2　任何形成交点线？

7-3　如何进行平曲线设计？

7-4　如何进行拉坡？

7-5　如何进行横断面设计？

参　考　文　献

[1] 才西月. 道路勘测设计. 北京：人民交通出版社，2006.
[2] 张维全，等. 道路勘测设计. 北京：人民交通出版社，2007.
[3] 张雨化. 道路勘测设计. 北京：人民交通出版社，2004.
[4] 孙家驷，等. 道路勘测设计. 3版. 北京：人民交通出版社，2012.
[5] 刘建明，等. 公路工程施工放样. 重庆：重庆大学出版社，2006.
[6] 徐霄鹏. 公路工程测量. 北京：人民交通出版社，2005.
[7] 杨少伟. 道路勘测设计. 3版. 北京：人民交通出版社，2009.
[8] 张延楷，等. 道路勘测设计. 上海：同济大学出版社，1998.
[9] 刘培文. 道路勘测定线与施工放样技术. 北京：人民交通出版社，2007.
[10] 刘培文. 道路几何设计. 北京：中国科学技术出版社，2003.
[11] 刘培文. 公路施工测量技术. 北京：人民交通出版社，2003.
[12] 李仕东. 工程测量. 北京：人民交通出版社，2009.
[13] 刘建明. 公路工程施工放样. 重庆：重庆大学出版社，2006.